Die Berücksichtigung des Täter-Opfer-Ausgleichs
als Verfahrensgrundsatz?

Europäische Hochschulschriften
Publications Universitaires Européennes
European University Studies

Reihe II
Rechtswissenschaft

Série II Series II
Droit
Law

Bd./Vol. 4099

PETER LANG
Frankfurt am Main · Berlin · Bern · Bruxelles · New York · Oxford · Wien

Sven Erik Buhlmann

Die Berücksichtigung des Täter-Opfer-Ausgleichs als Verfahrensgrundsatz?

PETER LANG
Europäischer Verlag der Wissenschaften

Bibliografische Information Der Deutschen Bibliothek
Die Deutsche Bibliothek verzeichnet diese Publikation in der Deutschen Nationalbibliografie; detaillierte bibliografische Daten sind im Internet über <http://dnb.ddb.de> abrufbar.

Zugl.: Passau, Univ., Diss., 2004

D 739
ISSN 0531-7312
ISBN 3-631-53320-9

www.peterlang.de

Vorwort

Die vorliegende Arbeit wurde im Sommersemester 2004 von der Universität Passau als Dissertation angenommen.

Bei ihrer Entstehung haben mir zahlreiche Menschen geholfen, bei denen ich mich an dieser Stelle ausdrücklich bedanken möchte.

Zunächst sind dabei meine Eltern zu nennen, ohne deren Unterstützung während meiner gesamten Ausbildung die Erstellung dieser Arbeit nicht möglich gewesen wäre. Besonderer Dank gebührt ihnen insbesondere auch für die tatkräftige Unterstützung bei den letzten Korrekturen und Verbesserungen.

Großen Anteil am Gelingen meiner Arbeit haben insbesondere auch meine Freundin Ellen Pusch, die die letzten Jahre meines Studiums und während der Promotionszeit immer für mich da war sowie Bernhard Magg und Fabian Schmitt-Homann, meine Mitbewohner während der Examensvorbereitung und der Promotionszeit.

Besonders bedanken möchte ich mich bei meinem Doktorvater, Herrn Prof. Dr. Werner Beulke, der nicht nur die Anregung zum Thema der Arbeit gab, sondern mir auch bei der Ausarbeitung jederzeit mit hilfreichen Anmerkungen und fördernder Kritik zur Seite stand.

Herrn PD Dr. Christian Fahl möchte ich für seine zügige Erstellung des Zweitgutachtens sowie für einige Anregungen danken.

Zuletzt möchte ich mich bei all denen bedanken, die mit mir während meiner Ausbildung und Promotion die „nicht-juristische" Zeit verbracht haben.

München, im September 2004 Sven Erik Buhlmann

Gliederung:

Einleitung und Gang der Untersuchung 1

Erstes Kapitel
Einführung in die Thematik Entstehungsgeschichte der §§ 155a, b, 153a I 2 Nr. 5 StPO 4

I. Einführung in die Thematik 4
1. Was ist TOA? 4
1.1. Ziele und Funktion des TOA 4
1.2. Abgrenzung zur Wiedergutmachung 5
2. Gesetzliche Grundlagen und Stellung im Strafrechtssystem 5
2.1. Stellung im Strafrechtssystem 5
2.2. Gesetzliche Grundlagen 7
2.2.1. Strafgesetzliche Vorschriften 7
2.2.2. Strafprozessuale Vorschriften 8
3. Verhältnis zwischen TOA und zivilrechtlichem Schadensersatz 9
3.1. Kriminalpolitische Strömungen und gesellschaftliche Akzeptanz 10
3.2. Art und Umfang der Leistungen 11
4. Vereinbarkeit des TOA mit dem Rechtsstaatsprinzip 12
4.1. Verhältnismäßigkeitsgrundsatz, Art. 20 III GG 13
4.2. Gleichheitsgrundsatz, Art. 3 GG 13
4.3. Richtervorbehalt, Art. 92 GG 14
II. Entstehungsgeschichte und Gesetzgebungsverfahren der §§ 155a, b, 153a I 2 Nr. 5 StPO 15

Zweites Kapitel
Auswirkungen des TOA auf die Strafprozessordnung 21

I. Einschränkung des Untersuchungsumfangs 21
II. Ablauf des TOA-Verfahrens 21
1. Revisionsrechtliche Konsequenzen im Zusammenhang mit dem TOA 22
1.1. Revisionsrechtliche Konsequenzen bei Unterlassen der Hinwirkung in geeigneten Fällen, § 155a S. 2 StPO 22
1.1.1. Unterlassen der Hinwirkung als Gesetzesverstoß 22
1.1.2. Beruhen des Urteils auf der Gesetzesverletzung 22
1.1.3. Umfang der revisionsrechtlichen Konsequenzen 25
1.1.4. Umfang der Rügepflicht 26
a) Sach- oder Verfahrensrüge? 26
b) Anforderungen an die Darlegungslast des Angeklagten 27
1.1.5. Ergebnis und Würdigung 28

1.2. Sonstige revisionsrechtliche Konsequenzen 28
1.2.1. Anwendung bzw. Nichtanwendung der §§ 153a, b StPO 28
a) Revisibilität der Anwendung bzw. Nichtanwendung des § 153a StPO 28
aa) Einstellung durch die Staatsanwaltschaft, § 153a I 2 Nr. 5 StPO 29
bb) Einstellung durch das Gericht, § 153a I 2 Nr. 5, II StPO 30
(1) Ablehnung der vorläufigen Einstellung 30
(2) Vorläufige Einstellung 30
(3) Wiederaufnahmebeschluss 31
(4) Endgültige Einstellung 31
(5) Endgültige Nichteinstellung 32
b) Revisibilität der Anwendung bzw. Nichtanwendung des § 153b StPO 32
1.2.2. Unzureichende Berücksichtigung des § 46a StGB 33
a) Nichteingehen auf § 46a StGB 34
b) Fälschliche Annahme des Nichtvorliegens oder Vorliegens des § 46a StGB 34
aa) Abgrenzung zwischen § 46a Nr. 1 und Nr. 2 StGB 35
bb) Überwiegende Entschädigung 36
cc) Ernsthaftes Bemühen 37
c) „Heilung" der unzureichenden Berücksichtigung des § 46a StGB durch Berücksichtigung von TOA und Wiedergutmachung im Rahmen des § 46 II 2 StGB? 38
2. *Was sind geeignete Fälle i.S.d. § 155a S. 2 StPO?* 39
2.1. Sachliche Geeignetheit 39
2.1.1. Opferbezogene Einschränkungen 40
2.1.2. Täterbezogene Einschränkungen 42
2.1.3. Deliktsbezogene Einschränkungen 44
a) Insbesondere: Schwerkriminalität 45
b) Insbesondere: Opferlose Delikte 46
c) Ergebnis zu 2.1.3. 49
2.1.4. Sachverhaltsbezogene Einschränkungen 49
2.1.5. Freiwilligkeit der Teilnahme am Ausgleichsverfahren 49
2.2. Zeitliche Geeignetheit (TOA im Rechtsmittelverfahren) 51
3. *Anforderungen an die Hinwirkungspflicht des § 155a S. 2 StPO* 53
3.1. Umfang der Hinwirkungspflicht 53
3.1.1. Allgemeines 53
3.1.2. Hinwirkung auf einen Ausgleich unter Anleitung eines Dritten 54
3.1.3. Mündliche Anhörung der Beteiligten 54
3.2. Zeitpunkt der Hinwirkungspflicht 55
3.2.1. Hinwirkungspflicht der Polizei? 55
3.2.2. Möglichkeit der Nachholung der unterbliebenen Hinwirkung 58
3.3. Dokumentierung der Erfüllung der Prüfungs- und Hinwirkungspflicht 59
4. *§ 155a S. 3 StPO* 59
4.1. Anforderungen an den *ausdrücklichen* Willen des Verletzten 59

4.2. Konsequenzen der Weigerung des Verletzten, an einem TOA teilzunehmen 61
4.3. Konsequenzen des Verstoßes gegen § 155a S. 3 StPO und die Verteidigungsfreiheit des Beschuldigten 63
5. Bei der Überweisung an die TOA-Stelle zu beachtende Grundsätze 65
5.1. Verbot des Zwangs zur Selbstbezichtigung 65
5.2. Unschuldsvermutung, Art. 6 Abs. 2 EMRK 66
6. Im TOA-Verfahren zu beachtende Grundsätze 67
7. Übermittlung erforderlicher Informationen an die Schlichtungsstelle, § 155b I StPO 68
7.1. Begriff der Datenübermittlung 68
7.2. Teleologische Reduktion des § 155b I 1, 2 StPO 69
8. Erhebung, Verarbeitung und Nutzung von Daten durch die beauftragte Stelle, § 155b II StPO 70
8.1. Erweiterte Anwendbarkeit des § 155b II 1 StPO 70
8.2. Anforderungen an die gem. § 155b II 2 StPO erforderliche Einwilligung 71
9. Belehrungspflicht der TOA-Vermittler 74
9.1. Vermittlung durch die Gerichtshilfe (öffentliche Ausgleichsstellen) 74
9.1.1. Belehrungspflicht 74
9.1.2. Konsequenzen bei unterbliebener Belehrung 76
9.2. Vermittlung durch freie Stellen 79
10. Ist im Schlichtungsverfahren die Beteiligung eines Anwalts zu fordern? 79
10.1. Fälle der notwendigen Verteidigung 79
10.2. Sonstige Fälle 80
10.2.1. Streitwertabhängigkeit 80
10.2.2. Vergleich mit dem Adhäsionsverfahren 81
a) Vollstreckungsschutz 81
b) Anwaltszwang 82
10.2.3. Ergebnis zu 10. 82
III. Folgen des TOA für das strafrechtliche Verfahren 83
1. Besondere Zeugnisverweigerungsrechte 83
1.1. Schutzbedürfnis 83
1.2. Allgemeine Möglichkeit der Herausbildung neuer Zeugnis-Verweigerungsrechte 85
1.3. Zeugnisverweigerungsrecht für den Vermittler 85
1.3.1. Bisherige Ansätze 85
a) TOA-Servicebüro 85
b) Rechtsprechung 85
1.3.2. Eigener Vorschlag 86
a) Kritik an der Rechtsprechung 86
aa) Inkonsequente Argumentation 86
bb) Dogmatische Bedenken 87
b) Herleitung einer allgemeingültigen Regel 88
aa) Heranziehung von „Richtlinien“ 88
bb) Ableitung aus dem fair-trial-Grundsatz 89

cc) Herleitung aus sonstigen verfassungsrechtlichen Prinzipien ... 89
dd) Analogie zu §§ 53 I Nr. 1-3b StPO ... 89
(1) Abschließender Charakter des § 53 I Nr. 1-3b StPO ... 89
(2) Planwidrige Regelungslücke ... 92
(3) Vergleichbare Interessenlage ... 93
(a) Gesetz zur Änderung der Strafprozessordnung ... 93
(b) Vertrauensverhältnis und Passivität der Berufsgruppen des § 53 StPO ... 93
1.3.3. Ergebnis und Würdigung zu 1.3. ... 94
1.4. Zeugnisverweigerungsrecht für den Opferzeugen analog § 52 I StPO ... 95
1.4.1. Abschließender Charakter des § 52 StPO und planwidrige Regelungslücke ... 95
1.4.2. Vergleichbare Interessenlage ... 95
2. Besondere Beweisverwertungsverbote ... 98
2.1. Beweisverwertungsverbote für *be*lastende Beweise ... 99
2.1.1. Unselbständige Beweisverwertungsverbote ... 99
2.1.2. Selbständige Beweisverwertungsverbote ... 99
a) Spezielle Anordnung ... 99
b) Fair-trial-Grundsatz ... 99
c) Grundrechte ... 100
2.2. Beweisverwertungsverbote für *ent*lastende Beweise ... 102
2.3. Sonderproblem: Widerspruchslösung des BGH ... 103
3. TOA bei besonderen Verfahrensarten ... 104
3.1. Insbesondere: Strafbefehlsverfahren (§§ 407 - 412 StPO) ... 104
3.2. Insbesondere: Beschleunigtes Verfahren (§§ 417 - 420 StPO) ... 106

Drittes Kapitel
Auswirkungen des TOA auf die Stellung des Verletzten im Strafverfahren ... 108

1. Die bisherige Stellung des Verletzten im Strafverfahren ... 108
1.1. Aktivrechte ... 109
1.2. Schutz- und Abwehrrechte ... 109
1.3. Informationsrechte ... 109
1.4. Rechte zur Sicherung von Vermögensrechten ... 110
2. Auswirkungen der verfahrensrechtlichen Verankerung des TOA ... 110
2.1. Auswirkungen des TOA auf die Privatklage ... 110
2.2. Auswirkungen des TOA auf die Nebenklage ... 113
2.2.1. Ursprüngliche Zielsetzungen der Nebenklage ... 113
2.2.2. Wandel im Verständnis der Nebenklage ... 115
2.2.3. Ergebnis und Würdigung zu 2.2. ... 116
2.3. Auswirkungen des TOA auf das Adhäsionsverfahren ... 118

Viertes Kapitel
Die Berücksichtigung des TOA als Verfahrensgrundsatz? 121

I. Allgemeine Möglichkeit der Herausbildung neuer Verfahrensgrundsätze 121
II. TOA als Verfahrensgrundsatz? 123
1. *Ziel des Strafprozesses* 123
1.1. Erfüllung der Strafzwecke 125
1.1.1. Vereinbarkeit mit den geltenden Strafzwecken 125
1.1.2. Wiedergutmachung als selbständiger Strafzweck 129
a) Wandelungen der Strafzwecklehre 129
b) Schwächen der geltenden Strafzwecke in Bezug auf das Opfer 130
aa) Staatliche Opferentschädigung 132
bb) Sonstige Vorschläge 133
c) Eigene, opferorientierte Strafbegründung 134
aa) Bisherige Ansätze 134
bb) Eigener Vorschlag 135
(1) Berücksichtigung der Opferinteressen als Aufgabe des Strafrechts 135
(2) Ursachen der Störung des sozialen Friedens 137
(3) Bedeutungsverlust der geltenden Strafzwecke 138
(4) Zukunftsorientierung der Wiedergutmachung 139
d) Ergebnis zu 1.1.2. 140
1.1.3. Zusammenfassung zu 1.1. 140
1.2. TOA als Aufgabe des Kriminalrechts 141
1.2.1. Kriminalpolitische Tendenzen auf europäischer Ebene 141
1.2.2. Kriminalpolitische Tendenzen auf nationaler Ebene 144
2. *Eigenständigkeit des TOA im strafverfahrensrechtlichen Gesamtsystem* 145
2.1. Verfassungsrechtliche Vorgaben 146
2.2. Funktion des TOA im strafverfahrensrechtlichen Gesamtsystem 147
2.2.1. Wortlautauslegung des § 155a StPO 147
2.2.1. Auswirkungen des TOA auf die StPO und die Stellung des Verletzten im Strafverfahren 149
a) Umfassende Anwendung des TOA 149
b) Erfolgversprechende Anwendung des TOA 150
c) Verbesserung der verfahrensrechtlichen Stellung des Verletzten 152
d) Wahrung der Rechte des Beschuldigten 153
e) Schlussfolgerung 154
3. *Zusammenfassung und Ergebnis zu II.* 154

Fünftes Kapitel
Auswirkungen des TOA auf andere Verfahrensgrundsätze ... 155

1. Beschleunigungsgrundsatz ... 155
2. Konzentrationsprinzip 157
2.1. Unterbrechung der Hauptverhandlung ... 157
2.2. Aussetzung der Hauptverhandlung ... 158
3. Legalitätsprinzip ... 160
4. Sonstige Prozessgrundsätze ... 162
4.1. Grundsätze, die das gesamte Strafverfahren beherrschen ... 162
4.2. Grundsätze des Ermittlungsverfahrens ... 162
4.3. Grundsätze des Zwischenverfahrens ... 163
4.4. Grundsätze des Hauptverfahrens ... 163

Zusammenfassung der Ergebnisse der Arbeit in Thesen ... 165

Ausblick ... 168

Literaturverzeichnis ... 173

Abkürzungsverzeichnis:

aA .... anderer Ansicht
aaO .... am angegebenen Ort
Abl. EG .... Amtsblatt der Europäischen Gemeinschaften
Abs. .... Absatz
AE-WGM .... Alternativentwurf Wiedergutmachung
AK-StPO .... Alternativkommentar zur Strafprozessordnung
AnwBl. .... Anwaltsblatt
ARSP .... Archiv für Rechts- und Sozialphilosophie
Art. .... Artikel
AT .... Allgemeiner Teil

BayObLG .... Bayerisches Oberstes Landesgericht
Bd. .... Band
BDSG .... Bundesdatenschutzgesetz
BewHi .... Bewährungshilfe
BGB .... Bürgerliches Gesetzbuch
BGBl .... Bundesgesetzblatt
BGH .... Bundesgerichtshof
BGHSt .... Entscheidungen des Bundesgerichtshofs in Strafsachen
BMJ .... Bundesministerium der Justiz
BRAK .... Bundesrechtsanwaltskammer
BR-Dr. .... Drucksachen des Bundesrates
BT .... Besonderer Teil
BT-Dr. .... Drucksachen des Deutschen Bundestages
BTMG .... Betäubungsmittelgesetz
BVerfG .... Bundesverfassungsgericht
BVerfGE .... Entscheidungen des Bundesverfassungsgerichts
BVerwGE .... Entscheidungen des Bundesverwaltungsgerichts
bzw. .... beziehungsweise

ca. .... circa

d.h. .... das heißt
DAR .... Deutsches Autorecht
DAV .... Deutscher Anwaltsverein
ders. .... derselbe
dies. .... dieselbe
DJT .... Deutscher Juristentag
DRiZ .... Deutsche Richterzeitung
DStR .... Deutsches Steuerrecht
DVJJ-Journal .... Deutsche Vereinigung für Jugendgerichte und Jugendgerichtshilfen: Zeitschrift für Jugendkriminalrecht und Jugendhilfe

Ebda......................Ebenda
EMRK..................Europäische Konvention zum Schutz der Menschenrechte und Grundfreiheiten
Etc.........................et cetera
EU........................Europäische Union

f.............................folgende
FAG......................Gesetz über Fernmeldeanlagen
ff...........................folgende
Fn..........................Fußnote
FS.........................Festschrift

GA........................Goltdammers Archiv für Strafrecht
gem.......................gemäß
GG........................Grundgesetz
ggf........................gegebenenfalls
griechStGB...........Griechisches Strafgesetzbuch
GS.........................Gedächtnisschrift

hM........................herrschende Meinung
Hrsg......................Herausgeber
Hs.........................Halbsatz

i.d.S......................in diesem Sinne
i.e.S......................im engeren Sinne
i.R.d.....................im Rahmen des/der
i.R.e.....................im Rahmen eines/einer
i.R.v.....................im Rahmen von
i.S.d......................im Sinne des/der
i.S.e......................im Sinne einer/eines
i.S.v......................im Sinne von
i.w.S.....................im weiteren Sinne
insb.......................insbesondere
i.V.m....................in Verbindung mit

JA.........................Juristische Arbeitsblätter
JGG......................Jugendgerichtsgesetz
JMBlNRW............Justizministerialblatt für Nordrhein-Westfalen
JR.........................Juristische Rundschau
JuBeschlG............Entwurf eines Ersten Gesetzes zur Beschleunigung von Verfahren der Justiz (1. Justizbeschleunigungsgesetz)
JuModG................Entwurf eines Gesetzes zur Modernisierung der Justiz (Justizmodernisierungsgesetz)
Jura.......................Juristische Ausbildung
JuS........................Juristische Schulung
JZ..........................Juristenzeitung

K/MG .... Kleinknecht/Meyer-Goßner
KK .... Karlsruher Kommentar zur Strafprozessordnung und zum Gerichtsverfassungsgesetz mit Einführungsgesetz
KMR .... Loseblattkommentar zur Strafprozessordnung
KOM .... Legislativvorschläge und sonstige Mitteilungen der Kommission der Europäischen Gemeinschaften an den Rat und/oder die anderen Organe sowie die entsprechenden vorbereitenden Dokumente
KrimJ .... Kriminologisches Journal

L/R .... Löwe-Rosenberg, Die Strafprozessordnung und das Gerichtsverfassungsgesetz, Großkommentar
LK .... Leipziger Kommentar zum Strafgesetzbuch

m.w.N. .... mit weiteren Nachweisen
M/D .... Maunz/Dürig, Kommentar zum Grundgesetz
MDR .... Monatsschrift für Deutsches Recht
MschrKrim .... Monatsschrift für Kriminologie und Strafrechtsreform

NdsRpfl .... Niedersächsische Rechtspflege
n.F. .... neue Fassung
NJ .... Neue Justiz
NJW .... Neue Juristische Wochenschrift
Nr. .... Nummer
NStZ .... Neue Zeitschrift für Strafrecht
NStZ-RR .... Neue Zeitschrift für Strafrecht – Rechtsprechungsreport

o.g. .... oben genannte
OLG .... Oberlandesgericht
ORRG .... Referentenentwurf eines Gesetzes zur Verbesserung der Rechte von Verletzten im Strafverfahren (Opferrechtsreformgesetz)
öStGB .... Österreichisches Strafgesetzbuch

portStGB .... Portugiesisches Strafgesetzbuch

RdJB .... Recht der Jugend und des Bildungswesens
RGSt .... Entscheidungen des Reichsgerichts in Strafsachen
Rn. .... Randnummer
Rs .... Rundschreiben
Rs-Nr. .... Rundschreibennummer

S .... Satz oder Seite
Sch/Sch .... Schönke/Schröder, Strafgesetzbuch, Kommentar
SchlHA .... Schleswig-Holsteinische Anzeigen
SK-StGB .... Systematischer Kommentar zum Strafgesetzbuch

SK-StPO .... Systematischer Kommentar zur Strafprozessordnung und zum Gerichtsverfassungsgesetz
sog. .... so genannt
SPD .... Sozialdemokratische Partei Deutschlands
st.Rspr. .... ständige Rechtsprechung
StGB .... Strafgesetzbuch
StGB-E .... Referentenentwurf für ein Gesetz zur Reform des Sanktionenrechts, Änderungen des Strafgesetzbuchs
StPO .... Strafprozessordnung
StPO-E .... Referentenentwurf für ein Gesetz zur Reform des Sanktionenrechts, Änderungen der Strafprozessordnung
str. .... strittig
StraFo .... Strafverteidiger Forum
StrÄndG .... Strafrechtsänderungsgesetz
StV .... Strafverteidiger

TOA .... Täter-Opfer-Ausgleich

u.a. .... und andere
usw. .... und so weiter

v.a. .... vor allem
vgl. .... vergleiche

wistra .... Zeitschrift für Wirtschaft, Steuer, Strafrecht
z.B. .... zum Beispiel
z.T. .... zum Teil
ZEE .... Zeitschrift für Evangelische Ethik
ZfJ .... Zentralblatt für Jugendrecht
ZPO .... Zivilprozessordnung
ZRP .... Zeitschrift für Rechtspolitik
ZStW .... Zeitschrift für die gesamte Strafrechtswissenschaft

1. StVRG .... 1. Gesetz zur Reform des Strafverfahrensrechts
2. OSchG .... Entwurf eines Gesetzes zur Stärkung der Rechte des Opfers im Strafprozess (2. Opferschutzgesetz)

Einleitung und Gang der Untersuchung

In der kriminalpolitischen Diskussion in Deutschland und anderen Staaten[1] sowie auf europäischer Ebene[2] gewinnen in den letzten Jahren Wiedergutmachung und *Täter-Opfer-Ausgleich* (TOA) als mögliche Reaktionsformen auf Straftaten zunehmend an Bedeutung. Als Ursachen lassen sich unter anderem die amerikanische „restitution"-Bewegung[3], die Enttäuschung über die geringen Erfolge bei der resozialisierenden Behandlung von Straftätern[4], vor allem aber der Aufstieg der Viktimologie (Lehre vom Verbrechensopfer) zu einem selbständigen Wissenschaftszweig nennen.[5] Diese Entwicklung wird zumeist als „Wiederentdeckung"[6] des im Laufe der Zeit in der Versenkung verschwundenen Opfers bezeichnet. Roxin[7] spricht insoweit von einer „Renaissance ohnegleichen", Sessar[8] von der ganz großen „Entdeckung...der letzten Jahre." Dabei wurden die Begriffe „TOA"[9] und „Wiedergutmachung" zu „Schlüsselbegriffen opferbezogenen Strafrechtsverständnisses"[10], sie bieten heute Ansatzpunkte für die rechtspolitischen Anliegen systemimmanenter[11], systemübergreifender[12] und systemsprengender[13], mithin unterschiedlichster kriminalpolitischer Strömungen.[14] Sowohl auf Standes-[15] als auch auf politischer Ebene[16] ist der Themenbereich „TOA" mittlerweile geradezu ein „Modethema"[17], dessen

---

[1] Vgl. die Beiträge in *Eser/Kaiser/Madlener*, Neue Wege der Wiedergutmachung im Strafrecht.

[2] Vgl. *Wergens*, Crime victims in the European Union; *Mikaelson/Wergens*, State compensation to crime victims in the European Union.

[3] Vgl. dazu *Weigend*, „Restitution" in den USA, S. 111 ff.

[4] Vgl. dazu ausführlich *Kley-Struller*, Wiedergutmachung im Strafrecht, S. 16.

[5] Vgl. *Roxin*, Die Wiedergutmachung im System der Strafzwecke, S. 42.

[6] *Weigend*, ZStW 96 (1984), S. 763; *Schöch*, NStZ 1984, S. 385.

[7] *Roxin*, aaO, S. 42.

[8] Sessar, ZEE 28 (1984), S. 167.

[9] Dieser schlagwortartige Begriff tauchte dabei erst Ende der siebziger Jahre auf, vgl. *Kaiser*, Kriminologie, S. 1058.

[10] *Müller-Dietz*, Schadenswiedergutmachung, S. 965.

[11] Vgl. z.B. *Baumann* u.a., AE WGM.

[12] Vgl. z.B. *Frehsee*, Schadenswiedergutmachung.

[13] Vgl. z.B. *Schumann*, FS Pongratz, S. 371 ff.

[14] *Janssen*, BewHi 36 (1989), S. 351 spricht insoweit von „Ausgleichseuphorie"; Dabei überwiegen jedoch klar die systemimmanenten Ansätze, die den TOA im Sinne einer vermehrt opferbezogenen Strafrechtspflege sehen, vgl. dazu ausführlich *Dünkel/Rössner*, ZStW 99 (1987), S. 845 ff; *Kaiser*, aaO, S.1084 ff.

[15] Vgl. die Gutachten von *Rieß* und *Schöch* für den Deutschen Juristentag von 1984 und 1992.

[16] Vgl. BMJ (Hrsg.), Täter-Opfer-Ausgleich. Bonner Symposium, 1991.

[17] *Hirsch*, ZStW 102 (1990), S. 534; *Brauns*, Wiedergutmachung, S. 17.

Schrifttum nicht mehr überschaubar ist.[18] Auch ist durch eine langjährige Praxis von Modellprojekten belegt, dass das Konzept des TOA umgesetzt und durchgeführt werden kann und auf hohe Akzeptanz in der Bevölkerung trifft.[19] Wurden früher alle strafrechtlich relevanten Sachverhalte einheitlich „über den Kamm der Geld- und Freiheitsstrafe geschoren“[20], tragen heute die „Anerkennung der Konflikteingebundenheit strafbaren Fehlverhaltens“[21] und die Sanktionsalternative des TOA mit seiner Stärkung der Opferinteressen zu einem differenzierten Kriminalitätsverständnis bei.

Dem hat auch der Gesetzgeber bereits durch zahlreiche Kodifikationen Rechnung getragen. Die letzten Stufen dieser Entwicklung stellen die Ergänzung der StPO um § 155a[22] als „prozessuale Grundnorm für die Anwendung des TOA im Strafverfahren“[23] sowie die neuesten Entwürfe für ein 2. Opferschutz-[24] und ein Opferrechtsreformgesetz[25] dar. Da das Gesetzgebungsverfahren zu § 155a StPO jedoch von verfahrenstechnischen Erwägungen dominiert wurde, sind Überlegungen, wie sich dessen Einführung auf die Strafprozessordnung auswirken wird, deutlich zu kurz gekommen. Des Weiteren ist zu bedenken, dass die Praxis oft vor Probleme gestellt wird, die im Gesetzgebungsverfahren noch gar nicht vorhersehbar waren. Zu deren Lösung bietet die Kommentarliteratur keine große Hilfe. Für eine ausreichende Kommentierung zeigen sich die Vorschrift des § 155a StPO als zu neu und die Praxis als zu unerfahren. Auch höchstrichterliche Rechtsprechung ist zu der Frage, wie sich § 155a StPO im Gesamtgefüge des Strafverfahrensrechts auswirken wird, noch nicht ergangen. Dazu erweist sich die Vorschrift angesichts der Dauer, die das Durchlaufen des Instanzenzuges erfordert, ebenfalls als zu neu.

Durch eine dogmatische Betrachtung der möglichen Probleme und die Ausarbeitung einer jeweiligen - sich in das Gesamtgefüge des Strafverfahrens-rechts integrierenden - Lösung will die vorliegende Arbeit Anhaltspunkte für den Umgang mit dem TOA in der strafverfahrensrechtlichen Praxis liefern. Im *ersten Kapitel* erfolgt zunächst eine abstrakte Betrachtung der „Institution“ TOA

---

[18] Vgl. nur *Böttcher*, BewHi 41 (1994), S. 45 ff, der bereits vor 9 Jahren alleine zum TOA auf ca. 400 einschlägige Literaturstellen verweist.

[19] Vgl. *Sessar/Beurskens/Boers*, KrimJ 1986, S. 86; *Hartmann*, Forschungsergebnisse zum Täter-Opfer-Ausgleich, S. 132 m.w.N.

[20] *Hartmann*, aaO, S. 138.

[21] Ebda.

[22] Durch das „Gesetz zur strafverfahrensrechtlichen Verankerung des TOA und des FAG“ vom 20.12.1999, BGBl. I, S. 2491 ff.

[23] BT-Dr. 14/1928.

[24] Entwurf eines Gesetzes zur Stärkung der Rechte des Opfers im Strafprozess (2. Opferschutzgesetz), vgl. BT-Dr. 15/814.

[25] Entwurf eines Gesetzes zur Verbesserung der Rechte von Verletzten im Strafverfahren (Opferrechtsreformgesetz), vgl. BT-Dr. 15/1976.

und eine Einführung in die Thematik. Im *zweiten Kapitel* werden die Auswirkungen untersucht, die sich nach Ansicht des Verfassers durch die verfahrensrechtliche Verankerung des TOA auf die StPO ergeben, im *dritten Kapitel* die Auswirkungen des TOA auf die Stellung des Verletzten im Strafverfahren. Das *vierte Kapitel* widmet sich der Frage, ob die aktuellen kriminalpolitischen Strömungen bzw. die verfahrensrechtliche Verankerung des TOA dazu geführt haben, dass der TOA in Zukunft als neuer Verfahrensgrundsatz der StPO berücksichtigt werden muss. Anlass zu dieser Frage gibt insbesondere die Formulierung des § 155a StPO, der die Berücksichtigung der Möglichkeit des TOA in „jedem" Verfahrensstadium fordert. Anhand des im vierten Kapitel gefundenen Ergebnisses werden schließlich die Auswirkungen des TOA auf die anderen Verfahrensgrundsätze der StPO (*fünftes Kapitel*) untersucht.

Die gesamte Arbeit bezieht die derzeit im Gesetzgebungsverfahren diskutierten Entwürfe für ein 2. Opferschutzgesetz[26] (2. OSchG), ein Opferrechtsreformgesetz[27] (ORRG), ein „Gesetzes zur Modernisierung der Justiz"[28] (JuModG) und ein „1. Justizbeschleunigungsgesetz"[29] (JuBeschlG) ein. Die in diesen Gesetzen geregelten sehr grundsätzlichen Reformfragen, die die Stellung des Opfers im Strafverfahren nicht oder nur mittelbar berühren, können dabei allerdings keine Beachtung finden. Auch mit den Vorschlägen bezüglich konkreter Opferschutzaspekte kann sich jedoch nur insoweit ausführlich auseinandergesetzt werden, als sie konkrete Änderungen bzw. Regelungen zum TOA enthalten. Die vom TOA unabhängigen Opferschutzaspekte können, da sie allenfalls mittelbare Auswirkungen auf den TOA zeitigen, lediglich am Rande berücksichtigt werden.

---

[26] Entwurf eines Gesetzes zur Stärkung der Rechte des Opfers im Strafprozess (2. Opferschutzgesetz), vgl. BT-Dr. 15/814.

[27] Entwurf eines Gesetzes zur Verbesserung der Rechte von Verletzten im Strafverfahren (Opferrechtsreformgesetz), vgl. BT-Dr. 15/1976.

[28] Entwurf eines Gesetzes zur Modernisierung der Justiz (Justizmodernisierungsgesetz - JuModG), vgl. BR-Dr. 378/03.

[29] Entwurf eines Ersten Gesetzes zur Beschleunigung von Verfahren der Justiz (1. Justizbeschleunigungsgesetz), vgl. BT-Dr. 15/999; BR-Dr. 397/03.

Erstes Kapitel
Einführung in die Thematik und Entstehungsgeschichte der §§ 153a I 2 Nr. 5, 155a, b StPO

I. Einführung in die Thematik
1. Was ist TOA?
1.1. Ziele und Funktion des TOA

Mit „Täter-Opfer-Ausgleich" werden Bemühungen bezeichnet, die nach einer Straftat zwischen Täter und Opfer bestehenden Probleme, Belastungen und Konflikte zu bereinigen.[1] Den Beteiligten wird durch die Vermittlung eines Dritten, eines Schlichters oder „Mediators", eine eigene Regelung des strafrechtlichen Vorfalls ermöglicht. Die Regelung erfolgt dabei im Idealfall im Anschluss an ein Ausgleichsgespräch, in dem der Geschädigte die erlittenen Einbußen und die persönlichen Belastungen schildert und der Täter seine Lage und seine Wiedergutmachungsressourcen benennt.[2] Das Ziel ist eine friedensstiftende Vereinbarung, die es der Justiz gestattet, das Verfahren nach einer entsprechenden Vollzugsmeldung einzustellen oder mit den anderen vom Gesetz vorgesehenen Mitteln[3] zu reagieren. Indem der Täter die Verantwortung für sein Verhalten und die daraus resultierenden Folgen übernimmt, werden strafrechtliche Sanktionen entbehrlich gemacht oder gemildert, vgl. u.a. §§ 46a, 49 StGB, § 153a I 2 Nr. 5 StPO.[4] Der Vorteil eines solchen Vorgehens liegt darin, dass der Staat den Beteiligten keine Regelung „von oben aufsetzt", sondern diese eine eigene, insbesondere an den Interessen des Opfers orientierte Lösung suchen können. So kann berücksichtigt werden, dass die Opferinteressen gerade nicht zuvörderst in der Bestrafung des Täters bestehen. Anders als den Staatsanwalt bei der Aufklärung des Sachverhalts, interessiert es das Opfer nicht, ob es sich bei dem Entreißen einer Handtasche um Raub oder Diebstahl handelte. Vielmehr stehen seine eigenen Nöte, die Gefahr des Ausgeliefertseins oder die Angst vor Wiederholung im Vordergrund, zu der bei einer Verurteilung des Täters die Angst vor Rache noch hinzukommen kann. Die Ziele der Opfer bestehen daher einerseits in einem Ausgleich der durch die Straftat entstandenen materiellen und psychischen Schäden, andererseits darin, dem Täter auf der Straße ohne Furcht wieder über den Weg laufen zu können.[5] Dem dient die aktive Einbeziehung des Opfers in die Regelung des Tatfolgenausgleichs im

---

[1] Vgl. *Bieri/Ferel*, Täter-Opfer-Ausgleich, S. 25.
[2] Vgl. *Walter*, TOA statt Strafe, S. 66; ausführlich zum Ablauf auch *Meier*, JuS 1996, 437.
[3] Vgl. dazu sogleich 2.
[4] Vgl. *Bieri/Ferel*, aaO, S. 25.
[5] Vgl. *Meyer*, FS Triffterer, S. 629; *Schneider*, GA 2001, S. 48; *Kaiser*, Kriminologie, S. 531 ff; *Weigend*, Zukunftsperspektiven der Opferforschung, S. 43 ff.

Rahmen des TOA, welches so seine Interessen besser verfolgen kann als durch die passive Rolle als Zeuge.[6]

1.2. Abgrenzung zur Wiedergutmachung

Die Begriffe TOA und Wiedergutmachung bezeichnen beide Formen der Reaktion auf eine Straftat, die durch die Auseinandersetzung mit der Tat und das Bemühen um den Ausgleich ihrer Folgen gekennzeichnet sind. Dabei sind die Unterschiede zwischen beiden Ansatzpunkten eher gering, die Überschneidungen hingegen vielfältig, was sich auch an der Abgrenzung der einzelnen Alternativen des § 46a StGB erkennen lässt.[7] Im Groben lässt sich eine Differenzierung dahingehend vornehmen, dass beim TOA das Aufeinanderzugehen zum Zwecke der Konfliktbeseitigung und Aussöhnung der Tat[8], bei der Wiedergutmachung dagegen die zu erbringende Leistung im Vordergrund steht.[9] Da es der Zweck der vorliegenden Untersuchung zulässt, die Begriffe weitgehend synonym zu verwenden, sei bezüglich einer ausführlichen Abgrenzung auf die Ausführungen von *Kilchling*[10] verwiesen.

2. Gesetzliche Grundlagen und Stellung im Strafrechtssystem

2.1. Stellung im Strafrechtssystem

Da weder das Straf- noch das Strafverfahrensrecht dem Interesse des Opfers an einem Ausgleich der durch die Straftat entstandenen materiellen und psychischen Schäden ausreichend Rechnung trug[11], wurde zunächst nach dem Vorbild ausländischer Rechtsordnungen[12] die Erweiterung des TOA und dessen Aufnahme in das StGB[13], später dann auch dessen strafprozessuale Verankerung befürwortet.[14]

---

[6] Vgl. *Hartmann*, Forschungsergebnisse zum Täter-Opfer-Ausgleich, S. 6, 7: Auch in der Bevölkerung wollen rund 60 % der Wiedergutmachung Vorrang vor Geld- und Freiheitsstrafen einräumen.

[7] Vgl. z.B. *Kaspar*, GA 2003, S. 148; *Meier*, Strafrechtliche Sanktionen, S. 312.

[8] Vgl. *Rössner/Wulf*, S. 3.

[9] Vgl. *Bannenberg*, Wiedergutmachung in der Strafrechtspraxis, S. 6; *Meier*, JuS 1996, S. 437.

[10] Vgl. *Kilchling*, Opferinteressen und Strafverfolgung, S. 12 ff; ders., NStZ 1996, S. 310.

[11] Vgl. *Meyer*, FS Triffterer, S. 631; *Zätzsch*, ZRP 1992, S. 170.

[12] Vgl. z.B. § 167 öStGB, Art 397 griechStGB, Art 301 II portStGB; ausführlich zu diesen Vorschriften *Meyer*, aaO m.w.N.

[13] Vgl. *Dünkel/Rössner*, ZStW 99 (1987), S. 845; *Pfeiffer*, ZRP 1992, S. 338; *Hieber*, NJW 1992, S. 2001; *Viehmann*, NJ 1992, S. 387 ff; kritisch dagegen *Loos*, ZRP 1993, S. 51 ff; *Kube*, DRiZ 1986, S. 122.

[14] Vgl. *Kaiser*, GS Zipf, S. 110; *Meier*, JuS 1996, 441, ders., GA 1999, S. 17 ff; *Weigend*, Künftige Perspektiven der Opferforschung, S. 43 ff; *Schöch*, FS Roxin, S. 1061.

Für die Art und Weise einer entsprechenden Integration wurden verschiedene Möglichkeiten in Betracht gezogen.

So hat ein Arbeitskreis deutscher, österreichischer und schweizerischer Strafrechtslehrer[15] einen „Alternativ-Entwurf-Wiedergutmachung"[16] erarbeitet und darin die Einführung des TOA als sog. „dritte Spur" neben Strafen und Maßregeln der Besserung und Sicherung in das strafrechtliche Sanktionensystem empfohlen.[17] Der Vorschlag war entscheidend geprägt durch die zuvor von Roxin entwickelte Konzeption: „So, wie die Maßregel die Strafe ersetzt oder ergänzt, wo diese wegen des Schuldprinzips den spezialpräventiven Notwendigkeiten nicht oder nur eingeschränkt gerecht werden kann, würde die Wiedergutmachung die Strafe ersetzen oder ergänzend mildern, wo sie den Strafzwecken und den Bedürfnissen des Opfers ebenso gut oder besser gerecht wird als die ungemilderte Strafe."[18] So wie das Schuldprinzip die zweite Spur der Maßregel fordert, liefert das Subsidiaritätsprinzip die rechtspolitische Legitimation für die Wiedergutmachung als eigenständiges Instrument zur Erfüllung der Strafzwecke.

Die Konzeption der „dritten Spur" hat in der Literatur große Zustimmung[19], aber auch Ablehnung[20] erfahren. Insbesondere hat sich der 59. DJT, der sich im selben Jahr ebenfalls mit dieser Frage beschäftigt hat, in seinen Beschlüssen[21] gegen eine „dritte Spur" entschieden und sich stattdessen für die Beibehaltung des geltenden dualen Sanktionensystems ausgesprochen, in dessen Rahmen die bezüglich TOA und Wiedergutmachung bereits bestehenden Ansätze ausgebaut werden sollten.[22] Durch das Verbrechensbekämpfungsgesetz[23] und das „Gesetz zur strafverfahrensrechtlichen Verankerung des TOA und des FAG"[24] wurde der TOA schließlich ausdrücklich in das StGB und die StPO aufgenommen. Da das Gesetzgebungsverfahren zum Verbrechensbekämpfungsgesetz[25] maßgeb-

---

15 Vgl. zu dessen Entstehung *Schöch*, Vorläufige Ergebnisse zu einem AE-WGM, S. 73 ff.

16 Vgl. *Baumann* u.a., AE-WGM.

17 §§ 1 - 9 AE-WGM.

18 *Roxin*, Die Wiedergutmachung im System der Strafzwecke, S. 52.

19 Vgl. dazu ausführlich *Roxin*, FS Baumann, S. 243 ff; *Loos*, ZRP 93, S. 51 ff; *Frehsee*, Schadenswiedergutmachung, S. 119; *Schöch*, FS Maihofer, S. 461 ff.

20 Vgl. insbesondere *Hirsch*, ZStW 102 (1990), S. 534 ff.

21 Vgl. Verhandlungen des 59. DJT, Band II, Sitzungsberichte, O 184 ff = NJW 1992, S. 3021 ff.

22 Vgl. *Meyer*, FS Triffterer, S. 635.

23 Gesetz zur Änderung des Strafgesetzbuches, der Strafprozeßordnung und anderer Gesetze (Verbrechensbekämpfungsgesetz) vom 28.10.1994, BGBl. I, S. 3186 ff.

24 Gesetz zur strafverfahrensrechtlichen Verankerung des TOA und des FAG vom 20.12.1999, BGBl. I, S. 2491 ff.

25 Vgl. dazu ausführlich *Schöch*, 50 Jahre BGH, S. 313 ff.

lich von den Entscheidungen des 59. DJT beeinflusst wurde[26], wurde in der Tat von der Einführung einer „dritten Spur" abgesehen[27] und der TOA in das bestehende duale Sanktionsmodell integriert. Nach dem gleichen Modell erfolgte schließlich auch die strafverfahrensrechtliche Verankerung des TOA.

Das so entstandene diversionsorientierte[28] Sanktionsmodell, in dessen Rahmen TOA und Wiedergutmachung in der Regel durch hoheitliche Anordnung an den Beschuldigten erfolgen, § 153a I 2 Nr. 5, II StPO, wird in der Literatur durchaus kritisch beurteilt[29], was sich vor allem auf einen Vergleich mit dem in der Praxis leergelaufenen § 10 JGG und die Erschwerung autonomer Verhandlungen zwischen Beschuldigtem und dem Verletztem gründet. Die Kritik lässt sich jedoch einerseits in erheblichem Umfang widerlegen[30], vor allem aber stellt die Einbettung in das Sanktionsmodell eine eindeutige Entscheidung des Gesetzgebers dar. Diese Entscheidung hat auch auf europäischer Ebene Zuspruch gefunden. So verpflichtet der am 15.03.2001 vom Rat der Europäischen Union angenommene Rahmenbeschluss über die Stellung des Opfers im Strafverfahren[31] die Mitgliedstaaten in Art. 9 II dazu, festzulegen, wie die Entschädigung des Opfers als Sanktion oder strafrechtliche Maßnahme zum Einsatz gelangen kann.

2.2. Gesetzliche Grundlagen

2.2.1. Strafgesetzliche Vorschriften

Die Grundnorm im *materiellen* Strafrecht stellt § 46a StGB dar, der das Ziel verfolgt, dem im Jugendstrafrecht[32] bereits erfolgreich[33] angewendeten TOA auch im Erwachsenenstrafrecht stärkeres Gewicht zu verleihen. Zu diesem Zweck wurde durch das Verbrechendbekämpfungsgesetz zudem § 56 II StGB um einen Satz 2 erweitert, in § 56b II StGB - mit Konsequenzen für die Aussetzung des Strafrests zur Bewährung (vgl. §§ 57 III 1, 57a III 2 StGB) - der Vorrang der Wiedergutmachungsauflage festgeschrieben und in § 59 II StGB die Möglichkeit einer Wiedergutmachungsanweisung geschaffen.[34]

---

[26] Vgl. *Meyer*, aaO, S. 635 ff.

[27] Vgl. *Meyer*, aaO, S. 633.

[28] Zum Begriff der Diversion vgl. *Kaiser*, Kriminologie, S. 1086; *Walter*, ZStW 95 (1983), S. 32 ff.

[29] Vgl. insbes. *Schöch*, FS Roxin, S. 1048 ff.

[30] Vgl. dazu ausführlich unten 2. Kapitel, II. 1.1.5. (S. 28).

[31] Rahmenbeschluss des Rates vom 15. März 2001 über die Stellung des Opfers im Strafverfahren, ABl. EG 2001, L 82 2001, S. 1 ff.

[32] §§ 10 I 3 Nr. 7, 15 I, 45 II 2 JGG.

[33] Vgl. *Hartmann*, DVJJ-Journal 1993, S. 330 ff; *Herz*, Täter-Opfer-Ausgleich, S. 139 ff.

[34] Vgl. *Tröndle/Fischer*, § 46a StGB Rn. 2; Zu den entsprechenden Artikeln im VerbrBekG vgl. *Brauns*, Wiedergutmachung, S. 298.

2.2.2. Strafprozessuale Vorschriften

Die „*prozessuale* Grundnorm für die Anwendung des TOA im Strafverfahren“[35] findet sich in § 155a StPO, der ausdrücklich klarstellt, dass ein Ausgleich zwischen Beschuldigtem und Verletztem in *jedem* Verfahrensstadium anzustreben ist. Dafür stellen vor Klageerhebung § 153b I StPO i.V.m. § 46a StGB und § 153a I 2 Nr. 5 StPO das strafverfahrensrechtliche Instrumentarium. Nach Klageerhebung gelten bis zum Beginn der Hauptverhandlung § 153b II StPO i.V.m. § 46a StGB, nach Beginn bis zu deren Ende § 153a II i.V.m. I StPO.[36] Im Unterschied zu § 153a I 2 Nr. 5, II StPO ist § 153b I, II StPO dabei auch auf Verbrechen anwendbar und erfasst Fälle des gänzlich autonomen Ausgleichs, da die Voraussetzungen des § 46a StGB auch ohne hoheitliche TOA-Anordnung eintreten können. Der neue § 155b StPO regelt die Übermittlung erforderlicher personenbezogener Informationen von Staatsanwaltschaft und Gericht an die mit der Durchführung des TOA beauftragten Stellen.

Besonderer Erörterung im Rahmen dieser Vorschriften bedarf das Verhältnis von § 153a I 2 Nr. 5, II StPO zu § 153b I, II StPO i.V.m. § 46a StGB. Allgemein wird für §§ 153a, b StPO des Öfteren angenommen, beide Einstellungsmöglichkeiten stünden nebeneinander.[37] Dabei wird jedoch verkannt, dass die Einstellung gem. § 153a StPO Sanktionscharakter besitzt.[38] Sie setzt das Bestehen eines öffentlichen Interesses an der Strafverfolgung voraus, das durch die Erfüllung entsprechender Auflagen und Weisungen beseitigt werden soll, § 153a I 1 StPO. Solch ein öffentliches Interesse wird man aber in Fällen, in denen ein Absehen von Strafe gem. § 153b StPO möglich erscheint, kaum annehmen können.[39] Dementsprechend muss § 153b StPO grundsätzlich Vorrang vor § 153a StPO eingeräumt werden.[40] Bei Vorliegen der Voraussetzungen des § 46a StGB ist das Verfahren somit nach § 153b StPO einzustellen. Das allerdings nur insoweit, als durch den TOA das öffentliche Interesse an der Strafverfolgung tatsächlich gänzlich weggefallen ist. Dafür ist der Erfolg des TOA jedoch keineswegs zwingende Voraussetzung, denn gem. § 46a StGB kann bereits ein entsprechendes ernsthaftes Bemühen ausreichen. Ist für den Wegfall des öffentlichen Interesses dagegen noch zusätzlich die Anordnung von Auflagen oder Weisungen erforderlich, so ist das Verfahren gem. § 153a StPO einzu-

---

[35] BT-Dr. 14/1928, S. 6; Hervorhebung vom Verfasser.

[36] Vgl. dazu ausführlich *Kasperek*, Zur Auslegung und Anwendung des § 46a StGB, S. 18 ff.

[37] Vgl. KK-*Schoreit*, § 153b Rn. 3; *Pfeiffer*, StPO, § 153b Rn. 2; KMR-*Plöd*, § 153b Rn. 4; AK-*Schöch*, § 153b Rn. 4.

[38] Vgl. *Meier*, GA 1999, S. 16 ff; L/R-*Beulke*, § 153a Rn. 8, 9; *Meyer-Goßner*, § 153a Rn. 12; *Weigend*, ZStW 109 (1997), S. 106; *Fezer*, ZStW 106 (1994), S. 32.

[39] Vgl. AK-*Schöch*, § 153b Rn. 4; L/R-*Beulke*, § 153b Rn. 7.

[40] So jetzt auch *Meyer-Goßner*, § 153b Rn. 2; anders noch *K/MG*, 45. Aufl. Rn. 2.

stellen.[41] Dabei kann gem. § 153a I 2 Nr. 5 StPO auch die Fortsetzung eines gescheiterten TOA angeordnet werden, wenn sie für erfolgversprechend gehalten wird.[42]

Da dem Gericht die Möglichkeit der Einstellung gem. § 153b II StPO nur bis zum Beginn (§ 243 I StPO) der Hauptverhandlung zusteht, kann auch nur insoweit ein grundsätzlicher Vorrang des § 153b StPO angenommen werden. Eine darüber hinausgehende Sperrwirkung für das Stadium der Hauptverhandlung besteht nicht, so dass nach deren Beginn die Möglichkeit eines Vorgehens über § 153a StPO wieder auflebt. Zu beachten ist dabei allerdings Folgendes: Auch nach Beginn der Hauptverhandlung verlangt § 153a StPO das Bestehen eines öffentlichen Interesses an der Strafverfolgung.[43] Ist das Interesse durch den TOA bzw. entsprechende Bemühungen dagegen bereits beseitigt, kommt eine Einstellung nur noch gem. § 153 II StPO in Betracht. Daneben kann der TOA auf der Strafzumessungsebene des Urteils berücksichtigt werden, § 46a StGB.

3. Verhältnis zwischen TOA und zivilrechtlichem Schadensersatz

Unter Wiedergutmachung wird gemeinhin der Ausgleich der Tatfolgen verstanden.[44] Diese Formulierung legt nahe, dass die angesprochenen Folgen negativ sind, denn andernfalls wären sie nicht durch Wiedergutmachung auszugleichen. Negative Folgen wiederum lassen sich mit dem Wort „Schäden" umschreiben. So spricht z.B. § 56b II Nr. 1 StGB explizit davon, „den durch die Tat verursachten *Schaden* wiedergutzumachen". §§ 153a I S. 2 Nr. 5 StPO, 46a Nr. 1 StGB sprechen zwar neutraler vom Wiedergutmachen der „Tat", womit aber ebenfalls die durch sie verursachten Schäden gemeint sind. Geht es somit um die Wiedergutmachung von Schäden, so ist eine Nähe zum zivilrechtlichen Schadensersatz nicht zu übersehen. Dementsprechend wird die Wiedergutmachung auch oft als dem Zivilrecht angehörig bezeichnet, da der Täter durch Wiedergutmachung nur Leistungen erbringe, zu denen er zivilrechtlich ohnehin verpflichtet sei.[45] Auch die Rechtsprechung hat lange Zeit Wiedergutmachungsauflagen nur zugelassen, wenn und soweit eine zivilrechtliche Haftung des Straftäters bestand.[46]

---

[41] Vgl. AK-*Schöch*, § 153b Rn. 4; *König/Seitz*, NStZ 1995, S. 2.
[42] Vgl. L/R-*Beulke*, § 153b Rn. 9.
[43] Vgl. L/R-*Beulke*, § 153b Rn. 8.
[44] Vgl. z.B. § 1 I 1 AE-WGM.
[45] Vgl. *Hirsch*, ZStW 102 (1990), S. 534, ders., GS Kaufmann, S. 699 ff.
[46] Vgl. z.B. OLG Hamburg MDR 1980, S. 246; OLG Stuttgart NJW 1980, S. 1114; kritisch zu dieser Rechtsprechung *Frehsee*, NJW 1981, S. 1253.

Das alles erscheint als Konsequenz der historischen Entwicklung, durch die die konkrete *Opfer*verletzung nach und nach hinter der *Rechts*verletzung zurücktrat[47], so dass sich das Opfer als personale Kategorie schließlich völlig in dem Abstraktum der Rechtsgutsverletzung auflöste.[48] Während in älteren Epochen die Wiedergutmachung zu einer wesentlichen Aufgabe des Strafrechts gehörte, wurde durch die genannte Entwicklung das „Band zwischen Täter und Opfer zerschnitten."[49] Jedoch darf man daraus nicht schließen, mit der abolitionistischen Wiedergutmachungslehre sei davon auszugehen, Wiedergutmachung sei von der Strafe wesensverschieden und könne deshalb im Strafrecht keinen Platz finden.

3.1. Kriminalpolitische Strömungen und gesellschaftliche Akzeptanz

Die zu Zeiten Bindings als Errungenschaft angesehene Trennung von Straf- und Zivilrecht befindet sich heute in der Auflösung, denn angesichts der aktuellen kriminalpolitischen Strömungen sind solche Überlegungen nicht mehr ausreichend und zu undifferenziert.[50] Im Gegenteil bestehen mehrere Befunde, die zu einer Aufnahme der Wiedergutmachung in das strafrechtliche Sanktionensystem drängen: So stellt sich einerseits die Opferorientierung als eine Aufgabe des Strafrechts dar.[51] Die Strafjustiz hat bereits aus verfassungsrechtlichen Gründen ausreichend auf die Opferbelange Rücksicht zu nehmen.[52] Das lässt sich am besten dadurch erreichen, dass die Wiedergutmachung im Strafrecht integriert und bei der Lösung des durch die Straftat entstandenen sozialen Konfliktes mit der Schadlosstellung des Opfers begonnen wird, weitere Schritte dagegen nur noch bei dann noch gegebenem Anlass unternommen werden.[53] Durch eine Strafe wird die Berücksichtigung der - auf Wiedergutmachung gerichteten[54] - Opferinteressen nämlich in der Weise erschwert, dass die oftmals bestehende[55] Wiedergutmachungsbereitschaft des Täters im Laufe des Vollzugs einer Freiheits- oder Geldstrafe zunehmend schwindet.[56] Der so entstehende Vorrang der Wiedergutmachung vor der klassischen Bestrafung des Täters

---

47 Vgl. *Prittwitz*, Opferlose Straftheorien, S. 60.

48 Vgl. *Kilchling*, NStZ 2002, S. 58; *Schünemann*, NStZ 1986, S. 193 f; *Eser*, ZStW 104 (1992), S. 377.

49 *Roxin*, FS Lerche, S. 301.

50 Vgl. *Roxin*, Die Wiedergutmachung im System der Strafzwecke, S. 42.

51 Vgl. *Rössner*, FS Roxin, S. 986; *Altenhain*, JZ 2001, S. 795; *Schätzler*, ZStW 86 (1974), S. 472 ff.

52 Vgl. BVerfGE 39, S. 41; *Pieroth/Schlink*, Rn. 88 ff; *Benda/Maihofer/Vogel*, Handbuch des Verfassungsrechts, § 5 Rn. 50.

53 Vgl. *Roxin*, aaO, S.42.

54 Vgl. dazu bereits oben 1.1. (S. 4 f).

55 Vgl. *Frehsee*, Schadenswiedergutmachung, S. 1 ff.

56 Vgl. *Sessar*, FS Leferenz, S. 154.

stößt empirischen Befunden zufolge auch in der Bevölkerung auf große Akzeptanz.[57]

3.2. Art und Umfang der Leistungen

Im Zivilrecht kann es nur um Wiedergutmachung im Sinne des Schadensersatzrechts gehen, während Wiedergutmachung im Strafrecht den Ausgleich der Tat als strafrechtliches Mittel anstrebt.[58] Maßgeblich für den Tatfolgenausgleich können somit nur die im jeweiligen Rechtsgebiet eintretenden Tatfolgen sein. Diese sind jedoch entsprechend der unterschiedlichen Zweckverfolgung von Straf- und Zivilrecht keineswegs identisch. Anders als das Zivilrecht dient das Strafrecht dem Schutz des Zusammenlebens der Menschen in der Gemeinschaft.[59] Seine Aufgabe ist der subsidiäre Rechtsgüterschutz; strafwürdiges Verhalten wird von nicht strafwürdigem durch den Begriff des Rechtsgutes abgegrenzt.[60] Strafrechtlich geschützte Rechtsgüter müssen daher keinesfalls auch dem Schutz des Zivilrechts unterfallen. So enthält beispielsweise § 315c StGB einen gegenüber dem Zivilrecht ausgeweiteten Schutz, indem er bereits die fahrlässige Gefährdung der dort aufgezählten Rechtsgüter unter Strafe stellt, während das Zivilrecht für die Anerkennung eines Schadensersatzanspruchs deren Beeinträchtigung verlangt.[61]

Weiterhin ist anerkannt, dass durch eine Straftat neben der Rechtsgutsverletzung auch eine überindividuelle Störung entsteht, die sich in dem Konflikt zwischen Täter und Allgemeinheit niederschlägt. Nur so lässt sich die Begründung der Strafe durch die Theorie der positiven Generalprävention rechtfertigen, nach der die Bestrafung des Täters der „Erhaltung und Stärkung des Vertrauens in die Bestands- und Durchsetzungskraft der Rechtsordnung“[62] dient. Die Tatfolge der überindividuellen Störung ist dem Zivilrecht jedoch genauso fremd wie die speziellen Folgen strafrechtlicher Viktimisierung. Somit unterscheiden sich die Tatfolgen von Straf- und Zivilrecht durch einen unterschiedlichen Rechtsgutsbegriff und die spezifisch strafrechtlichen Folgen der überindividuellen Störung und der Viktimisierung. Dementsprechend sind auch die Wiedergutmachungsleistungen als Ausgleich der Tatfolgen unterschiedlich. Der Täter erbringt im Rahmen der strafrechtlichen Wiedergutmachung folglich keinesfalls nur Leistungen, zu denen er zivilrechtlich ohnehin verpflichtet ist. So ist der Täter z.B. zivilrechtlich weder zur Teilnahme an Versöhnungsgesprächen oder zur Entschuldigung gegenüber dem Verletzten noch zur Erbringung mate-

---

[57] Vgl. *Frehsee*, Schadenswiedergutmachung, S. 170 ff; *Sessar*, FS Leferenz, S. 145 ff.
[58] Vgl. *Frehsee*, aaO, S. 8 f.
[59] Vgl. *Wessels/Beulke*, Strafrecht AT, Rn. 4 ff.
[60] Vgl. *Roxin*, Strafrecht AT I, § 2 Rn. 28 ff.
[61] Vgl. *Laue*, Symbolische Wiedergutmachung, S. 33, 34.
[62] BVerfGE 45, S. 256; *Roxin*, aaO, § 3 Rn. 26 ff.

rieller oder immaterieller Leistungen an die Allgemeinheit verpflichtet, Leistungen, die im Rahmen der Wiedergutmachung durchaus erbracht werden können.[63] Des Weiteren kann gem. § 46a Nr. 1 StGB im Vergleich zum Zivilrecht ausdrücklich auch ein ernsthaftes Bemühen um Wiedergutmachung ausreichen. Wiedergutmachung und zivilrechtlicher Schadensersatz können zwar zusammenfallen, sind aber keineswegs immer identisch.

Auch bzgl. des *Umfangs* des Ersatzes bestehen erhebliche Unterschiede, orientiert sich doch der zivilrechtliche Schadensersatz an der Differenzhypothese (§§ 249 ff BGB), während der strafrechtliche Tatfolgenausgleich am Schuldprinzip zu messen ist.[64] Eine Inanspruchnahme des Täters aufgrund strafrechtlichen Zugriffs kann somit eine über die schuldangemessene Belastung hinausgehende Ausgleichsleistung auch dann nicht legitimieren, wenn insoweit ein zivilrechtlicher Schadensersatzanspruch gegeben ist. Insbesondere letzteres Argument wird auch vom BGH[65] betont. Dass strafrechtliche Wiedergutmachung i.S.d. § 46a StGB dem zivilrechtlichen Schadensersatz nicht gleichgesetzt werden dürfe, ergebe sich bereits aus der Formulierung „ganz oder überwiegend". Dadurch wird in der Tat klar, dass Wiedergutmachung gerade keine vollständige Erfüllung des zivilrechtlichen Schadensersatzes verlangt.

Somit ist das Argument, die Wiedergutmachung könne im Strafrecht keinen Platz finden, nicht haltbar, es kommt vielmehr eine Zuordnung zum Strafrecht in Betracht. Für eine solche muss entscheidend sein, ob durch die Wiedergutmachung Strafrecht verwirklicht wird[66], was seinerseits wiederum die Erfüllung der Strafzwecke verlangt.[67]

4. Vereinbarkeit des TOA mit dem Rechtsstaatsprinzip

Eine Vereinbarkeitsprüfung des TOA mit dem Rechtsstaatsprinzip kann nicht bereits deshalb entfallen, weil außergerichtliche Konfliktbewältigung nichts mit „Staat" zu tun hat. Denn auch ein noch so informelles Verfahren kann unter keinen Umständen als gelungene Konfliktregelung angesehen werden, wenn es nicht an den Grundsätzen des fairen Verfahrens orientiert ist. Vor allem aber ist der TOA fast immer mit einem Strafverfahren verbunden, meist ein Ausweg aus einem bereits in Gang gesetzten Verfahren. Sobald aber eine derartige Verknüpfung vorliegt, ist der TOA zwingend an den Geboten der Rechtsstaatlichkeit zu messen, da es dann um die Frage geht, ob jemand der Strafgewalt des

---

[63] Vgl. BGH NJW 2003, S. 1467.
[64] Vgl. *Meier*, JuS 1996, S. 437.
[65] Vgl. BGH NJW 2001, S. 2557.
[66] Vgl. *Meier*, JuS 1996, S. 438.
[67] Vgl. dazu ausführlich unten 4. Kapitel, II. 1.1. (S. 125 ff).

Staates unterworfen wird.[68] Im Kontext des Strafverfahrens geht es bezüglich der Rechtsstaatlichkeit vor allem um die Selbstbeschränkung des Staates, da dem vom Gewicht der Strafe Bedrohten eine wirksame Sicherung seiner durch das Strafverfahren z.T. massiv tangierten Grundrechte zu gewährleisten ist.[69]

4.1. Verhältnismäßigkeitsgrundsatz, Art 20 III GG

Die Stellung des TOA zwischen staatlicher Strafe und Non-Intervention wirft Probleme hinsichtlich des Verhältnismäßigkeitsgrundsatzes auf, der besagt, dass eine staatliche Maßnahme nur dann verhängt werden darf, wenn zur Erfüllung des verfolgten Zweckes kein gleichermaßen geeignetes, milderes Mittel zur Verfügung steht.[70] Bezüglich der Geeignetheit ist vorliegend auf die Erfüllung der Strafzwecke abzustellen, zu denen hier nur mit einem Verweis auf die heute herrschende Vereinigungslehre Stellung genommen werden kann, nach der die Aufgaben der Strafe in Prävention und Schuldausgleich bestehen.[71] Zur Erfüllung dieser Zwecke erweist sich der TOA als geeignet.[72] Da die Wiedergutmachung zweifellos auch eine mildere Folge darstellt als die Verhängung staatlicher Strafe, spricht vieles für eine möglichst häufige Anwendung des TOA. Insbesondere ist in der Regel auch keine Einschränkung der Anwendung zugunsten der Non-Intervention vorzunehmen. Zwar stellt das Ausbleiben einer staatlichen Reaktion *im Einzelfall*, von Extrembeispielen abgesehen[73], keine messbare Gefährdung der Präventionsziele dar, so dass sich die Non-Intervention als das mildeste Mittel erweisen würde. Konsequent zu Ende gedacht, würde jedoch eine solche Argumentation die Abschaffung des Strafrechts zur Folge haben, was aufgrund von dessen Notwendigkeit zur Aufrechterhaltung der Rechtsordnung[74] eine abwegige Forderung wäre. Dennoch sollte der TOA aber zumindest dann nicht eingesetzt werden, wenn sich seine positiven Wirkungen nicht nachweisen lassen.[75]

4.2. Gleichheitsgrundsatz, Art 3 GG

Das Grundgesetz enthält in Art. 3 I den allgemeinen Gleichheitssatz, der insbesondere Rechtssetzungs- und Rechtsanwendungsgleichheit verlangt. Divergierende TOA-Bereitschaft und regional unterschiedliche Diversionsprogramme führen jedoch bezüglich der Zugangschancen zum TOA gerade zu einer Un-

[68] Vgl. *Weigend*, Fragen der Rechtsstaatlichkeit beim TOA, S. 37.
[69] Vgl. BVerfGE 57, S. 257.
[70] Vgl. *Pieroth/Schlink*, Rn. 279 ff.
[71] Vgl. dazu ausführlich *Wessels/Beulke*, Strafrecht AT, Rn. 12a; *Roxin*, Strafrecht AT I, § 3 Rn. 33 ff; *Krey*, Strafrecht AT 1, Rn. 134 ff; *Tröndle/Fischer*, § 46 Rn. 2, jeweils m.w.N.
[72] Vgl. dazu ausführlich unten 4. Kapitel, II. 1.1. (S. 125 ff).
[73] Vgl. dazu *Weigend*, Fragen der Rechtsstaatlichkeit beim TOA, S. 43.
[74] Vgl. *Wessels/Beulke*, Strafrecht AT, Rn. 5; *Maurach/Zipf*, Strafrecht AT/1, § 6.
[75] Vgl. *Weigend*, aaO, S. 41.

gleichheit bei der Rechtsanwendung.[76] Dennoch lässt sich daraus keine Verfassungswidrigkeit des TOA ableiten, da individuelle und örtliche Unterschiede Folge der Tatsache sind, dass der Gesetzgeber durch zahlreiche unbestimmte Rechtsbegriffe (vgl. z.B. „geringe Schuld" oder „öffentliches Interesse" in §§ 153, 153a StPO) und Ermessensspielräume dem Anwender die erforderliche Flexibilität verschafft, nach den präventiven Notwendigkeiten des Einzelfalls zu entscheiden. Ein solches Vorgehen stellt solange keinen Verstoß gegen Art. 3 GG dar, als die Entscheidung anhand sachlicher Kriterien, insbesondere kriminalpolitischer Erwägungen, getroffen wird.[77] Dennoch erscheint de lege ferenda ein gesetzlicher Auftrag zur Einrichtung von TOA-Stellen erforderlich, was allerdings kein Verfassungsgebot, sondern lediglich eine politische Forderung darstellt, da sich aus Art 3 GG grundsätzlich keine Ansprüche an den Gesetzgeber auf Erlass bestimmter Normen herleiten lassen.[78]

4.3. Richtervorbehalt, Art 92 GG

Weitere rechtsstaatliche Bedenken werden hinsichtlich des Richtervorbehalts (Art. 92 GG) geäußert, da man bei der Erteilung einer Auflage oder Weisung gem. Art 153a I 2 Nr. 5 StPO die Staatsanwaltschaft als entscheidende Instanz ansehen könnte. Die Berechtigung dieser Bedenken hängt vom Verständnis des Begriffes „Rechtsprechung" ab[79], den das BVerfG als den Kernbereich dessen bezeichnet, was traditionell zur Tätigkeit der Gerichte gehört, also insbesondere die Verhängung von Kriminalstrafen.[80] § 153a I 2 Nr. 5 StPO steht zwar angesichts seines Sanktionscharakters[81] zumindest für den Beschuldigten in der Nähe der Strafe, jedoch hat das BVerfG einschränkend festgestellt, dass dem Rechtsprechungsbegriff nur Strafaussprüche mit ethischem Schuldvorwurf unterfallen. Der TOA bzw. dessen Anregung setzen aber, zumindest im Erwachsenenstrafrecht[82], keine *formelle* Schuldfeststellung voraus. Die in Bezug auf den Richtervorbehalt geäußerten Bedenken erweisen sich demnach als unbegründet.

---

[76] Vgl. *Böttcher/Weber*, NStZ 1990, S. 561 ff; *Heinz/Storz*, Diversion im Jugendstrafverfahren, S. 43 ff; ders., DVJJ-Journal 1998, S. 245.

[77] Vgl. *Weigend*, Fragen der Rechtsstaatlichkeit beim TOA, S. 46 ff.

[78] Vgl. BVerfGE 1, S. 100; 12, S. 142.

[79] Vgl. zum diesbezüglichen Streitstand M/D-*Herzog*, Art. 92 GG Rn. 20 ff, insb. Rn. 35-50.

[80] Vgl. BVerfGE 22, S. 73 ff.

[81] Vgl. *Meier*, GA 1999, S. 16 ff; L/R-*Beulke*, § 153a Rn. 8, 9; *Meyer-Goßner*, § 153a Rn. 12; *Weigend*, ZStW 109 (1997), S. 106; *Fezer*, ZStW 106 (1994), S. 32.

[82] Vgl. bezüglich des Jugendstrafrechts *Weigend*, Fragen der Rechtsstaatlichkeit beim TOA, S. 50 ff.

II. Entstehungsgeschichte und Gesetzgebungsverfahren der §§ 155a, b, 153a I 2 Nr. 5 StPO

Aus historischer Perspektive ist Konfliktbeseitigung durch private Bußleistung des Täters kein neuer Gedanke. In vielen frühen Rechtsordnungen stand das Wiedergutmachungsprinzip gleichberechtigt neben vergeltenden oder strafenden Sanktionen.[83] So war noch den Germanen (vor der Reichseinigung durch die Karolinger) der Begriff der Straftat nach heutigem Verständnis unbekannt. Als verletzt angesehen wurde nur das Individuum, dem bzw. dessen Sippe folglich auch das alleinige Recht über die Strafentscheidung zustand.[84] Dieses bestand in einem Wahlrecht zwischen Volksgericht und Fehde. Dabei war es möglich, gegen Erbringung einer Sühneleistung auf die eine Fehde begleitenden Racheakte zu verzichten.[85] Entsprechende Sühneverträge wurden an sog. Freistätten, wie z.B. Klöstern, Wirtshäusern etc.[86], ausgehandelt, in die der Täter nicht verfolgt werden durfte, was Täter und Opfer[87] Raum und Zeit zur Verhandlung über die Sühneleistungen verschaffte. Da die Streitbeilegung durch Sühne jedoch im Ermessen des Geschädigten stand, blieben die eine Fehde begleitenden Racheakte nach wie vor an der Tagesordnung, was mit der zunehmenden Etablierung der Staatlichkeit insofern problematisch wurde, als die entsprechenden blutigen Auseinandersetzungen ein geordnetes Zusammenleben erschwerten.[88] Im dem folglich aufkommenden Kampf gegen die Fehde gelang es im Mittelalter zunächst, den gerichtlichen Abschluss des Sühnevertrages durchzusetzen.[89] Dabei ging es noch nicht um die Bestrafung des Täters, sondern um eine Bewegung zum Fehdeverzicht im Sinne des Rechtsfriedens.[90] Das Ziel Karls des Großen, eine friedensverbürgende Zentralgewalt zu schaffen[91], leitete schließlich eine gänzliche Änderung des Verbrechensverständnisses ein, die im Zuge der Landfriedensbewegung zur Einführung eines staatlich kontrol-

---

[83] Vgl. *Dünkel/Rössner*, ZStW 99 (1987), S. 846 m.w.N.; *Frehsee*, Schadenswiedergutmachung, S. 12 ff; *Frühauf*, Wiedergutmachung, S. 8 ff; *Kasperek*, Zur Auslegung und Anwendung des § 46a StGB, S. 3; vgl. ausführlich zur Wiedergutmachung im Strafprozess vergangener Jahrhunderte die Beiträge in *Schöch* (Hrsg.), Wiedergutmachung und Strafrecht.

[84] Vgl. *Luden*, Handbuch des teutschen Rechts, S. 64; kritisch dazu *Mitteis/Lieberich*, Deutsche Rechtsgeschichte, S. 38.

[85] Vgl. *Hagemann*, Rechtsleben im Mittelalter, S. 165.

[86] Vgl. dazu ausführlich *Bianchi*, Alternativen zur Strafjustiz, S. 144 ff; die Freistätten hatten bis in das ausgehende 18. Jahrhundert Bedeutung für die restitutive Streitbeilegung, vgl. *Bianchi*, aaO, S. 150 ff.

[87] Ursprünglich wurde die Sühnesumme dabei zwischen dem Schädiger und den Agnaten (männliche Blutsverwandte) des Opfers ausgehandelt, vgl. *Schaffstein*, Wiedergutmachung, S. 20.

[88] Vgl. *Weigend*, Deliktsopfer und Strafverfahren, S. 31.

[89] Vgl. *Weigend*, aaO, S. 31 f; 40 ff; *Hagemann*, aaO, S. 166.

[90] Vgl. *Frehsee*, aaO, S. 18 f m.w.N.

[91] Vgl. *Weigend*, Deliktsopfer und Strafverfahren, S. 43.

lierten Strafrechts führte, welches dem Opfer die Aufgabe der Strafverfolgung entzog und den Staat an seine Stelle treten ließ.

Durch die so entstandene öffentliche Strafe lange Zeit verdrängt, lebte der Wiedergutmachungsgedanke in den sechziger Jahren des 20. Jahrhunderts wieder auf.[92] Zu diesem Zeitpunkt ging man allerdings noch davon aus, das Verhalten des Täters nach der Tat sei lediglich drittrangig[93] und könne nur „ausnahmsweise...indiziell zugunsten des Täters wirken“ [94] und „das Ausmaß der Strafe beeinflussen.“[95] Seitdem hält jedoch eine internationale Diskussion um die Krise des strafrechtlichen Sanktionensystems an[96], in der vor allem die herkömmlichen repressiven Sanktionen der Freiheits- und Geldstrafe zugunsten von sozial konstruktiveren Alternativen wie Wiedergutmachung und TOA kritisiert werden.[97] Als Determinanten der Diskussion lassen sich einerseits die amerikanische „restitution“-Bewegung[98], die Enttäuschung über die geringen Erfolge bei der resozialisierenden Behandlung von Straftätern[99] und der von der Überfüllung der Strafanstalten ausgehende Handlungsdruck[100], vor allem aber der Aufstieg der Viktimologie zu einem selbständigen Wissenschaftszweig[101] nennen. Im Zuge der von den Viktimologen geforderten stärkeren Opferorientierung im Strafrecht[102] wurde der Verletzte, dessen Stellung im Straf- und Strafverfahrensrecht als unbefriedigend angesehen wurde[103], als Subjekt wiederentdeckt.[104] Dabei sind die Begriffe TOA und Wiedergutmachung zu „Schlüsselbegriffen opferbezogenen Strafrechtsverständnisses“[105] geworden, zu einem „Modethema“[106], das bis zur Forderung einer grundsätzlichen Reformie-

---

92 Vgl. *Kasperek*, Zur Auslegung und Anwendung des 46a StGB, S. 3.
93 Vgl. *Maurach*, Strafrecht AT, S. 842.
94 *Maurach*, aaO, S. 851.
95 Ebda.
96 Vgl. *Pfeiffer*, ZRP 1992, S. 339.
97 Vgl. *Eser*, FS Maihofer, S. 133; *Kasperek*, aaO.
98 Vgl. dazu *Weigend*, „Restitution“ in den USA, S. 111 ff.
99 Vgl. dazu ausführlich *Kley-Struller*, S. 16.
100 Vgl. dazu ausführlich *Meier*, Strafrechtliche Sanktionen, S. 347: Die Überfüllung der Strafanstalten resultiert sowohl aus der zunehmend härteren Strafpraxis der Gerichte als auch auf den durch Arbeitslosigkeit und Armut ansteigenden Zahlen von Ersatzfreiheitsstrafen.
101 Vgl. *Roxin*, Die Wiedergutmachung im System der Strafzwecke, S. 42.
102 Vgl. *Schafstein*, FS Roxin, S. 1066, *Kasperek*, aaO, S. 3, 348; ausführlich zur Entwicklung des Opferschutzes als kriminalpolitisches Anliegen *Eder-Riederer*, GS Zipf, S. 35 ff; *Eser*, GS Kaufmann, S. 723 ff.
103 Vgl. *Schöch*, FS Roxin, S. 1061; *Weigend*, Künftige Perspektiven der Opferforschung, S. 43 ff spricht vom „Aschenputteldasein“ des Opfers.
104 Vgl. *Weigend*, ZStW 96 (1984), S. 761 ff; *Schöch*, NStZ 1984, S. 385 ff; *Eser*, GS Kaufmann, S. 723 ff; *Eder-Riederer*, aaO, S. 35 ff.
105 Vgl. *Müller-Dietz*, Schadenswiedergutmachung, S. 965.
106 *Brauns*, Wiedergutmachung, S. 17.

rung des strafrechtlichen Sanktionensystems reicht.[107] Sie bieten heute Ansatzpunkte für die Anliegen der unterschiedlichsten kriminalpolitischen Strömungen[108], sehen sich auf der anderen Seite aber auch dezidierter Kritik ausgesetzt.[109]

Die Diskussion um die stärkere Opferorientierung gipfelte vorläufig im 55. Deutschen Juristentag von 1984 in Hamburg.[110] Etwa zum gleichen Zeitpunkt entstanden, zunächst überwiegend im Jugendstrafrecht, zahlreiche Modellprojekte zum TOA.[111] Allen voran hat Roxin diese Entwicklung aufgegriffen und nachhaltig, insbesondere durch die Entwicklung und straftheoretische Verankerung der Restitutionsidee, gefördert.[112]

Erstes greifbares Ergebnis der zunächst lediglich theoretischen Auseinandersetzung war bezüglich der *materiellen Situation* des Opfers das Opferentschädigungsgesetz von 1976[113], das den Betroffenen einen originären sozialrechtlichen Entschädigungsanspruch gegen den Staat einräumte, da sich dessen direkte Ansprüche gegen den Schädiger meist als nicht durchsetzbar erwiesen. Die erste Verbesserung der *rechtlichen Stellung* erfolgte mit der Aufnahme des Bemühens, „einen Ausgleich mit dem Verletzten zu erreichen", in § 46 II 2 StGB durch das am 1.4.1987 in Kraft getretene Opferschutzgesetz[114], das an die Überlegungen des 55. Deutschen Juristentages anknüpfte. Da das Opferschutzgesetz jedoch lediglich punktuelle Rechtsänderungen enthielt, mangelte es von vorneherein nicht an Kritik.[115] Denn so hinkte die BRD weiterhin[116] der internationalen Entwicklung hinterher.[117] Nach wie vor schien eine *opferbezogene Reformierung des Sanktionenrechts* erforderlich. Als erster Schritt in diese

---

[107] Vgl. *Walther*, Vom Rechtsbruch zum Realkonflikt.

[108] Vgl. ausführlich *Dünkel/Rössner*, ZStW 99 (1987), S. 845 ff; *Kaiser*, Kriminologie, S. 990 ff

[109] Zu den Hauptkritikern zählen v.a. *Hirsch*: vgl. nur ZStW 102 (1990), S. 534 ff; ders., Neue Wege der Wiedergutmachung, S. 377 ff und *Loos*, vgl. ZRP 1993, 51.

[110] Vgl. dazu *Rieß*, Gutachten C für den 55. DJT; *Kasperek*, Zur Auslegung und Anwendung des 46a StGB S. 6 ff.

[111] Vgl. *Kasperek*, aaO, S. 7 ff.

[112] Vgl. dazu *Roxin*, Strafrecht AT I, § 3 Rn. 65 ff.

[113] Gesetz über die Entschädigung für Opfer von Gewalttaten (OEG) vom 11.5.1976, BGBl. I, S. 1181.

[114] 1. Gesetz zur Verbesserung der Stellung des Verletzten im Strafverfahren vom 18.12.1986, BGBl. I, S. 2496 ff; vgl. zu dessen Entstehungsgeschichte ausführlich *Kaiser*, Die Stellung des Verletzten im Strafverfahren; zu den Motiven des OEG-Gesetzgebers vgl. *Kunz*, Probleme der Opferentschädigung, S. 70 ff.

[115] Vgl. *Kunz*, Probleme der Opferentschädigung, S. 70 ff; *Schünemann*, NStZ 1986, S. 193 ff; *Jung*, JuS 1987, S. 157 ff; *Weigend*, NJW 1987, S. 1170 ff.

[116] Die Opferdiskussion hatte in angloamerikanischen Ländern insgesamt früher angesetzt, vgl. *Kilchling*, Opferinteressen und Strafverfolgung, S. 1.

[117] Vgl. *Roxin*, Neue Wege der Wiedergutmachung im Strafrecht, S. 368.

Richtung trat dann am 30.08.1990 das „Erste Gesetz zur Änderung des Jugendgerichtsgesetzes“[118] in Kraft, welches den TOA in der Art festschrieb, dass es die Möglichkeit einer entsprechenden richterlichen Weisung oder Auflage im Rahmen der Opportunitätseinstellung einführte.[119] Des Weiteren war der Problemkreis Gegenstand des im Jahre 1992 vorgelegten „Alternativentwurf Wiedergutmachung“[120] sowie der im selben Jahr stattfindenden Beratungen des 59. Deutschen Juristentages in Hannover.[121]

Am 1.12.1994 trat nach verschiedenen Gesetzesentwürfen[122] das Verbrechensbekämpfungsgesetz[123] in Kraft, durch dessen Art. 1 Nr. 1 der neue § 46a StGB eingeführt und der TOA so auch im materiellen Strafrecht verankert wurde.[124] Dadurch sollte dem im Jugendstrafrecht bereits erfolgreich[125] angewendeten TOA auch im Erwachsenenstrafrecht stärkeres Gewicht verliehen werden.[126] Mit § 46a StGB wurde an die Entwicklung der Verfahrenspraxis in Richtung auf Informalisierung, Konsens und Kooperation[127] angeknüpft, die seit über einem Jahrzehnt zu den brisantesten Systemveränderungen gehört.[128]

Die Normierung des § 46a StGB führte jedoch noch nicht dazu, dass die Praxis das Instrument des TOA in dem möglichen und wünschenswerten Maße nutzte, wofür als wesentlicher Grund vielfach das Fehlen einer verfahrensrechtlichen

---

[118] Erstes Gesetz zur Änderung des Jugendgerichtsgesetzes vom 30.08.1990, BGBl. I, S. 1853 ff.

[119] §§ 15 I 1 Nr. 1, 2 JGG 45 II 2, 47 JGG; vgl. *Stein*, NStZ 2000, S. 393; *Kasperek*, Zur Auslegung und Anwendung des § 46a StGB, S. 9 ff.

[120] Diesen zusammenfassend *Kasperek*, aaO, S. 11 ff; *Schöch*, FS Roxin, S. 1046; positiv beurteilt von *Brauns*, Wiedergutmachung, S. 300 ff, *Kilchling*, aaO, S. 692 ff; kritisch dagegen Hirsch, Lampe und Loos, vgl. *Schöch*, FS Roxin, S. 1050 ff m.w.N.

[121] Vgl. *Schöch*, Gutachten C für den 59. DJT.

[122] Vgl. BT-Dr. 12/6141 (Entwurf der SPD-Fraktion zur Reform des strafrechtlichen Sanktionensystems); BT-Dr. 12/6853 (Entwurf der Fraktion der CDU/CSU und der FDP): Besprechung der Entwürfe bei *Meyer*, FS Triffterer, S. 636 ff; *Kasperek*, aaO, S. 15 ff.

[123] Gesetz zur Änderung des Strafgesetzbuches, der Strafprozeßordnung und anderer Gesetze (Verbrechensbekämpfungsgesetz) vom 28.10.1994, BGBl. I, S. 3186 ff.

[124] Zu den sonstigen Änderungen durch das VerbrBekG vgl. bereits oben, I. 2.2. (S. 7 ff); zu den entsprechenden Artikeln des VerbrBekG vgl. *Brauns*, aaO, S. 298. Die einzige wirkliche Veränderung zur alten Rechtslage ergab sich allerdings aus § 46a StGB, vgl. *Meier*, JuS 1996, S. 436; kritisch zu § 46a StGB *Dahs*, NJW 1995, S. 553; *Loos*, FS Hirsch, 1999, S. 873; Gegenkritik bei *Schöch*, FS *Roxin*, S. 1054.

[125] Vgl. *Hartmann*, DVJJ-Journal 1993, S. 330 ff.

[126] Kritisch dazu *Hamm*, StV 95, S. 491 ff.

[127] Vgl. die um die Absprachen im Prozess geführte Diskussion z.B. bei *Beulke*, Strafprozessrecht, Rn. 394 ff m.w.N.

[128] Vgl. *Tiedemann*, ZRP 92, S. 108 ff; *Walther*, Vom Rechtsbruch zum Realkonflikt, S. 37, 78.

Verankerung in der StPO genannt wurde.[129] Dagegen waren die potentiellen Möglichkeiten des TOA durchaus bekannt, lieferten doch ausländische Vorbilder[130] und inländische Modellprojekte[131] und Erfahrungsberichte[132] positive Ergebnisse.

Vor diesem Hintergrund übersandte Bundeskanzler Gerhard Schröder am 28.10.1999 dem Präsidenten des Deutschen Bundestages einen von der Bundesregierung beschlossenen Gesetzesentwurf für ein „Gesetz zur strafverfahrensrechtlichen Verankerung des Täter-Opfer-Ausgleichs“[133], als dessen Ziel proklamiert wurde, „dass das vorhandene Anwendungspotential des TOA künftig stärker ausgeschöpft wird“[134]. Dazu sah der Entwurf vor, den TOA einerseits durch Einführung der §§ 155a, b StPO, andererseits durch die Ergänzung des § 153a StPO strafverfahrensrechtlich zu verankern. Mit dem neuen § 155a StPO sollte die „prozessuale Grundnorm für die Anwendung des TOA im Strafverfahren“[135] eingeführt werden. Durch die Öffnung des bisher abschließenden Kataloges des § 153a StPO und dessen Ergänzung um den TOA in einer Nr. 5 sollte die Möglichkeit einer Einstellung des Strafverfahrens erweitert werden. Die Einführung des § 155b StPO dient der Ausräumung datenschutzrechtlicher Bedenken. Nach der Stellungnahme des Bundesrates[136] und der Gegenäußerung der Bundesregierung[137] wurde am 20.12.1999 im Sinne des o.g. Entwurfes das „Gesetz zur strafverfahrensrechtlichen Verankerung des TOA und des FAG“[138] verkündet und trat am 21.12.1999 in Kraft. Damit hat die kriminalpolitische Diskussion um das Opfer jedoch immer noch nicht ihren Abschluss gefunden. So existieren zurzeit mit den Entwürfen für ein 2. Opfer-

---

[129] Vgl. *Kaiser*, GS Zipf, S. 110; *Meier*, JuS 1996, 441, ders., GA 1999, S. 17 ff; *Kube*, DRiZ 1986, S. 122 spricht von einer „prozessrechtlich nahezu unzumutbaren Stellung“.

[130] Insbesondere die USA und Österreich, vgl. *Mischnick*, Der Täter-Opfer-Ausgleich; *Weigend*, MschrKrim 1992, S. 105 (USA).

[131] Vgl. ausführlich zu Modell- und Ausgleichsprojekten *Dünkel/Rössner*, ZStW 99 (1987), S. 864 ff; Aus der Anfangszeit sind hier insbesondere die Projekte *Handschlag* und *Waage* zu nennen, vgl. *Schaffstein/Beulke*, S. 248; zu späteren Projekten vgl. *Schreckling*, ZfJ 1990, 626.

[132] Vgl. *Driebold*, BewHi 1995, S. 98; *Dölling*, JZ 1992, 496: Bei den einzelnen Projekten sollen im Schnitt dreiviertel der dort behandelten Fälle positiv abgeschlossen worden sein.

[133] BT-Dr 14, 1928, S. 3.

[134] BT-Dr 14, 1928, S.1, 6.

[135] BT-Dr 14, 1928, S. 6.

[136] Vgl. BT-Dr 14, 1928, S. 11 ff.

[137] Vgl. BT-Dr 14, 1928, S. 14 ff.

[138] Gesetz zur strafverfahrensrechtlichen Verankerung des TOA und des FAG vom 20.12.1999, BGBl. I, S. 2491 ff.

schutz-[139] und ein Opferrechtsreformgesetz[140] zwei weitere Reformvorschläge in Bezug auf die Stellung und Rechte des Opfers im Strafverfahren.

Zusammenfassend lässt sich feststellen, dass ein Zusammenspiel von Empfehlungen der Deutschen Juristentage 1984/1992, zahlreichen Modellprojekten und Gesetzesvorschlägen über die Kodifizierung des TOA im JGG und StGB zur Einführung des § 155a StPO als „prozessuale Grundnorm für die Anwendung des TOA im Strafverfahren“[141] führte. Daneben wurde die StPO um §§ 153a I 2 Nr. 5, 155b ergänzt.

139 Entwurf eines Gesetzes zur Stärkung der Rechte des Opfers im Strafprozess (2. Opferschutzgesetz), vgl. BT-Dr. 15/814.

140 Entwurf eines Gesetzes zur Verbesserung der Rechte von Verletzten im Strafverfahren (Opferrechtsreformgesetz), vgl. BT-Dr. 15/1976.

141 BT-Dr. 14/1928, S. 6.

Zweites Kapitel
Die Auswirkungen des TOA auf die Strafprozessordnung

I. Einschränkung des Untersuchungsumfangs

Die folgende Untersuchung bezieht sich auf die Auswirkungen, die sich nach Ansicht des Verfassers durch die verfahrensrechtliche Verankerung des TOA auf die StPO ergeben. Beteiligte an Ausgleichsverhandlungen außerhalb der Strafrechtspflege, namentlich privatrechtliche Vereinigungen der Opferhilfe, freie Wohlfahrtsverbände, Versorgungsämter und Resozialisierungsfonds, Vergleichsbehörden und Zivilgerichte können hier deshalb nicht interessieren.[1]

II. Ablauf des TOA-Verfahrens

§ 155a StPO statuiert für Staatsanwaltschaft und Gerichte ein Prüfungs- (§ 155a S. 1 StPO) und Hinwirkungserfordernis (§ 155a S. 2 StPO). Danach ist in *jedem* Stadium des Verfahrens die Möglichkeit des TOA zu prüfen und in geeigneten Fällen darauf hinzuwirken. Im Folgenden wird aus systematischen Gründen zunächst untersucht, ob das Unterlassen einer gebotenen Hinwirkung revisionsrechtliche Konsequenzen nach sich zieht. Vor diesem Hintergrund würde nämlich eine Konkretisierung folgender Problembereiche zwingend erforderlich:

- Was sind geeignete Delikte i.S.d. § 155a StPO?
- Welche Anforderungen sind an die Hinwirkung zu stellen?
- Hat auch schon die Polizei auf einen TOA hinzuwirken?
- Welche Anforderungen sind an den entgegenstehenden Willen i.S.d. § 155a S. 3 StPO zu stellen?
- Welche Konsequenzen haben ein Verstoß gegen § 155a S. 3 StPO und die Weigerung des Verletzten, am TOA teilzunehmen?

---

[1] Vgl. dazu Rössner/Wulf, Opferbezogene Strafrechtspflege, S. 14 ff, 18 ff.

1. Revisionsrechtliche Konsequenzen im Zusammenhang mit dem TOA
1.1. Revisionsrechtliche Konsequenzen bei Unterlassen der Hinwirkung in geeigneten Fällen, § 155a S. 2 StPO

Bezüglich § 155a S. 2 StPO findet sich des Öfteren die pauschale Aussage, die Pflicht der Staatsanwaltschaften und Gerichte zum Hinwirken auf den TOA sei nicht justitiabel[2], ein entsprechender Verstoß bliebe deshalb ohne revisionsrechtliche Konsequenzen. Dem kann indes nur dann gefolgt werden, wenn ein Urteil, dass ohne entsprechende Hinwirkung auf den TOA ergeht, nicht auf einer Gesetzesverletzung beruhen würde. Denn nur im Fall des Beruhens ist eine Revision gem. § 337 I StPO begründet.

1.1.1. Unterlassen der Hinwirkung als Gesetzesverstoß

Es stellt sich somit zunächst die Frage, ob das Unterlassen einer gebotenen TOA-Hinwirkung als Gesetzesverstoß anzusehen ist. Dabei ist zu beachten, dass § 155a S. 2 StPO bewusst als Sollvorschrift ausgestaltet wurde.[3] Bezüglich solcher Vorschriften war das Reichsgericht nämlich noch der Auffassung, dass sich der Richter zwar nicht grundlos über sie hinwegsetzen dürfe, wenn er es aber doch tue, er dadurch nicht das Gesetz verletze.[4] Eine solche Betrachtungsweise würde jedoch die Soll- und Ordnungsvorschriften[5] im Endeffekt zu bloßen Richtlinien abwerten[6], mit anderen Worten, es würde „gegenüber dem Gesetzesbefehl die schlichte Obstruktion ermöglicht durch die erstaunliche Erklärung, letztlich handle es sich nicht um Gesetze“[7]. Dementsprechend ist es zu begrüßen, wenn heute weitgehend Einigkeit besteht, dass auch ein Verstoß gegen Soll- und Ordnungsvorschriften eine Gesetzesverletzung darstellt.[8]

1.1.2. Beruhen des Urteils auf der Gesetzesverletzung

Neben einer Gesetzesverletzung setzt eine begründete Revision weiter voraus, dass das Urteil auch auf dieser Verletzung beruht, § 337 I StPO, d.h. zwischen Gesetzesverletzung und Urteil muss ein ursächlicher Zusammenhang dergestalt bestehen, dass ein Einfluss des Verstoßes auf das Urteil nicht auszuschließen ist.[9] Ein solcher Einfluss wird für besonders gravierende Verfahrensverstöße in § 338 StPO unwiderleglich vermutet. Da in unserem Fall aber keiner der dort

---

[2] Vgl. Tolmein, ZRP 1999, S. 409; L/R-Beulke, § 155a Rn. 2.
[3] Vgl. L/R-Beulke, § 155a Rn. 1.
[4] Vgl. RGSt 42, S. 169.
[5] Die Begriffe „Soll-“ und „Ordnungsvorschrift“ können synonym verwendet werden, vgl. z.B. KK-Kuckein, § 337 Rn. 13; differenzierend aber etwa Bohnert, NStZ 1982, S. 8 ff.
[6] So in der Tat KMR-Plöd, § 155a Rn. 2.
[7] Dencker, MDR 1975, S. 360.
[8] Vgl. Pfeiffer, StPO, § 337 Rn. 2; BGHSt 3, S. 384.
[9] Vgl. Beulke, Strafprozessrecht, Rn. 565; BGH StV 2002, S. 3; BGHSt 22, S. 280.

aufgezählten absoluten Revisionsgründe einschlägig ist, ist das Beruhen des Urteils auf der Gesetzesverletzung im Einzelfall festzustellen, § 337 I StPO. Nach der Ansicht von *Meyer-Goßner*, der sich dabei vor allem auf eine Entscheidung des 1. Strafsenats des BGH beruft[10], ist ein solches *Beruhen* bei der Verletzung von Soll- und Ordnungsvorschriften, also auch im vorliegenden Fall, generell ausgeschlossen.[11] Dem ist zwar zuzugeben, dass die Rechtsprechung früher den Begriff der Ordnungsvorschrift in der Tat zur Charakterisierung solcher Vorschriften gebraucht hat, deren Verletzung in der Revision nicht zur Aufhebung des Urteils führen soll.[12] Dieser Rechtsprechung kann jedoch entgegengehalten werden, dass sie jegliche Begründung vermissen lässt und stattdessen die Charakterisierung einer Norm als Soll- oder Ordnungsvorschrift als Argumentationsersatz heranzieht.[13] Der Begriff der Ordnungsvorschrift wurde demnach zeitweise auch als „Zauberformel"[14] bezeichnet. Inzwischen hat auch der BGH[15] seine frühere Rechtsprechung aufgegeben und sich der Auffassung Hanacks[16] angeschlossen, Gesetzesverstöße allein durch die Etikettierung als Ordnungsvorschrift für irrelevant zu erklären, sei eine „methodisch veraltete Vorstellung".[17] Dafür spricht auch, dass § 337 I StPO nicht zwischen Kann-, Muss-, Ordnungs- oder Sollvorschriften unterscheidet.

Entgegen früherer Auffassung[18] kann die Bedeutung der Nichteinhaltung von Soll- und Ordnungsvorschriften heute somit nicht mehr einheitlich beurteilt werden.[19] Selbst eine generelle Unterscheidung zwischen zwingenden und nicht zwingenden Vorschriften ist insoweit nicht möglich.[20] Ausschlaggebend sind vielmehr die Auswirkungen des Verstoßes auf die Rechtsstellung des Angeklagten bzw. der Verfahrenszweck der verletzten Norm.[21] Dadurch kommt es auch nicht zu einer übermäßigen Ausweitung möglicher revisibler Verfahrensfehler. Denn das Beruhen des Urteils auf der Verletzung wird gerade nicht durch den Gesetzesverstoß indiziert. Indem maßgeblich auf den Zweck der Norm abgestellt wird, obliegt die diesbezügliche Darlegungslast vielmehr in der Regel dem Angeklagten.[22]

---

[10] Vgl. BGHSt 30, S. 257.
[11] Vgl. *Meyer-Goßner*, § 337 Rn. 4; so auch BGHSt 30, S. 257.
[12] Vgl. *Dencker*, MDR 1975, S. 360.
[13] Vgl. *Rudolphi*, MDR 1970, S. 99.
[14] *Grünwald*, JZ 1968, S. 752.
[15] Vgl. BGHSt 25, S. 329 ff = MDR 1974, S. 765 ff.
[16] Vgl. *Hanack*, JZ 1971, S. 168, 169.
[17] BGH MDR 1974, S. 765 ff.
[18] Vgl. RGSt 54, S. 297; BGHSt 23, S. 244.
[19] Vgl. KMR-*Paulus*, § 337 Rn. 17, 18.
[20] Vgl. KK-*Kuckein*, § 337 Rn. 13.
[21] Vgl. BGH MDR 1974, S. 765 ff; *Rudolphi*, MDR 1970, S. 99; *Grünwald*, JZ 1968, 752; Weimer, NStZ 2002, 349.
[22] Vgl. *Weimer*, aaO, S. 350 m.w.N.

Bezüglich der Revisibilität eines Verstoßes von Soll- und Ordnungsvorschriften kann somit mit Rüping[23] von folgender Unterteilung ausgegangen werden: Revisibilität ist dann gegeben, wenn der Verfahrenszweck der verletzten Norm im Interesse des Angeklagten besteht, wie z.B. das Recht, nach jeder Vernehmung und Beweiserhebung zu den jeweiligen Vorgängen Stellung zu nehmen, § 257 I StPO. Ausgeschlossen bleiben revisionsrechtliche Konsequenzen dagegen bei Vorschriften mit rein zeremoniellem Charakter, wie z.B. dem Erheben der rechten Hand beim Eid.

Entscheidend für die Frage, ob das Unterlassen der Hinwirkung auf einen TOA revisionsrechtliche Konsequenzen nach sich zieht, sind somit der Zweck des § 155a S. 2 StPO bzw. dessen Auswirkungen auf die rechtliche Stellung des Beschuldigten. Für die Sollvorschrift des § 243 Abs. 4 Satz 1 StPO hat der BGH entschieden, dass der danach gebotene Hinweis für den Angeklagten, der seine Verteidigungsmöglichkeiten nicht kenne, notwendiger Bestandteil des zu seinen Gunsten zu gewährleistenden fairen Verfahrens sei. Durch das Unterbleiben des Hinweises würde der Zweck der Vorschrift vereitelt[24], ein entsprechendes Urteil könne somit als auf einer Gesetzesverletzung beruhend, § 337 I StPO, angesehen werden. Diese Argumentation kann auf § 155a StPO übertragen werden. Auch durch das Unterbleiben der Hinwirkung auf einen TOA können die Interessen des Beschuldigten vereitelt werden, denn der TOA kann für ihn erhebliche Bedeutung haben, etwa durch das Absehen von Strafe, § 46a StGB, oder die Einstellung des Verfahrens, §§ 153a, b StPO. In manchen Fällen ist er - worauf *Weimer*[25] zutreffend hinweist - sogar die einzige Möglichkeit, die Strafe des Angeklagten noch zur Bewährung auszusetzen.[26] Das spricht für eine Revisibilität eines Verstoßes gegen die Hinwirkungspflicht des § 155a S. 2 StPO.

Des Weiteren sollte mit der Vorschrift des § 155a gerade den Forderungen nach einer verfahrensrechtlichen Verankerung des TOA[27] nachgekommen werden[28], deren Fehlen als Ursache für die als unzureichend empfundene Anwendung des TOA angesehen wurde. Die Ausgestaltung des § 155a S. 2 StPO erfolgte dabei zwar als Sollvorschrift[29], was jedoch vornehmlich den Zweck verfolgte, einer flexiblen und dem Einzelfall angemessenen Erledigungspraxis, insbesondere bei offensichtlich ungeeigneten Fällen, nicht entgegenzuwirken.[30] Keinesfalls

---

[23] Vgl. *Rüping*, Das Strafverfahren, Rn. 636.
[24] Vgl. BGH MDR 1974, S. 765 ff.
[25] Vgl. *Weimer*, NStZ 2002, S. 351.
[26] Vgl. etwa § 250 I oder II i.V.m. §§ 46a, 49 I Nr. 3, 56 II StGB.
[27] Vgl. *Kaiser*, GS Zipf, S. 110; *Meier*, JuS 1996, 441, ders., GA 1999, S. 17 ff; *Weigend*, Künftige Perspektiven der Opferforschung, S. 43 ff; *Schöch*, FS Roxin, S. 1061.
[28] Vgl. BT-Dr. 14/1928, S. 6.
[29] Vgl. L/R-*Beulke*, § 155a Rn. 1.
[30] Vgl. BT-Dr. 14/1928, S. 8.

sollte dagegen die Befolgung der Hinweispflicht in das Belieben der Strafverfolgungsorgane gestellt werden. Das ergibt sich zum einen daraus, dass die Gesetzesmaterialien ausdrücklich von einer „Pflicht zur Prüfung und zum Hinwirken"[31] auf den TOA sprechen. Zum anderen würde sonst in eklatanter Weise der gesetzgeberischen Intention widersprochen, eine verstärkte Anwendung des TOA zu ermöglichen. Denn bisherigen empirischen Erkenntnissen zufolge ist davon auszugehen, dass die Praxis dem mit dem TOA verbundenen zusätzlichen Aufwand eher skeptisch gegenübersteht.[32] Dementsprechend würde die Gefahr bestehen, dass die Strafverfolgungsorgane aus reiner Bequemlichkeit auf die Hinwirkung verzichten.

§ 155a S. 2 StPO kann also keinesfalls als reine Appellnorm[33] oder Vorschrift mit rein zeremoniellem Charakter verstanden werden. Ein Verstoß gegen die Hinwirkungspflicht des § 155a S. 2 StPO erweist sich vielmehr grundsätzlich als revisibel.

1.1.3. Umfang der revisionsrechtlichen Konsequenzen

Gem. § 353 I StPO ist das angefochtene Urteil nur insoweit aufzuheben, als die Revision für begründet erachtet wird. Die revisionsrechtlichen Konsequenzen eines Verstoßes gegen § 155a S. 2 StPO können damit allenfalls die Rechtsfolgenseite des Urteils betreffen, da ein erfolgreicher TOA lediglich Auswirkungen auf diesen Bereich hat. Das folgt für das StGB bereits aus der systematischen Stellung der den TOA berücksichtigenden Vorschriften[34] im Dritten Abschnitt des Allgemeinen Teils, der die Faktoren der Strafbemessung[35] regelt. Die entsprechenden Vorschriften sollen dem Richter ermöglichen, auf eine *bereits festgestellte* Straftat mit der „richtigen" Strafe zu reagieren.[36] Zu diesem Zweck enthält § 46a StGB einen gesetzlich vertypten Strafmilderungsgrund[37], der es ermöglicht, TOA und Schadenswiedergutmachung als Strafzumessungsfaktoren zu berücksichtigen. Eine solche Berücksichtigung war auch bereits vor der Einführung des § 46a StGB i.R.d. § 46 II 2 StGB möglich.[38] Über letzteren geht § 46a StGB jedoch insoweit hinaus, als er einerseits eine - wenn auch fakultative - Strafrahmenverschiebung gem. § 49 I StGB ermöglicht, andererseits in gewissen Fällen auch das Absehen von Strafe. Neben § 46a StGB ermögli-

---

[31] BT-Dr. 14/1928, S. 8.

[32] Vgl. *Hartmann*, Forschungsergebnisse zum Täter-Opfer-Ausgleich, S. 136.

[33] So aber KMR-*Plöd*, § 155a Rn. 1.

[34] Vgl. dazu bereits oben 1. Kapitel, I. 2.2. (S. 7 ff).

[35] Vgl. (für § 46a StGB) LK-*Gribbohm*, vor § 46 ff Rn. 1; (für §§ 56 ff StGB) LK-*Gribbohm*, vor § 56 Rn. 1; (für §§ 59 ff StGB) LK-*Gribbohm*, vor § 59 - 59c Rn. 2.

[36] Vgl. LK-*Gribbohm*, vor § 46 ff Rn. 2.

[37] Vgl. BayObLG StV 1995, S. 367; *Tröndle/Fischer*, § 46a Rn. 4; *Rössner/Bannenberg*, GS Meurer, S. 172.

[38] Vgl. dazu bereits oben 1. Kapitel, II. (S. 17).

chen §§ 56 II 2 StGB, § 56b II StGB die Strafaussetzung zur Bewährung und § 59 II StGB die Verwarnung mit Strafvorbehalt.

Auch die Einstellungsvorschriften der §§ 153a I 2 Nr. 5, II, 153b I, II StPO, die den TOA strafprozessual verankern, stehen auf der Rechtsfolgenseite der Tat. Auch sie setzten eine begangene Straftat bzw. einen entsprechenden hinreichenden Tatverdacht voraus.[39] Die Erteilung von Auflagen und Weisungen gem. § 153a I 2 Nr. 5, II StPO stellt zwar keine Strafe im Sinne des materiellen Strafrechts dar, dennoch sind ihr Elemente der Übelszufügung nicht abzusprechen.[40] Man kann sie deshalb als Sanktionen ohne Strafcharakter bezeichnen.[41] § 153b StPO enthält eine mit der Strafzumessungsvorschrift des § 46a StGB korrespondierende prozessuale Einstellungsmöglichkeit.[42]

1.1.4. Umfang der Rügepflicht
a) Sach- oder Verfahrensrüge?

Revisible Gesetzesverletzungen können entweder sachliches (materielles) Recht oder Verfahrensrecht betreffen. Dementsprechend unterscheidet § 344 II StPO zwischen der Sach- und der Verfahrensrüge.[43] Die Frage, mit welcher dieser Rügen eine Gesetzesverletzung geltend gemacht werden muss, ist von erheblicher Bedeutung, da an sie, wie sich bereits aus § 344 II 2 StPO ergibt, unterschiedliche formelle Anforderungen gestellt werden. Im Grundsatz gilt, dass eine Gesetzesverletzung mit der Verfahrensrüge beanstandet werden muss, wenn die Regelung den prozessualen Weg betrifft, auf dem der Richter zu seiner Entscheidung zu gelangen hat.[44] In allen anderen Fällen gehört die verletzte Norm dem sachlichen Recht an.[45] Danach ist die Verfahrensrüge insbesondere dann zu wählen, wenn eine prozessual notwendige Handlung nicht oder fehlerhaft vorgenommen wurde.[46]

Gerade eine solche prozessual notwendige Handlung könnte man in der Hinwirkungspflicht des § 155a S. 2 StPO sehen. Ein entsprechender Verstoß wäre dann mit der Verfahrensrüge geltend zu machen.[47] Auf der anderen Seite wäre die Sachrüge einschlägig, wenn in einem Verstoß gegen § 155a S. 2 StPO ein

---

[39] Vgl. *Meyer-Goßner*, § 153a Rn. 7, 46; L/R-*Beulke*, § 153a Rn. 39; § 153b Rn. 6.
[40] Vgl. L/R-*Beulke*, § 153a Rn. 39; § 153b Rn. 6.
[41] Vgl. *Volk*, Strafprozessrecht, § 12 Rn. 23.
[42] Vgl. L/R-*Beulke*, § 153b Rn. 1; zum Verhältnis von § 153a I 2 Nr. 5, II StPO zu § 153b I, II StPO vgl. bereits ausführlich oben 1. Kapitel, I. 2.2.2. (S. 8 f).
[43] Vgl. *Beulke*, Strafprozessrecht, Rn. 563 ff.
[44] Vgl. *Beulke*, aaO, Rn. 564; *Meyer-Goßner*, § 337 Rn. 8.
[45] Vgl. BGHSt 19, S. 275; *Meyer-Goßner*, § 337 Rn. 8.
[46] Vgl. *Meyer-Goßner*, § 337 Rn. 9; *Beulke*, aaO, Rn. 564.
[47] Vgl. *Weimer*, NStZ 2002, S. 351.

Verstoß gegen die Grundsätze der - entgegen dem Wortlaut des § 267 StPO heute in st. Rspr. vom Tatrichter verlangten[48] - Beweiswürdigung (§ 261 StPO) zu sehen wäre.[49] Ein solcher liegt u.a. vor, wenn das Urteil auf die Möglichkeit des § 46a StGB nicht eingeht, obwohl nach den Urteilsfeststellungen Anlass dazu bestand.[50] Dieser Situation kann jedoch ein Verstoß gegen § 155a S. 2 StPO nicht gleichgesetzt werden. Zwar sind beide Normen durchaus im Zusammenhang zu betrachten.[51] Dennoch bleibt die Hinwirkungspflicht eine lediglich prozessual notwendige Handlung. Denn durch sie soll der Anlass zum Eingehen auf § 46a StGB ja gerade erst hergestellt werden.

§ 155a S. 2 StPO ist somit mit der Verfahrensrüge anzugreifen. Das entspricht auch den sonst in der StPO bei Verstößen gegen Hinweis- bzw. Hinwirkungspflichten angewandten Grundsätzen. Danach ist nämlich grundsätzlich die Verfahrensrüge einschlägig.[52] Zu einem anderen Ergebnis kommt der BGH lediglich für den Fall des im Rahmen der §§ 154 II, 154a II StPO erfolgten Hinweises[53], was aber nicht unumstritten ist.[54]

b) Anforderungen an die Darlegungslast des Angeklagten

Da es keine „allgemeine Verfahrensrüge" gibt[55], müssen in der Revisionsbegründung die den Mangel enthaltenden Tatsachen angegeben werden, § 344 II 2 StPO. Wegen § 155a S. 3 StPO darf dabei nicht darauf abgestellt werden, ein TOA sei aufgrund des ausdrücklichen entgegenstehenden Willens des Verletzten unterblieben. Der Angeklagte[56] muss vielmehr rügen, ein solcher sei gerade aufgrund der unzureichenden Hinwirkung von Staatsanwaltschaft oder Gericht unterblieben. Dafür ist es nicht ausreichend, lediglich auf die Nichterfüllung der Hinwirkungspflicht des § 155a S. 2 StPO hinzuweisen. Denn aufgrund der Vergleichbarkeit des § 155a S. 2 StPO mit § 243 IV StPO[57] können die zu letzterem aufgestellten Grundsätze auf den vorliegenden Fall übertragen werden. Für § 243 IV StPO hat der BGH aber entschieden, dass allein die Rüge, der Hinweis auf die Aussagefreiheit des Angeklagten sei unterblieben, für eine begründete Revision nicht ausreichen kann. Erforderlich sei vielmehr zusätzlich, dass der Angeklagte darlege, er habe an seine Aussagepflicht geglaubt und sei

---

[48] Vgl. *Nack*, StV 2002, S. 511.
[49] Vgl. *Meyer-Goßner*, § 261 Rn. 38.
[50] Vgl. BGH StV 2001, S. 346; *Detter*, NStZ 1992, S. 477 m.w.N.
[51] Vgl. L/R-*Beulke*, § 155a Rn. 1.
[52] Vgl. *Dahs/Dahs*, Die Revision im Strafprozess, S. 42, 44, 121, 181.
[53] Vgl. BGH StV 1984, S. 364; NStZ 1983, S. 20.
[54] AA z.B. *Rieß*, NStZ 1987, S. 135.
[55] Vgl. BVerfG NJW 1985, S. 125; *Pfeiffer*, StPO, § 344 Rn. 7.
[56] Vgl. *Weimer*, NStZ 2002, S. 350 m.w.N.
[57] Vgl. dazu bereits oben, 1.1.2. (S. 24).

dadurch zur Aussage veranlasst worden.[58] Übertragen auf den vorliegenden Fall bedeutet dies, dass der Angeklagte entweder anführen muss, ihm sei die Möglichkeit des TOA unbekannt gewesen, oder er sei infolge unterlassener oder unzureichender Belehrung davon ausgegangen, seine verfahrensrechtliche Stellung durch den TOA nicht verbessern bzw. seine zu erwartende Strafe nicht mindern zu können. Wäre er sich der entsprechenden Möglichkeiten bewusst gewesen, hätte er alles unternommen, um einen erfolgreichen TOA herbeizuführen.[59] Das wird zwar, insbesondere bei einem verteidigten Angeklagten, nicht einfach sein. Nicht gefolgt werden kann jedoch dem Argument von *Weimer*[60], der entsprechende Nachweisschwierigkeiten damit begründet, dem Angeklagten seien wegen des Zieles des TOA, Frieden zwischen dem Täter und dem Opfer zu stiften, weitgehende eigene Anstrengungen abzuverlangen. Denn bei einer Rüge, die den o.g. Anforderungen entspricht, ist der Angeklagte ja gerade davon ausgegangen, entsprechende Anstrengungen würden sich nicht lohnen.

1.1.5. Ergebnis und Würdigung

Somit bleibt festzuhalten, dass eine den o.g. Anforderungen entsprechende Rüge des Angeklagten zu einer Aufhebung des Strafausspruchs des Urteils führt. Über den Strafanspruch ist dann neu zu befinden.[61] Insofern verliert die von *Schöch* gegen die Einbettung des TOA in das bestehende duale Sanktionsmodell vorgebrachte Kritik[62], die TOA-Vorschriften der StPO würden entsprechend § 10 I 3 Nr. 7 JGG leerlaufen, stark an Gewicht. Denn dem wird durch entsprechende revisionsrechtliche Konsequenzen vorgebeugt. Aufgrund dieser Konsequenzen sind im Folgenden die Anforderungen an § 155a StPO zu konkretisieren. Wegen des Zusammenhangs werden aber zunächst die sonstigen revisionsrechtlichen Konsequenzen des TOA dargestellt.

1.2. Sonstige revisionsrechtliche Konsequenzen

1.2.1. Anwendung bzw. Nichtanwendung der §§ 153a, b StPO

a) Revisibilität der Anwendung bzw. Nichtanwendung des § 153a StPO

Gem. § 153a I, II StPO können die Strafverfolgungsbehörden bei Vergehen das Verfahren unter Erteilung von Auflagen oder Weisungen einstellen, wenn der Beschuldigte bzw. Angeklagte dem zustimmt. Dabei ist nach der gesetzlichen Konstruktion zweistufig zu verfahren. Zunächst wird das Strafverfahren unter Erteilung von Auflagen oder Weisungen vorläufig, nach deren vollständiger

[58] Vgl. BGHSt 25, S. 332 f.
[59] Vgl. *Weimer*, NStZ 2002, S. 351.
[60] Ebda.
[61] Vgl. BGH StV 2000, S. 129.
[62] Vgl. dazu bereits oben 1. Kapitel, I. 2.1. (S. 7).

Erfüllung endgültig eingestellt. Mit Erfüllung entsteht dabei „ganz von selbst"[63] ein endgültiges[64] Verfahrenshindernis, § 153a I 5, II 2 StPO[65], das eine Sperrwirkung entfaltet und andere Einstellungsmöglichkeiten, insbesondere § 170 II StPO, ausschließt.[66] Es umfasst die gesamte Tat i.S.d. § 264 StPO, inklusive der von der Tat umfassten Ordnungswidrigkeiten, nicht jedoch die Verfolgung derselben Tat unter dem rechtlichen Gesichtspunkt eines Verbrechens.[67] Obwohl das Verfahrenshindernis automatisch eintritt, muss das Verfahren, wie sich aus § 467 V StPO ergibt, formal durch eine Einstellungsentscheidung beendet werden[68], der allerdings nur deklaratorische Bedeutung zukommt.[69] Werden die Auflagen oder Weisungen dagegen nicht erfüllt, wird das Verfahren nach einem Wiederaufnahmebeschluss fortgesetzt.[70]

aa) Einstellung durch die Staatsanwaltschaft, § 153a I 2 Nr. 5 StPO

Eine revisionsrechtliche Überprüfung der staatsanwaltschaftlichen Entscheidungen gem. § 153a I 2Nr. 5 StPO kommt nicht in Betracht, da eine solche gem. §§ 333, 335 StPO nur gegen Urteile statthaft ist. Zum Erlass von Urteilen ist die Staatsanwaltschaft jedoch von vorneherein nicht befugt. Dementsprechend erfolgen sowohl die vorläufige als auch die endgültige Einstellung durch die Staatsanwaltschaft durch Einstellungsverfügung.[71]

Aber auch sonst stehen dem Beschuldigten, abgesehen von Gegenvorstellung und Dienstaufsichtsbeschwerde, grundsätzlich keine Rechtsbehelfe zu. Denn er ist weder durch die Nichteinstellung noch durch die Einstellung beschwert. Insbesondere kann er seine Zustimmung zur Auflagen- oder Weisungserteilung verweigern oder widerrufen oder der Einstellung keine Beachtung schenken und die daraus resultierende Fortsetzung des Strafverfahrens abwarten. Auch die Fortsetzung des Verfahrens nach vorläufiger Einstellung kann der Beschuldigte nicht selbständig angreifen.[72] Allerdings ist zu berücksichtigen, dass mit vollständiger und rechtzeitiger Erfüllung der Auflagen und Weisungen ein end-

---

[63] *Meyer-Goßner*, § 153a Rn. 52; *Glaremin/Becker*, JA 1988, S. 602.

[64] Mit dem kumulativen Vorliegen der Erteilung einer Weisung bzw. Auflage und der Zustimmung des Betroffenen entsteht bereits ein bedingtes Verfahrenshindernis, vgl. L/R-*Beulke*, § 153a Rn. 91; AK-*Schöch*, § 153a Rn. 39.

[65] Vgl. *Meyer-Goßner*, § 153a Rn. 45; *Glaremin/Becker*, aaO.

[66] Vgl. L/R-*Beulke*, § 153a Rn. 98.

[67] Vgl. BT-Dr. 7/550, S. 299; *Meyer-Goßner*, § 153a Rn. 42 m.w.N.; BGHSt 28, S. 177.

[68] Vgl. AK-*Schöch*, § 153a Rn. 38; *Pfeiffer*, StPO, § 153a Rn. 9.

[69] Vgl. *Meyer-Goßner*, § 153a Rn. 53; L/R-*Beulke*, § 153a Rn. 101 m.w.N.; OLG Frankfurt MDR 1980, S. 515.

[70] Vgl. AK-*Schöch*, § 153a Rn. 3; *Meyer-Goßner*, § 153a Rn. 3; L/R-*Beulke*, § 153a Rn. 6; KK-*Schoreit*, § 153a Rn. 39.

[71] Vgl. L/R-*Beulke*, § 153a Rn. 111, 113, 101.

[72] Vgl. L/R-*Beulke*, § 153a Rn. 116.

gültiges Verfahrenshindernis entsteht, § 153a I 5 StPO[73], das in jedem Stadium des Verfahrens von Amts wegen zu beachten ist. Erfolgt dennoch die Fortsetzung des Verfahrens durch Anklageerhebung der Staatsanwaltschaft, § 170 I StPO, so kann der Angeklagte im gerichtlichen Verfahren das entstandene Verfahrenshindernis geltend machen. Das Gericht hat dann das Verfahren durch formalen Einstellungsbeschluss einzustellen.[74] Ergeht dennoch ein Urteil, kann es erfolgreich mit der Revision angegriffen werden.[75]

bb) Einstellung durch das Gericht, § 153a I 2 Nr. 5, II StPO
(1) Ablehnung der vorläufigen Einstellung

Für die Ablehnung der Einstellung gem. § 153a II StPO ist ein Ablehnungsbeschluss nicht erforderlich. Dennoch wird z.T. ein solcher Beschluss, zumindest aber eine ausdrückliche Bescheidung, empfohlen.[76] Eine Revision scheitert jedoch so oder so bereits am Fehlen eines Urteils, §§ 333, 335 StPO. Auch mit anderweitigen Rechtsbehelfen kann die Entscheidung, durch die die vorläufige Entscheidung abgelehnt wird, nicht angefochten werden.[77]

(2) Vorläufige Einstellung

Die Entscheidung der vorläufigen Einstellung erfolgt gem. § 153a II 3 durch Beschluss. Auch hier ist eine Revision somit mangels Urteil nicht statthaft, §§ 333, 335 StPO. Zudem ist der vorläufige Einstellungsbeschluss gem. § 153a II 4 StPO explizit für unanfechtbar erklärt. Allerdings ist zu beachten, dass sich die Unanfechtbarkeitsregelung nicht auf das Fehlen der prozessualen Voraussetzungen des § 153a StPO bezieht.[78] Fehlt die Zustimmung des Angeklagten, so ist er in seinem verfahrensrechtlichen Mitspracherecht verletzt[79] und kann gegen die Einstellung vorgehen. Auch dafür ist jedoch nicht die Revision, sondern die einfache Beschwerde gem. § 304 StPO der statthafte Rechtsbehelf.[80] Die gleiche Anfechtungsmöglichkeit besitzt die Staatsanwaltschaft bei Fehlen ihrer Zustimmung.[81]

---

[73] Vgl. *Meyer-Goßner*, § 153a Rn. 45; *Glaremin/Becker*, JA 1988, S. 602.
[74] Vgl. AK-*Schöch*, § 153a Rn. 38; *Pfeiffer*, StPO, § 153a Rn. 9.
[75] Vgl. dazu ausführlich sogleich, bb) (5) (S. 32).
[76] Vgl. KK-*Schoreit*, § 153a Rn. 52; AK-*Schöch*, § 153a Rn. 57.
[77] Vgl. AK-*Schöch*, § 153a Rn. 57; KK-*Schoreit*, § 153a Rn. 52; *Meyer-Goßner*, § 153a Rn. 57.
[78] Vgl. L/R-*Beulke*, § 153a Rn. 143.
[79] Vgl. *Meyer-Goßner*, § 153 Rn. 34; L/R-*Beulke*, § 153 Rn. 82.
[80] Vgl. OLG Karlsruhe Justiz 2000, S. 404; *Pfeiffer*, StPO, § 153 Rn. 10; L/R-*Beulke*, § 153a Rn. 134; § 153 Rn. 82 m.w.N.; OLG Düsseldorf StraFo 1999, S. 277; *Meyer*, JR 1981, S. 260.
[81] Vgl. OLG Düsseldorf MDR 1995, S. 841; OLG Stuttgart MDR 1980, S. 250; OLG Hamm MDR 1977, S. 950.

(3) Wiederaufnahmebeschluss

Erachtet das Gericht den angeordneten TOA als nicht vollständig erfüllt, so wird das Verfahren nach einem entsprechenden Wiederaufnahmebeschluss fortgesetzt. Dieser Beschluss kann ebenfalls nicht selbständig angefochten werden, denn einer selbständigen Beschwerde stehen im Eröffnungsverfahren §§ 201 II 2, 210 StPO und im Hauptverfahren § 305 S. 1 StPO, einer Revision §§ 333, 335 StPO entgegen.[82] Dennoch können sich aus einer ungerechtfertigten Fortsetzung des Verfahrens revisionsrechtliche Konsequenzen ergeben.[83]

(4) Endgültige Einstellung

Nach vollständiger und rechtzeitiger Durchführung des TOA stellt das Gericht das Verfahren durch deklaratorischen[84] formalen Einstellungsbeschluss ein.[85] Da dessen Rechtsgrundlage nach umstrittener, aber zutreffender Ansicht in § 153a StPO zu sehen ist[86], ist auch dieser Beschluss sowohl für den Beschuldigten als auch für die Staatsanwaltschaft unanfechtbar. Denn aufgrund der Vergleichbarkeit der Interessenlage kann die Unanfechtbarkeitsregelung 153a II 4 StPO analog angewendet werden.[87] Da die Zustimmung der Staatsanwaltschaft für die endgültige Einstellung nicht mehr erforderlich ist, scheidet auch die Möglichkeit der Beschwerde aufgrund des Fehlens prozessualer Voraussetzungen aus.[88] Die Feststellung der Erfüllung der erteilten Auflagen und Weisungen ist gem. § 153a II 5 ebenfalls unanfechtbar.

Dennoch hat die Staatsanwaltschaft die Möglichkeit, die tatsächliche Erfüllung der TOA-Anordnung zu überprüfen. Der endgültige Einstellungsbeschluss beendet zwar die Rechtshängigkeit des Verfahrens. Einer neuen Klage durch die Staatsanwaltschaft steht der Strafklageverbrauch des § 153a I 5 StPO aber nicht entgegen, denn hätte die Staatsanwaltschaft mit ihrer Annahme der Nichterfül-

---

[82] Vgl. *Meyer-Goßner*, § 153a Rn. 57; L/R-*Beulke*, § 153a Rn. 133; OLG Düsseldorf MDR 1985, S. 867; OLG Stuttgart MDR 1980, S. 250.

[83] Vgl. dazu sogleich (5) (S. 32).

[84] Vgl. *Meyer-Goßner*, § 153a Rn. 53; L/R-*Beulke*, § 153a Rn. 101 m.w.N.; OLG Frankfurt MDR 1980, S. 515.

[85] Vgl. KMR-*Plöd*, § 153a Rn. 40; *Pfeiffer*, StPO, § 153a Rn. 9.

[86] Vgl. L/R-*Beulke*, § 153a Rn. 101; *Meyer-Goßner*, § 153a Rn. 53; KK-*Schoreit*, § 153a Rn. 43; 60; OLG Frankfurt MDR 1980, S. 515; die Gegenansicht sieht die Rechtsgrundlage dagegen in §§ 170 II, 206a StPO, da durch die Erfüllung der Auflagen und Weisungen ein Verfahrenshindernis entstanden sei (vgl. BGHSt 28, S. 177; LG Mainz, AnwBl. 1978, S. 269; OLG Nürnberg, NJW 1977, S. 1787; *Eckl*, JR 1975, S. 101) und dies auch der Intention des Gesetzgebers entspreche (vgl. BT-Dr. 7/550, S. 299; *Eckl*, aaO).

[87] Vgl. L/R-*Beulke*, § 153a Rn. 135.

[88] Ebda.

lung Recht, so läge ein Verfahrenshindernis gar nicht vor. Auch kann § 153a II 5 StPO nicht der Ausschluss jeglicher späterer Kontrolle entnommen werden, denn die Staatsanwaltschaft muss als „Garant des Legalitätsprinzips“[89] die Möglichkeit behalten, die Voraussetzungen des Wegfalls des öffentlichen Interesses zu kontrollieren.[90] Auch dafür steht ihr aber nicht die Möglichkeit der Revision, sondern lediglich die der sofortigen Beschwerde offen, § 210 II StPO.

(5) Endgültige Nichteinstellung

Statthaft ist eine Revision dagegen im Falle der endgültigen Nichtanwendung des § 153a StPO nach erfolgter Fortsetzung des Verfahrens. Zwar kann die Fortsetzung als solche nicht angegriffen werden[91], jedoch ist auch im fortgesetzten Verfahren das Bestehen eines Verfahrenshindernisses von Amts wegen zu beachten. Ist ein solches tatsächlich durch die Auflagen- oder Weisungserfüllung entstanden, ist das Verfahren somit einzustellen. Ergeht dennoch ein Urteil, kann es erfolgreich mit der Revision angegriffen werden. Denn auch im Revisionsverfahren sind Verfahrenshindernisse von Amts wegen zu beachten.[92] Das Revisionsgericht prüft somit, ob die Annahme des Tatrichters, die Auflagen und Weisungen seien nicht vollständig erfüllt worden, zutreffend war. War sie das nicht, stellt es das Verfahren ein.[93] Gleiches gilt, wenn die Auflagen oder Weisungen zwar erfüllt wurden, das Verfahren aber aufgrund des Verdachts eines Verbrechens wieder aufgenommen wurde, sich dieser Verdacht aber als unbegründet erweist bzw. nicht nachgewiesen werden kann.[94]

b) Revisibilität der Anwendung bzw. Nichtanwendung des § 153b StPO

Da im Rahmen des § 153b StPO keine Möglichkeit zur Auflagen- oder Weisungserteilung besteht, kommt es - anders als bei § 153a I 2 Nr. 5 StPO - gleich zur endgültigen Einstellung des Verfahrens. Obwohl eine entsprechende Regelung fehlt, entsteht auch hier ein Verfahrenshindernis.[95] Bezüglich des Umfangs ergeben sich jedoch Unterschiede zu § 153a StPO, denn eine Einstellung gem. § 153b StPO ist durch den Verweis auf § 46a StGB[96] auch bei Verbrechen möglich, so dass eine Verfahrenserneuerung nicht allein aufgrund des Verbrechenscharakters der Tat zulässig ist.[97] Eine Weiterverfolgung setzt vielmehr das

[89] L/R-*Beulke*, § 153a Rn. 136.
[90] Vgl. auch BT-Dr. 10/1313, S. 24.
[91] Vgl. dazu bereits oben (3) (S. 31).
[92] Vgl. L/R-*Beulke*, § 153a Rn. 143.
[93] Ebda.
[94] Vgl. *Pfeiffer*, StPO, § 153a Rn. 11; L/R-*Beulke*, § 153a Rn. 143.
[95] Vgl. L/R-*Beulke*, § 153b Rn. 21.
[96] Vgl. *Meyer-Goßner*, § 153b Rn. 1; L/R-*Beulke*, § 153b Rn. 1.
[97] Vgl. KK-*Schoreit*, § 153b Rn. 11; AK-*Schöch*, § 153b Rn. 12.

Bekanntwerden neuer Tatsachen oder Beweise voraus, aus denen sich ergibt, dass die Voraussetzungen für ein Absehen von Strafe nicht mehr vorliegen.[98]

Die Revisibilität der Anwendung oder Nichtanwendung folgt bei § 153b StPO im Wesentlichen den gleichen Regeln wie bei dem Verfahren nach § 153a StPO. So ist die jeweilige Entscheidung der Staatsanwaltschaft unanfechtbar[99], der Einstellungsbeschluss[100] des Gerichts entsprechend der endgültigen Einstellung im Verfahren nach § 153a II StPO zu behandeln.[101] Obwohl eine dem § 153 II 4 StPO entsprechende Regelung fehlt, können Angeklagter und Staatsanwaltschaft auch hier die Verletzung des Zustimmungserfordernisses mit der einfachen Beschwerde angreifen.[102] Lehnt das Gericht die Einstellung gem. § 153b II StPO ab[103], kann diese Entscheidung zwar nicht selbständig angefochten, jedoch das darauf ergehende Urteil durch das Revisionsgericht überprüft werden. Denn über § 46a StGB können ein erfolgreicher TOA bzw. entsprechende Bemühungen noch Auswirkungen auf das im Urteil ausgesprochene Strafmaß haben. Mit der Sachrüge ist eine Überprüfung des ergangenen Urteils daher dahingehend möglich, ob § 46a StGB ordnungsgemäß berücksichtigt wurde, d.h. ob die Strafe hätte gemildert oder gar von ihr hätte abgesehen werden müssen.[104] Im Falle der nicht ordnungsgemäßen Berücksichtigung kann das Revisionsgericht die Entscheidung über das Absehen von Strafe im Rahmen des § 354 I StPO selbst treffen.[105] In allen anderen Fällen ist das Urteil bezüglich des Strafausspruchs aufzuheben, § 353 I StPO. Über das Strafmaß ist dann neu zu befinden.[106]

1.2.2. Unzureichende Berücksichtigung des § 46a StGB

Zugunsten des Angeklagten enthält der vertypte Strafmilderungsgrund[107] des § 46a StGB die Möglichkeit der Strafmilderung oder des Absehens von Strafe. Geht ein Urteil darauf nicht ein, obwohl nach den Urteilsfeststellungen Anlass dazu bestand, hat die Sachrüge zum Strafausspruch aufgrund eines durchgrei-

---

[98] Vgl. L/R-*Beulke*, § 153b Rn. 21.
[99] Vgl. dazu bereits oben a) aa) (S. 29 f).
[100] Vgl. L/R-*Beulke*, § 153b Rn. 18.
[101] Vgl. dazu bereits ausführlich oben a) bb) (4) (S. 31 f).
[102] Vgl. *Meyer-Goßner*, § 153b Rn. 6; *Pfeiffer*, StPO, § 153b Rn. 5.
[103] Eine Einstellung ist dem Gericht nur bis zum Beginn der Hauptverhandlung (§ 243 I StPO) möglich, vgl. § 153b II StPO.
[104] Vgl. L/R-*Beulke*, § 153b Rn. 22.
[105] Vgl. KK-*Schoreit*, § 153b Rn. 6; *Pfeiffer*, StPO § 153b Rn. 5; BayObLG NJW 1972, S. 696.
[106] Vgl. BGH StV 2000, S. 129.
[107] Vgl. *Rössner/Bannenberg*, GS Meurer, S. 172; *Tröndle/Fischer*, § 46a Rn. 4; BayObLG StV 1995, S. 367.

fenden Rechtsfehlers Erfolg.[108] Gleiches gilt, wenn die tatgerichtliche, auf einer Gesamtwürdigung der strafzumessungsrelevanten Umstände beruhende Ermessensentscheidung[109] rechtsfehlerhaft ist[110] bzw. wenn fälschlicherweise angenommen wird, der Strafmilderungsgrund des § 46a StGB liege nicht vor.[111] Im Folgenden sind die Anforderungen an diese Revisionsgründe näher zu konkretisieren. Dabei wird sich jedoch entsprechend kurz gefasst, weil sie lediglich mittelbare Auswirkungen des TOA auf die StPO darstellen. Unmittelbare Bedeutung im Rahmen der vorliegenden Untersuchung erlangt allerdings wieder die ebenfalls zu erörternde Frage, ob eine unzureichende Berücksichtigung des § 46a StGB durch die Berücksichtigung von TOA und Wiedergutmachung im Rahmen der allgemeinen Strafzumessungsvorschrift § 46 II 2 StGB „geheilt" werden kann.

a) Nichteingehen auf § 46a StGB

Die Strafmaßrevision hat Erfolg, wenn das Urteil auf die Strafmilderungsmöglichkeit des § 46a StGB nicht eingeht, obwohl nach den Urteilsfeststellungen Anlass dazu bestand.[112] Abstrakt betrachtet ist dafür erforderlich, dass das Verhalten des Täters den „Ausdruck der Übernahme von Verantwortung"[113] erkennen lässt. Im Konkreten hat der BGH eine solche Verantwortungsübernahme jedenfalls dann als gegeben angesehen, wenn der Täter die ergatterte Beute zurückgibt und neben einer Entschuldigung noch die Zahlung eines Schmerzensgeldes anbietet.[114] Wenn nicht auszuschließen ist, dass die abstrakten Voraussetzungen des § 46a StGB vorliegen könnten, ist zumindest in eine Prüfung des vertypten Strafmilderungsgrundes einzusteigen. Unterbleibt die Prüfung, muss der Strafausspruch aufgehoben werden. Der neue Tatrichter hat dann in wertender Betrachtung zu entscheiden, ob die Voraussetzungen vorliegen.[115]

b) Fälschliche Annahme des Vorliegens oder Nichtvorliegens des § 46a StGB

Ein durchgreifender Rechtsfehler ist auch dann gegeben, wenn fälschlicherweise angenommen wird, der Strafmilderungsgrund des § 46 a) StGB liege vor bzw. nicht vor.[116] Im Folgenden sind daher dessen Voraussetzungen konkretisieren.

---

[108] Vgl. BGH StV 2001, S. 346.
[109] Vgl. Sch/Sch-*Stree*, § 46a Rn. 6; *Tröndle/Fischer*, § 46a Rn. 6.
[110] Vgl. *Franke*, NStZ 2003, S. 411.
[111] Vgl. BGH NJW 2001, S. 2258; BGH StV 2000, S. 129 m.w.N.
[112] Vgl. BGH StV 2002, S. 656; StV 2001, S. 346.
[113] BGH StV 2001, S. 346; BGH NJW 2001, S. 2558.
[114] Vgl. BGH StV 2001, S. 346.
[115] Vgl. BGH StV 2000, S. 129.
[116] Vgl. BGH NJW 2001, S. 2258.

aa) Abgrenzung zwischen § 46a Nr. 1 und Nr. 2 StGB

§ 46a StGB enthält mit dem TOA (Nr. 1) und der Schadenswiedergutmachung (Nr. 2) zwei gleichwertig nebeneinander stehende Fallgruppen. Der BGH[117] und einige Stimmen aus der Literatur[118] grenzten die Vorschriften bisher grundsätzlich[119] danach ab, dass § 46a Nr. 1 StGB vor allem den Ausgleich der immateriellen Folgen der Tat, Nr. 2 dagegen den materiellen Schadensersatz betreffe, woraus oft die Schlussfolgerung gezogen wird, § 46a Nr. 2 StGB sei nur bei Vermögensdelikten anwendbar.[120] Verfassungsrechtlich ist diese Unterscheidung zwar nicht zu beanstanden, was das BVerfG bereits in einem Kammerbeschluss festgestellt hat.[121] Dennoch kann ihr entgegengehalten werden, dass sie im Gesetz keinerlei Stütze findet. Es ist kein Grund ersichtlich, warum unter dem Begriff des Schadens i.S.d. § 46a Nr. 2 StGB nicht auch immaterielle Schäden zu verstehen sein sollen.[122] Im Gegenteil differenziert das Gesetz gerade nicht nach Schadens-, sondern nach Leistungskategorien.[123] Richtig ist zwar, dass bei Nr. 1 immaterielle[124] und bei Nr. 2 materielle Leistungen *im Vordergrund* stehen, jedoch ist nach beiden Alternativen zusätzlich eine Kombination beider Leistungsarten erforderlich.[125] So fordert zwar § 46a Nr. 1 StGB vom Täter persönliche Ausgleichsbemühungen, in deren Rahmen jedoch teilweise auch die Erbringung materieller Leistungen verlangt wird.[126] Andererseits fließen durch die Tatbestandsmerkmale „erhebliche persönliche Leistungen“ und „persönlicher Verzicht“ Elemente des TOA in Nr. 2 mit ein.[127] Dadurch kann die Erfüllung von Schadensersatzansprüchen alleine für die Anwendung des § 46a Nr. 2 StGB nicht genügen, vielmehr ist zusätzlich ein „über die rein rechnerische Kompensation hinausgehender Beitrag“[128] des Täters erforderlich, der „Ausdruck der Übernahme von Verantwortung“[129] sein muss. Nur so kann die friedensstiftende Wirkung der Wiedergutmachung erreicht und eine Privilegierung reicher Täter (“Freikauf“) verhindert werden.[130]

---

[117] Vgl. BGH NStZ 1995, S. 492; BGH NStZ-RR 2000, S. 364.
[118] Vgl. *Tröndle/Fischer*, § 46a Rn. 10 m.w.N.; LK-*Laufhütte/Fischer*, § 46a Rn. 2.
[119] Anders aber BGH StV 2000, S. 128 m.w.N.; BGH NStZ 1995, S. 284.
[120] Vgl. BGH NStZ 1995, S. 492; *Tröndle/Fischer*, § 46a Rn. 7 m.w.N.
[121] Vgl. BVerfG NJW 2003, S. 740.
[122] Vgl. *Lackner/Kühl*, § 46a Rn. 2; *Brauns*, Wiedergutmachung, S. 324.
[123] Vgl. *Schöch*, 50 Jahre BGH, S. 324; *Kilchling*, NStZ 1996, S. 312.
[124] Insbesondere Aussöhnungsgespräche oder Entschuldigungen.
[125] Vgl. *Kaspar*, GA 2003, S. 148; *Schöch*, 50 Jahre BGH, S. 324.
[126] Vgl. *Brauns*, aaO, S. 303; *Kaspar*, aaO.
[127] Vgl. *Brauns*, aaO.
[128] St. Rspr.; BGH NJW 2001, S. 2558 m.w.N.
[129] St. Rspr.; BGH NJW 2001, S. 2558 m.w.N.
[130] Vgl. BGH StV 2000, S. 128, 129.

Nach dem Gesagten ist die bisher vom BGH grundsätzlich getroffene Unterscheidung somit nicht durchführbar. Demzufolge hat der 2. Strafsenat in einer neueren Entscheidung auch entsprechende Bedenken geäußert, wobei er jedoch eine Entscheidung vermissen ließ.[131] Da beide Alternativen des § 46a StGB eine Kombination aus materiellen und immateriellen Leistungen erfordern, erscheint es zutreffend, danach zu fragen, ob der Schaden „materialisierbar" ist, d.h. durch materielle Leistungen ausgeglichen werden kann.[132] In diesem Fall ist § 46a Nr. 2 StGB einschlägig, andernfalls Nr. 1. Im Fall verschiedener Geschädigter ist es ausreichend, wenn für jeden eine Alternative des § 46a StGB erfüllt ist.[133]

bb) Überwiegende Entschädigung

Weder § 46a Nr. 1 StGB noch § 46a Nr.2 StGB verlangen, dass der Verletzte vollständig entschädigt wird. Vielmehr ist nach beiden Alternativen dessen „überwiegende" Entschädigung ausreichend. Eine solche wird von der h.M. in der Literatur zumeist ab einer Begleichung von mindestens 50 % des zu ersetzenden Schadens angenommen.[134] Das erscheint jedoch aufgrund der Unterschiede zwischen zivilrechtlichem Schadensersatz und strafrechtlicher Wiedergutmachung[135] als eine zu starre Lösung. Ähnliche Bedenken äußert auch der BGH.[136] Zwar wird man bei der Schadenswiedergutmachung gem. § 46a Nr. 2 StGB in der Tat zumeist aus Gründen der Rechtssicherheit und in Anlehnung an den Wortlaut („überwiegend") an der 50 %-Grenze festhalten müssen. Denn im Rahmen des § 46a Nr. 2 StGB ist zu berücksichtigen, dass die Erbringung materieller Leistungen im Vordergrund steht.[137] Jedoch sollte in besonderen Fällen ein Abweichen nach unten möglich sein. Flexibler kann man mit der 50 %-Grenze dagegen in den Fällen des § 46a Nr. 1 StGB umgehen, da hier immaterielle Leistungen im Vordergrund stehen.[138]

Ein besonderes Problem stellt sich im vorliegenden Zusammenhang mit der Frage, wann eine überwiegende Entschädigung im Falle der gesamtschuldnerischen Haftung mehrerer Täter angenommen werden kann.[139]

---

[131] Vgl. BGH NJW 2001, S. 2557.
[132] Vgl. *Kaspar*, GA 2003, S. 148; *Meier*, Strafrechtliche Sanktionen, S. 312.
[133] Vgl. BGH NJW 2001, S. 2557.
[134] Vgl. *Kaspar*, aaO, S. 151 m.w.N.
[135] Vgl. dazu bereits ausführlich oben 1. Kapitel, I. 3. (S. 19 ff).
[136] Vgl. BGH NJW 2001, S. 2557.
[137] Vgl. dazu bereits oben aa) (S. 35).
[138] Vgl. dazu bereits oben aa) (S. 35).
[139] Vgl. BGH NJW 2001, S. 2558; ausführlich *Kaspar*, aaO, S. 152.

cc) Ernsthaftes Bemühen

Für den Strafmilderungsgrund des § 46a Nr. 2 StGB und die damit korrespondierende Einstellungsmöglichkeit des § 153b StPO verlangt das Gesetz den Eintritt eines entsprechenden Wiedergutmachungserfolges. Im Fall des § 46a Nr. 1 StGB und des wortgleichen § 153a I 2 Nr. 5 StPO ist dagegen ein ernsthaftes Bemühen ausreichend. Entgegen dieser Differenzierung hat der BGH[140] jedoch auf die Möglichkeit hingewiesen, ein ernsthaftes Bemühen um Wiedergutmachung auch in Fällen des § 46a Nr. 2 StGB ausreichen zu lassen. Das darf jedoch keinesfalls den Regelfall darstellen. Denn zum einen würde so in eklatanter Weise der expliziten Differenzierung im Gesetz widersprochen, zum anderen müsste man dann auch den Versuch, das zur Schadenswiedergutmachung erforderliche Geld zu verdienen, genügen lassen. Dementsprechend hat auch der BGH einschränkend gefordert, dass sich das Opfer weigern müsse, Entschädigungsleistungen des Täters entgegenzunehmen bzw. dass vergleichbare Hindernisse vorliegen. Grundsätzlich muss der Täter im Fall des § 46a Nr. 2 StGB dagegen über die erforderlichen Mittel verfügen, um die Schäden tatsächlich wiedergutmachen zu können.[141] Die Zusage, den Schaden später wiedergutmachen zu wollen, genügt insoweit nicht.[142]

Für die Fälle des § 46a Nr. 1 StGB ergibt sich aus dem Klammerzusatz (TOA) das Erfordernis eines kommunikativen Prozesses zwischen Täter und Opfer.[143] Ein rein einseitiges Wiedergutmachungsbestreben des Täters kann demnach für die Inanspruchnahme der entsprechenden Strafmilderungsmöglichkeit nicht ausreichen. Vielmehr muss sich dessen ernsthaftes Bemühen um einen TOA auch auf die Einbeziehung des Opfers beziehen. Das Anbieten eines Schmerzensgeldes kann insoweit allerdings bereits ausreichen. Dabei ist unerheblich, dass das Angebot nicht persönlich, sondern durch den Verteidiger[144] und erst dann erfolgt, wenn der Täter bereits vom Opfer auf Zahlung in Anspruch genommen wurde.[145] Diese Umstände können vom Tatrichter aber in seiner Ermessensentscheidung („kann“), ob er von der Strafmilderungsmöglichkeit des § 46a StGB Gebrauch macht, berücksichtigt werden.[146]

---

140 Vgl. BGH NStZ 1999, S. 455.
141 Ebda.
142 Ebda.
143 St. Rspr.; BGH StV 2000, S. 128.
144 Vgl. BGH NJW 2001, S. 257.
145 Vgl. BGH StV 2000, S. 129.
146 Ebda.

c) „Heilung" der unzureichenden Berücksichtigung des § 46a StGB durch Berücksichtigung von TOA und Wiedergutmachung im Rahmen des § 46 II 2 StGB?

Wie früher[147] können TOA und Wiedergutmachung theoretisch auch heute noch im Rahmen der allgemeinen Strafzumessungsnorm des § 46 II 2 StGB berücksichtigt werden. Ob dadurch eine unzureichende Berücksichtigung des § 46a StGB im Rahmen der Strafzumessung „geheilt" werden kann, hängt vom Verhältnis der beiden Vorschriften zueinander ab. Hierzu war Tröndle noch in der 49. Auflage der Ansicht, der vertypte Strafmilderungsgrund des § 46a StGB sei gegenüber den allgemeinen Regeln der Strafzumessung nachrangig, was sich aus dem Stufenaufbau des Strafzumessungsaktes[148] und der Pflicht, mildernde Umstände nicht isoliert, sondern nur i.R.e. Gesamtschau zu betrachten, ergebe.[149] Denn danach sei die Frage, ob von der Möglichkeit des § 46a StGB i.V.m. § 49 I StGB überhaupt Gebrauch gemacht werde, nach den allgemeinen Regeln des § 46 StGB zu treffen. Ergebe sich daraus bereits die Möglichkeit einer Strafmilderung, käme eine auf § 46a StGB aufbauende Milderung gem. § 49 I StGB aufgrund des Doppelverwertungsverbotes des § 50 StGB nicht mehr in Betracht.[150]

Dem kann jedoch nicht gefolgt werden. Denn orientiert man sich an dem von Rechtsprechung und Lehre heute angewandten Stufenaufbau der Strafzumessung, nimmt die Strafzumessung i.e.S., d.h. die Bestimmung der konkreten Strafe im bereits festgelegten Strafrahmen, die letzte Stufe ein.[151] Die Bestimmung des Strafrahmens hat derjenigen der Strafhöhe grundsätzlich vorauszugehen.[152] § 46a StGB ist jedoch eindeutig dem Bereich der Strafrahmenbestimmung zuzuordnen und somit logisch zwingend vorrangig vor § 46 II StGB zu prüfen.[153] Dieser überzeugenden Ansicht hat sich inzwischen auch Tröndle/Fischer angeschlossen.[154] Dementsprechend ist dem BGH zuzustimmen, wenn er die Möglichkeit einer „Heilung" der unzureichenden Berücksichtigung des § 46a StGB ablehnt. In den Fällen der o.g. Revisionsgründe ist ein Rechtsfehler vielmehr auch nicht dadurch gänzlich auszuschließen, dass eine Wiedergutmachung im Rahmen des § 46 StGB berücksichtigt wurde.[155]

---

[147] Vgl. dazu bereits oben 1. Kapitel, II. (S. 17).
[148] Vgl. dazu *Tröndle/Fischer*, § 46 Rn. 13.
[149] Vgl. *Tröndle/Fischer*, 49. Auflage, § 46a Rn. 4a.
[150] Ebda.
[151] Vgl. LK-*Gribbohm*, vor § 46 ff Rn. 14.
[152] Vgl. *Kilchling*, NStZ 1996, S. 311 m.w.N.
[153] Vgl. *Lackner/Kühl*, § 46a Rn. 5; *Rössner/Bannenberg*, GS Meurer, S. 172; *Kilchling*, NStZ 1996, S. 311; *Loos*, FS Hirsch, S. 859 f.
[154] Vgl. *Tröndle/Fischer*, § 46a Rn. 4.
[155] Vgl. BGH NJW 2001, S. 2258; BGH StV 2000, S. 129 m.w.N.

2. Was sind geeignete Fälle i.S.d. § 155a S. 2 StPO?

2.1. Sachliche Geeignetheit

§ 155a S. 2 StPO verpflichtet Gerichte und Staatsanwaltschaft, in geeigneten Fällen auf einen TOA hinzuwirken. Aus Untersuchungen geht jedoch hervor, dass die Staatsanwaltschaft dem TOA in der Vergangenheit eher skeptisch gegenüberstand und praktisch keinen Fall als geeignet ansah.[156] Das wurde zumeist mit dem mehr oder weniger hohen Unrechtsgehalt der Tat begründet, durch den bei Täter und Opfer nur ein geringes Bedürfnis nach Versöhnung bestehe. Auch wurde immer wieder eine durch verstärkte Anwendung des TOA entstehende unzulässige Vermischung von Straf- und Zivilrecht befürchtet. Zudem werde der entstehende zusätzliche Aufwand eine Arbeitsüberlastung zur Folge haben.[157]

Die von der Staatsanwaltschaft gegen die TOA-Geeignetheit vorgebrachten Argumente können jedoch nicht überzeugen. Der Einwand des fehlenden Wiedergutmachungsbedürfnisses bei Täter und Opfer lässt darauf schließen, dass die dazu zahlreich veröffentlichten Untersuchungen nicht zur Kenntnis genommen wurden, da sie das genaue Gegenteil beweisen.[158] Auch eine unzulässige Vermischung von Straf- und Zivilrecht ist nicht zu befürchten.[159] Eine durch den zusätzlichen TOA-Aufwand entstehende Arbeitsüberlastung kann ebenfalls keinen Hinderungsgrund mehr darstellen. Denn der Gesetzgeber hat mit § 155a S. 2 StPO gerade eine „Pflicht zur Prüfung und zum Hinwirken"[160] auf den TOA geschaffen, die sich sogar als revisibel erweist.[161]

Die Revisibilität der Hinwirkungspflicht erfordert insbesondere eine einheitliche Beurteilung des Geeignetheitskriteriums i.S.d. § 155a S. 2 StPO. Hier ist aber gerade eine unterschiedliche Beurteilung an der Tagesordnung. So sind empirischen Befunden aus dem Jahre 1997 zufolge 20 % (12,5 %) der befragten Strafrichter (Staatsanwälte) der Meinung, ein TOA käme auch bei Delikten aus dem Bereich der Schwerkriminalität in Betracht, 30 % (43 %) dagegen halten ihn für ausgeschlossen. Die verbleibenden ca. 50 % (43 %) können sich einen TOA in dem genannten Kriminalitätsbereich nur ausnahmsweise vorstellen.[162] In Anbe- tracht dieser unterschiedlichen Beurteilungspraxis der Strafverfolgungsorgane kann der Ansicht des AE-WGM, der Anwendungsbereich des

---

[156] Vgl. dazu die Untersuchungsergebnisse bei *Bannenberg*, Wiedergutmachung in der Strafrechtspraxis.
[157] Vgl. *Hartmann*, Forschungsergebnisse zum Täter-Opfer-Ausgleich, S. 136.
[158] Vgl. zu den Interessen der Opfer bereits oben 1. Kapitel, I. 1. (S. 4, 5).
[159] Vgl. dazu bereits ausführlich oben 1. Kapitel, I. 3. (S. 9 ff).
[160] BT-Dr. 14/1928, S. 8.
[161] Vgl. dazu bereits ausführlich oben 1.1. (S. 22 ff).
[162] Vgl. *Kurze*, TOA im allgemeinen Strafrecht, S. 36.

TOA werde sich „von selbst ergeben“[163], nicht zugestimmt werden. Die sich daraus ergebenden Unsicherheiten können nicht hingenommen werden. Entsprechende Divergenzen sind zudem angesichts der revisionsrechtlichen Konsequenzen im Falle unzureichender Hinwirkung[164] zu vermeiden.

Im Folgenden sollen deshalb allgemeine Kriterien herausgearbeitet werden. Einschränkungen kommen bezüglich der sachlichen Geeignetheit auf mehreren Ebenen in Betracht:

2.1.1. Opferbezogene Einschränkungen

Da der TOA bereits begrifflich das Vorliegen eines Opfers voraussetzt[165], erfordert die Beurteilung der Geeignetheit zunächst die Definition und Abgrenzung des Opferbegriffs. Das hat, da sich der TOA als strafrechtsintegrierendes Modell darstellt[166], auf der Grundlage des materiellen Strafrechts und der StPO zu erfolgen. Dabei stößt man in § 46a Nr. 2 StGB auf die Formulierung „Opfer“, während in § 46a Nr. 1 StGB und dem wortgleichen § 153a I 2 Nr. 5 StPO vom „Verletzten“ die Rede ist, der jedoch im Klammerzusatz ebenfalls als Opfer bezeichnet wird. Der Begriff des Verletzten erscheint dabei aus dem Strafverfahrensrecht, vgl. z.B. § 22 Nr. 1 StPO, der Begriff des Opfers dagegen eher aus der Kriminologie bekannt. Aus der Formulierung des § 46a Nr. 1 StGB lässt sich jedoch schließen, dass die Begriffe Täter und Opfer in §§ 46a StGB, 153a I 2 Nr. 5 StPO synonym verwendet werden.[167] Rückschlüsse für den Opfer- bzw. Verletztenbegriff lassen sich daraus allerdings noch nicht ziehen. Dieser bestimmt sich im Strafverfahrensrecht vielmehr je nach Zweck der Vorschrift unterschiedlich.[168] Vorliegend ist er entsprechend der Zielsetzung der §§ 46a StGB, § 153a I 2 Nr. 5 StPO; 155a StPO zu bestimmen.

Im Hinblick auf die Schadenswiedergutmachung stellt sich dabei zunächst die Frage, ob neben natürlichen Personen auch Firmen bzw. juristische Personen, Behörden sowie Staat und Gesellschaft Opfer werden können, womit die viktimologische Differenzierung zwischen erst-, zweit- und drittgradigen Opfern angesprochen ist.[169] Denn Einigkeit besteht nur darin, dass natürliche Personen als unmittelbar durch die Straftat Geschädigte für den TOA geeignet sind.[170] Eine solche unmittelbare Schädigung natürlicher Personen fehlt jedoch bei Straftaten gegen juristische Personen. Das führt zu einer Einschränkung des

[163] *Baumann* u.a., AE-WGM, S. 42.
[164] Vgl. dazu bereits ausführlich oben 1.1. (S. 22 ff).
[165] Zu den sog. „opferlosen“ Delikten vgl. sogleich, 2.1.3. b) (S. 46 ff).
[166] Vgl. dazu bereits oben 1. Kapitel, I. 2.1. (S. 5 ff).
[167] AA *Meier*, JuS 1996, 439 ff; ders., GA 1999, S. 8 ff.
[168] Vgl. KK-*Schmid*, § 172 Rn. 18.
[169] Vgl. *Rössner/Wulf*, Opferbezogene Strafrechtspflege, S. 12.
[170] Vgl. nur *Trenczek*, Täter-Opfer-Ausgleich. Grundgedanken und Mindeststandards, S. 9.

„kommunikativen Elements“[171], das jedoch vom BGH in ständiger Rechtsprechung als Voraussetzung für den TOA verlangt wird.[172] Zumeist wird deshalb die Anwendung des TOA auf juristische Personen nur für die Fälle befürwortet, in denen ein individualisierbarer Inhaber und somit ein unmittelbares Opferinteresse erkennbar ist[173], da andernfalls die Gefahr der Konturlosigkeit entstehe.[174] Diese Konstellationen seien dann zusammen mit den natürlichen Personen unter den Bergriff des *personalen Opfers* zu fassen.[175] Für den Rest der juristische Personen betreffenden Fälle sei entsprechend dem AE-WGM eine symbolische Wiedergutmachung anzuregen.[176] Dagegen bejaht der BGH[177] die Anwendung des TOA auf juristische Personen unabhängig von der Frage, ob ein individuelles Opfer existiert, also ein sog. opferloses Delikt vorliegt oder nicht.[178] Denn auch wenn die Allgemeinheit oder juristische Personen geschädigt seien, könne der Täter durch sein Verhalten nach der Tat seine Bereitschaft zur Übernahme von Verantwortung zeigen.[179] Außerdem sei zu berücksichtigen, dass die Schadenswiedergutmachung mittelbar auch den hinter der juristischen Person stehenden natürlichen Personen oder den durch die Tätigkeit einer juristischen Person begünstigten Menschen zugute kommt.[180]

Dem BGH ist hier zu folgen. Denn die Gegenansicht baut die Frage, ob bestimmte Delikte von der Möglichkeit des TOA auszuschließen sind, bereits auf der Prämisse auf, dass ein personales Opfer besteht.[181] Das hätte aber zur Konsequenz, dass das Problem auf die Frage reduziert würde, ob auch schwere Straftaten einem TOA zugänglich sind. Die Antwort hierzu lässt sich aber bereits dem Gesetz entnehmen. Die Anwendbarkeit des TOA auf den Bereich der Schwerkriminalität ergibt sich zwingend aus § 46a StGB, der für Verbrechen noch die Möglichkeit einer Strafmilderung eröffnet. Die Möglichkeit eines TOA im Falle der Schädigung juristischer Personen ist demnach ohne Einschränkung zu bejahen.[182]

---

[171] Ebda.
[172] Vgl. BGH NJW 2003, S. 1466 ff.
[173] Vgl. *Hartmann*, Forschungsergebnisse zum Täter-Opfer-Ausgleich, S. 140.
[174] Vgl. *Dölling*, Begleitforschung zum TOA, S. 64.
[175] Vgl. *Kreuzer*, RdJB 23, S. 230.
[176] Vgl. *Hartmann*, Forschungsergebnisse zum Täter-Opfer-Ausgleich, S. 140.
[177] Vgl. BGH NStZ 2000, S. 205.
[178] Vgl. zum Streitstand um die Anwendbarkeit des TOA auf juristische Personen auch *Steffens*, Wiedergutmachung und Täter-Opfer-Ausgleich, S. 178 ff.
[179] Vgl. BGH StV 2000, S. 128.
[180] Vgl. BGH aaO; Sch/Sch-Stree, § 46a Rn 4; *Steffens*, aaO, S. 189.
[181] Vgl. *Hartmann*, aaO, S. 143.
[182] Einschränkend dagegen L/R-*Beulke*, § 155a Rn. 9.

Einschränkungen lassen sich grundsätzlich auch nicht aus der Anzahl der durch die Straftat betroffenen Opfer herleiten. Denn praktische Erfahrungen aus dem jugendstrafrechtlichen Bereich belegen, dass erfolgreiche Schlichtungsverfahren auch bei mehreren Beteiligten, wie z.B. rivalisierenden Jugendbanden, möglich sind.[183] Die dazu von den Vermittlern anzuwendenden differenzierteren Handlungsweisen[184] sind kein Grund, den TOA auf Fälle mit nur einem Opfer zu begrenzen. Einschränkungen können sich lediglich dann ergeben, wenn sich in Einzelfällen die Anzahl der Opfer als zu groß erweist, wie etwa bei sämtlichen Passagieren eines entführten Kreuzfahrtschiffes. In diesen Fällen wird man für die Annahme der TOA-Geeignetheit verlangen müssen, dass sich die Opfer „auf einen Repräsentanten ihrer Interessen einigen"[185].

2.1.2. Täterbezogene Einschränkungen

Einschränkungen bezüglich der TOA-Geeignetheit können sich auch auf Seiten des Täters ergeben. Eine solche lässt sich jedoch nicht bereits aus dessen fehlender materieller Leistungsfähigkeit herleiten, da auch immaterielle Wiedergutmachungsleistungen für einen erfolgreichen TOA ausreichen können. So dient insbesondere § 46a Nr. 1 StPO dem immateriellen Ausgleich zwischen Täter und Opfer.[186] Auch eine schwere Schuld des Täters schließt nicht die TOA-Geeignetheit als solche, sondern lediglich die Rechtsfolge der Verfahrenseinstellung aus, § 153a I, II StPO. Die anderen potentiellen Rechtsfolgen[187] des erfolgreichen TOA bleiben dagegen möglich.

Jedoch sehen nach bisherigen empirischen Erkenntnissen die Staatsanwaltschaften die zahlreichen die Tat bestreitenden Täter überwiegend als ungeeignet i.S.d. § 155a S. 2 StPO an.[188] Anders als die anderen für den restriktiven Umgang mit dem TOA vorgebrachten Argumente, ist dieser Einwand nicht von der Hand zu weisen. Denn auch gegen den Willen des Beschuldigten darf ein TOA nicht erfolgen. Was sich für den Verletzten aus § 155a S. 3 StPO ergibt, folgt für den Beschuldigten aus der Verteidigungsfreiheit, die ihm das Recht zugesteht, auf Freispruch zu plädieren.[189] Das Bestreiten des Täters muss deshalb ernst genommen werden und darf nicht durch ein TOA-Angebot unterlaufen werden. Der schweigende Täter ist dagegen für den TOA geeignet. Er widerspricht nämlich - anders als der bestreitende Täter - nicht der durch das

---

[183] Vgl. *Bannenberg*, Wiedergutmachung in der Strafrechtspraxis, S. 164, *Hartmann*, aaO, S. 140.
[184] Vgl. *Schadt*, Täter-Opfer-Ausgleich mit Gruppen, S. 262 ff.
[185] L/R-*Beulke*, § 155a Rn. 9
[186] Vgl. BGH StV 95, 584.
[187] Vgl. dazu bereits oben 1. Kapitel, I. 2.2. (S. 7 ff).
[188] Vgl. *Hartmann*, Forschungsergebnisse zum Täter-Opfer-Ausgleich, S. 136.
[189] Vgl. *Hartmann*, aaO, S. 140 ff.

Strafrecht festgelegten Rollenverteilung von Täter und Opfer.[190] Eine solche ist für eine erfolgreiche Konfliktschlichtung erforderlich, denn „der rechtliche Konflikt kann nicht jedes Mal von den Beteiligten neu und individuell festgelegt“[191], sondern muss von ihnen akzeptiert werden. Auch der geständige Täter ist somit selbstverständlich geeignet.

Des Weiteren stellt sich die Frage, ob vorbestrafte Täter von der TOA-Möglichkeit auszunehmen sind. Anders als in den USA, wo aus Studien entsprechende Selektierungen hervorgehen[192], wurde in Deutschland die Forderung erhoben, einen solchen Ausschluss vorbestrafter Täter nicht vorzunehmen.[193] Dem kann sowohl mit Blick auf den Täter als auch auf das Opfer nur nachdrücklich zugestimmt werden. Denn es ist durchaus denkbar, dass eine erneute Straffälligkeit mit den oft beklagten geringen Erfolgen bei der resozialisierenden Behandlung von Straftätern[194] in Verbindung steht. Gerade Erfolge im Resozialisierungsbereich werden aber durch den TOA gefördert, da der Täter aktiv in den Prozess der Wiedergutmachung eingebunden wird und so einen autonomen Gegenakt zur Straftat erbringen kann.[195] Diese Wirkung wird durch eine Vorstrafe in keinster Weise geschmälert. Unter Umständen wird dem Täter durch das TOA-Verfahren sogar erstmals die Möglichkeit eröffnet, aktiv die Verantwortung für seine Tat zu übernehmen. So erhält er die Chance, „der sich nach oben verschärfenden Sanktionsspirale Einhalt zu gebieten“.[196] Es besteht kein Grund, dem Täter und der Allgemeinheit die positiven Ergebnisse der Wiedergutmachung im Hinblick auf die Erfüllung der Strafzwecke im Fall einer Vorstrafe zu verschließen. Auch die Wiedergutmachungsbedürfnisse des Opfers sind nicht an die Frage gebunden, ob der Täter bei Begehung der Straftat bereits vorbestraft war oder nicht, sondern an die konkrete Tat. Eine Ausnahme vorbestrafter Täter von der TOA-Möglichkeit erscheint somit als nicht gerechtfertigt. Das findet auch in der Praxis Zustimmung, denn Untersuchungen zufolge sind die Täter der an TOA-Stellen überwiesenen Fälle im Jugendbereich zu 50 %[197] und im Erwachsenenbereich zu 30 %[198] vorbestraft.

Einschränkungen ergeben sich allerdings in folgenden Fällen: Stellt das Opfer eine Strafanzeige gegen Unbekannt, kommt ein TOA erst dann in Betracht, wenn der für den Ausgleich erforderliche Täter ermittelt ist. Die polizeiliche

---

190 Vgl. L/R-*Beulke*, § 155a Rn. 5.
191 *Rössner*, Wiedergutmachen statt übelvergelten, S. 14.
192 Vgl. *Kaiser*, Kriminologie, S. 1087.
193 so z.B. *Bannenberg*, Wiedergutmachung in der Strafrechtspraxis, S. 34.
194 Vgl. dazu ausführlich *Kley-Struller*, Wiedergutmachung im Strafrecht, S. 16.
195 Vgl. *Bannenberg/Uhlmann*, Die Konzeption des Täter-Opfer-Ausgleichs, S. 26; *Schöch*, 50 Jahre BGH, S. 315.
196 *Hartmann*, Forschungsergebnisse zum Täter-Opfer-Ausgleich, S. 145.
197 Vgl. *Bannenberg*, Wiedergutmachung in der Strafrechtspraxis, S. 165 f.
198 Vgl. *Bannenberg*, aaO, S. 221.

Tätermittlung stellt sich somit als Voraussetzung für den TOA dar.[199] In Fällen, in denen kein Täter ermittelt wurde, kann man jedoch an eine aus der Opferschutzpflicht des Staates[200] resultierende Pflicht zur Einrichtung von Opferfonds denken. Eine Einschränkung ist auch für den Fall zu machen, dass sich das Opfer scheut, Strafantrag zu stellen und der Antrag nicht durch das besondere öffentliche Interesse an der Strafverfolgung ersetzbar ist.[201] Denn nach heute ganz h.M. stellt das Strafantragserfordernis eine besondere Prozessvoraussetzung dar, bei deren Nichtvorliegen ein Strafverfolgungshindernis besteht.[202] Unterbleibt der Antrag, muss folglich auch die Anordnung des TOA gem. §153a I 2 Nr. 5 StPO ausscheiden. Hier sind die privaten Wohlfahrtsverbände gefordert, da auch hier ein Ausgleich zwischen den am sozialen Konflikt Beteiligten erforderlich ist, der aber zwingend auf nicht-justitiellem Weg zu erfolgen hat.[203]

2.1.3. Deliktsbezogene Einschränkungen

Zu der Frage, welche Deliktstypen für einen TOA geeignet erscheinen, findet sich ein vielfältiges Meinungsspektrum. Zum Teil wird die Anwendbarkeit auf Taten, bei denen Gewalt gegen eine Person angewandt oder mit Gefahren für Leib und Leben gedroht wurde, abgelehnt oder doch zumindest mit Skepsis betrachtet.[204] Andere sehen den Hauptanwendungsbereich des TOA aufgrund des Wiedergutmachungserfordernisses auf die Eigentums- bzw. Vermögensdelikte beschränkt.[205] Teilweise wird bereits anhand des Wortlauts eine Einschränkung für opferlose Delikte vorgenommen. Diese seien nach § 153a I 2 Nr. 1-3 StPO zu behandeln.[206] Auf der anderen Seite wird oft gefordert, keinerlei Einschränkungen vorzunehmen, da sich alleine aus dem Charakter eines Deliktes keine Gründe für oder gegen einen TOA ableiten ließen.[207] Auch ein Blick auf die Rechtsprechung zeigt, dass die Gerichte grundsätzlich keine Einschränkungen vornehmen. So hat der BGH die TOA-Eignung auch für Delikte bejaht, bei denen Gewalt gegen Personen angewendet wurde[208], Oberlandesge-

---

[199] Vgl. *Rössner/Wulf*, Opferbezogene Strafrechtspflege, S. 43.

[200] Vgl. BVerfGE 39, S. 41; *Pieroth/Schlink*, Rn. 88 ff; *Benda/Maihofer/Vogel*, Handbuch des Verfassungsrechts, § 5 Rn. 50.

[201] Das Antragserfordernis kann z.B. gem. § 230 I 1 Hs. 2 StGB entfallen, nicht dagegen gem. § 123 II StGB.

[202] Vgl. *Roxin*, Strafverfahrensrecht, § 12 Rn. 10.

[203] Vgl. *Rössner/Wulf*, aaO, S. 14 ff.

[204] Vgl. *Tröndle/Fischer*, 49. Aufl., § 46a Rn. 3; offener dagegen in 51. Aufl., § 46a Rn. 7.

[205] Vgl. SK-*Horn*, § 46a Rn. 3.

[206] Vgl. L/R-*Beulke*, § 155a Rn. 7.

[207] Vgl. *Bannenberg*, Wiedergutmachung in der Strafrechtspraxis, S. 257.

[208] Vgl. BGH StV 2001, 346 ff.

richte[209] haben den TOA bezüglich mit der „Haupttat" in Tateinheit verwirklichter „Nebendelikte" für anwendbar erklärt.

Letztere Ansicht erscheint hier vorzugswürdig. Denn eine pauschale Einbeziehung oder Ausgrenzung bestimmter Delikte würde dem jeweiligen individuellen Fall nur unzureichend gerecht werden. Zudem würde der Handlungsspielraum der Staatsanwaltschaft stark eingeschränkt.[210] Auch die gesetzliche Regelung spricht dafür, keine Einschränkungen vorzunehmen. Denn anders als der SPD-Entwurf zu § 46a StGB[211] sehen die letztendlich Gesetz gewordenen Regelungen der §§ 46a StGB, 153a I 2 Nr. 5 StPO keine Beschränkung auf bestimmte Deliktstypen vor[212]; eine Einteilung durch den Gesetzgeber ist somit gerade nicht gegeben.[213] Dementsprechend erscheint es sinnvoll, auf Deliktsebene grundsätzlich[214] keine Einschränkungen zu fordern.[215]

a) Insbesondere: Schwerkriminalität

Dass die Schwere des Delikts kein taugliches Entscheidungskriterium darstellt, ergibt sich bereits zwingend aus § 46a StGB, der für Verbrechen nach erfolgreichem TOA noch die Möglichkeit einer Strafmilderung eröffnet. Auch Beispiele aus der Rechtsprechung zeigen, dass ein TOA bei schwerer Kriminalität nicht ausgeschlossen ist. So hält z.B. der BGH[216] die Anwendung eines TOA nach der Verübung von Banküberfällen für möglich.[217] Das ist auch sinnvoll, denn zum einen gibt es bisher keine empirischen Argumente dafür, einen TOA im Bereich schwerer Straftaten ungeeignet erscheinen zu lassen[218], zum anderen haben die Wiedergutmachungsbemühungen durch den Täter auch bei Verbrechen einen „Wert". Der Deliktscharakter kann dabei nur Einfluss auf den Umfang der Privilegierung haben.[219] Einschränkungen ergeben sich im Rahmen der Schwerkriminalität somit lediglich im Bereich der Rechtsfolgen. Gem. § 46a StGB ist ein Absehen von Strafe den Fällen vorbehalten, in denen keine höhere Strafe als Freiheitsstrafe von einem Jahr oder Geldstrafe bis zu

---

209 Vgl. OLG Karlsruhe NJW 1996, S. 3286.
210 Vgl. *Hartmann*, Forschungsergebnisse zum Täter-Opfer-Ausgleich, S. 144.
211 Vgl. BT-Dr. 12/6141.
212 Vgl. *Blesinger*, wistra 1996, S. 90.
213 Dementsprechend wird auch die Anwendung im Steuerstrafrecht befürwortet, vgl. *Schwedhelm/Spatschek*, DStR 1995, S. 1449; *Brauns*, wistra 1996, S. 214 ff; kritisch dagegen *Blesinger*, aaO, S. 90 ff; BayObLG, NJW 1996, S. 208.
214 Vgl. zur einzigen Ausnahme sogleich, a).
215 So auch *Weimer*, NStZ 2002, S. 351.
216 Vgl. BGH JR 2002, S. 251.
217 Weitere Beispiele bei BGH NStZ 1995, S. 284; aaO, S. 492; BayObLG, NJW 1995, S. 2110; Anmerkungen bei *Brauns*, Wiedergutmachung, S. 320.
218 Vgl. *Bannenberg*, Wiedergutmachung in der Strafrechtspraxis, S. 216.
219 Vgl. auch *Brauns*, Wiedergutmachung, S. 301.

360 Tagessätzen verwirkt ist. Damit ist § 46a StGB einerseits enger als der AE-WGM, der ein Absehen von Strafe auch bei höheren Straferwartungen zulassen wollte[220], andererseits geht er mit der Möglichkeit des Absehens von Strafe über die Empfehlungen des 59. DJT[221] und des entsprechenden SPD-Entwurfs[222] hinaus. Anders als im AE-WGM[223], beim 59. DJT[224] und im SPD-Entwurf[225] vorgesehen, beinhaltet § 46a StGB lediglich die Möglichkeit einer fakultativen Strafmilderung, anstatt eine solche obligatorisch anzuordnen. Die fakultative Strafmilderungsmöglichkeit bleibt (e contr. letzter Hs.) jedoch auch bei Verbrechen bestehen. Aufgrund des entsprechenden Verweises ist in diesen Fällen auch eine strafprozessuale Einstellungsmöglichkeit gem. § 153b StPO zulässig.[226] Die Möglichkeit der Einstellung des Verfahrens unter Erteilung von Auflagen und Weisungen ist dagegen gem. § 153a I 2 Nr. 5 auf Vergehen begrenzt.

Eine Einschränkung ist aber in der gegenteiligen Richtung vorzunehmen. Bagatelldelikte müssen bereits aus Gründen der Rechtsstaatlichkeit aus dem Anwendungsbereich des TOA ausgenommen werden. Denn zum einen gebietet der Verhältnismäßigkeitsgrundsatz, den TOA in den Fällen nicht anzuwenden, in denen er eine Alternative zur „Non-Intervention“[227] bzw. zur Einstellung gem. § 153 StPO darstellt[228], zum anderen soll eine opferbezogenere Ausgestaltung des Strafrechts gerade nicht zu einer Ausweitung sozialer Kontrolle führen, sog. „net-widening-effect“.[229] Dass die Gefahr einer solchen Ausweitung nicht unrealistisch erscheint, zeigen Erfahrungen sowohl aus den USA als auch aus Deutschland.[230]

b) Insbesondere: Opferlose Delikte

Als „opferlose“ Delikte werden gemeinhin Straftaten gegen Gemeinschaftswerte bezeichnet, was, bezogen auf den bezweckten Rechtsgüterschutz, durchaus zutreffend ist. Denn sie richten sich gegen überindividuelle Rechtsgüter und setzten somit ihrer Natur nach das Vorhandensein eines individuellen Opfers nicht voraus. Im Rahmen der vorliegenden Untersuchung wird unter den Be-

---

[220] Vgl. § 4 II AE-WGM, Entwurfsbegründung, S. 51.
[221] Vgl. Bd. 2, Sitzungsbericht Teil O, Beschlüsse V. 5 a, 1. UA, S. 184.
[222] Vgl. BT-Dr. 12/6141, S. 4.
[223] Vgl. § 5 I, II AE-WGM.
[224] Vgl. Bd. 2, Beschlüsse I. 5 b) 2. Var., S. 186 (für bestimmte Vermögens- und Eigentumsdelikte).
[225] Vgl. BT-Dr. 12/6141, S. 4 (für bestimmte Vermögens- und Eigentumsdelikte).
[226] Vgl. *Meyer-Goßner*, § 153b Rn. 1; L/R-*Beulke*, § 153b Rn. 1.
[227] Vgl. *Hartmann*, Forschungsergebnisse zum Täter-Opfer-Ausgleich, S. 145.
[228] Vgl. L/R-*Beulke*, § 155a Rn. 11.
[229] Vgl. dazu *Dirnaicher*, Rechtliche Grenzen der Diversion, S. 87 m.w.N.
[230] Vgl. *Pfeiffer*, Kriminalprävention im Jugendgerichtsverfahren, S. 126 ff.

griff der „Opferlosigkeit" jedoch auch die schadlos im Versuch stecken gebliebene Tat unterstellt.

Die opferlosen Delikte bestimmen den Arbeitsalltag der Staatsanwaltschaften, werden jedoch zumeist - wie die kriminologische Forschung zeigt - als für den TOA ungeeignet angesehen, da der Konflikt zwischen Täter und Opfer nicht zutage trete bzw. es an einem ausgleichsfähigen Schaden fehle.[231] Diese Argumentation ist nicht neu. Das Problem, wie die opferlosen Delikte in Bezug auf den TOA zu behandeln seien, wurde bereits lange vor Beginn des Gesetzgebungsverfahrens zu § 46a StGB diskutiert.[232] Dabei wurde befürchtet, durch das Argument des fehlenden ausgleichsfähigen Schadens würden Täter solch opferloser Delikte benachteiligt.[233] Deshalb seien zumindest für § 46a Nr. 2 StGB auch die Delikte gegen die Allgemeinheit in Betracht zu ziehen, bei denen es um individualisierbare Gefährdungen geht, z.B. § 113, 315c StGB, 370 AO.[234] Das erscheint jedoch nicht als ausreichend. Denn gerade die abstrakten Gefährdungsdelikte und schadlos gebliebene Versuche haben durch die sozialen, wirtschaftlichen und technischen Entwicklungen der letzten Jahre stark zugenommen. Würde man in diesen Fällen einen TOA nicht zulassen, würde eine schwer verständliche Ungleichheit in der Reaktion auf Kriminalität entstehen.[235] Eine solche Ungleichheit lässt sich nur durch die Aufhebung der o.g. Einschränkung der individualisierbaren Gefährdung verhindern.

Dementsprechend haben insbesondere § 1 I 3 des AE-WGM[236] und der Gesetzesentwurf der SPD zu § 46a StGB[237] die Möglichkeit der symbolischen Wiedergutmachung vorgeschlagen, womit Leistungen bezeichnet werden, die der Täter nicht zugunsten des Verletzten, sondern gegenüber der Allgemeinheit erbringt, was auch als „stellvertretende"[238] Wiedergutmachung bezeichnet wird, da die personenbezogenen Wiedergutmachungsleistungen gegenüber dem Verletzten vorrangig bleiben. Damit wird zwar ausdrücklich das auch hier angestrebte Ziel verfolgt, den Anwendungsbereich des TOA nicht einschränken zu müssen[239], jedoch stellt ein symbolischer Ausgleich an die Allgemeinheit des-

---

[231] Vgl. *Hartmann*, Forschungsergebnisse zum Täter-Opfer-Ausgleich, S. 136.
[232] Vgl. *Schöch*, Gutachten C für den 59. DJT, S. 74.
[233] Vgl. *Hirsch*, ZStW 102 (1990), 537; *Brauns*, wistra 1996, S. 217.
[234] Vgl. *Brauns*, aaO, S. 214 ff; *Briel*, NStZ 1997, S. 33 ff; aA *Blesinger*, wistra 1996, S. 90 ff; offen gelassen für § 46a Nr. 2 StGB vom BayObLG, NStZ 1997, S. 33.
[235] Vgl. *Schaffstein*, FS Roxin, S. 1073 f.
[236] Vgl. *Baumann* u.a., AE-WGM, S. 41, 42.
[237] Vgl. BT-Dr. 12/6141.
[238] *Baumann* u.a., AE-WGM, S. 41.
[239] Vgl. *Baumann* u.a., AE-WGM, S. 42.

halb keine überzeugende Lösung dar[240], da er im Ergebnis auf Leistungen an den Staat und somit auf Strafe hinausliefe.[241]

Eine überzeugendere Lösung lässt sich finden, wenn man bei Fehlen eines individuellen Opfers auf den Repräsentanten des verletzten Rechtsguts abstellt. Ein solcher ausgleichsberechtigter Repräsentant kann bei abstrakten Gefährdungsdelikten in den jeweils in ihrem Zuständigkeitsbereich betroffenen Behörden oder Verbänden gesehen werden, wie z.B. die Straßenverkehrsbehörden bei Verkehrsdelikten, die Umweltbehörden bei Umweltdelikten oder die Wirtschaftsverbände bei Wirtschaftsdelikten.

Beim schadlos gebliebenen Versuch kann auf den Träger des angegriffenen Rechtsguts abgestellt werden. Denn auch bei ihm wird der Versuch einer Straftat in der Regel eine psychische Belastung hervorrufen, die ausgeglichen werden muss.[242] Dazu erweist sich der TOA auch als geeignet, da in dessen Rahmen auch der Ersatz immaterieller Nachteile verlangt werden kann, und zwar auch dann, wenn ein entsprechender Ausgleich von der zivilrechtlichen Schadensersatzpflicht nicht gedeckt ist.[243] In Betracht sollten dabei alle Leistungen gezogen werden, die geeignet sind, das Genugtuungsbedürfnis des Opfers zu befriedigen. Fehlen solche Möglichkeiten, so kann daraus nur geschlossen werden, dass der Versuch keine Folgen hervorgerufen hat. Dann wäre ein TOA in der Tat sinnlos. Jedoch besteht auch in diesem Fall nicht die befürchtete Gefahr der Ungleichbehandlung. Denn sollte der Versuch einer Straftat keinerlei Folgen gezeitigt haben, ist eine Verurteilung aus dem vollen Strafrahmen des vollendeten Delikts nicht zu erwarten, so dass im Hinblick auf die Strafmilderung das Argument, der Täter der vollendeten Tat werde privilegiert, nicht vorgebracht werden kann.[244] Gleiches gilt für die Einstellung gem. § 153a I 2 Nr. 5 StPO. Hier kann die Auflage des TOA in den meisten Fällen problemlos erteilt werden. Sollte ein TOA aufgrund eines gänzlich folgenlos gebliebenen Versuches nicht möglich sein, wird regelmäßig bereits eine Einstellung gem. § 153 StPO in Betracht kommen, zumindest aber ein Rückgriff auf die anderen Weisungen und Auflagen des § 153a I 2 StPO. Eine Ungleichbehandlung in o.g. Sinn ist also auch hier nicht zu erwarten.

---

[240] Vgl. auch L/R-*Beulke*, § 155a Rn. 7.

[241] Ausführliche Kritik bei *Brauns*, Wiedergutmachung, S. 261, 262.

[242] Vgl. L/R-*Beulke*, § 155a Fn. 21; *Schaffstein*, FS Roxin, S. 1073 f.

[243] Vgl. *Brauns*, Wiedergutmachung, S. 265.

[244] Vgl. *Brauns*, aaO, S. 266.

c) Ergebnis zu 2.1.3.

Im Ergebnis kann man somit festhalten, dass eine Einschränkung der TOA-Geeignetheit auf Deliktsebene nicht in Betracht kommt. Auswirkungen ergeben sich aus dem Deliktscharakter nur auf den Umfang der nach erfolgreichem TOA möglichen Rechtsfolgen. Da § 46a StGB lediglich eine fakultative Strafmilderung vorsieht, anstatt sie obligatorisch vorzuschreiben, erscheint eine solch umfassende Anwendungsmöglichkeit auch unbedenklich.

2.1.4. Sachverhaltsbezogene Einschränkungen

Aus rechtsstaatlichen Gründen[245] erfordert der TOA einen bereits im Ermittlungsverfahren derart geklärten Sachverhalt, dass er einer Anklageerhebung gem. § 170 StPO standhalten würde. Denn durch die Vermittlungsstellen darf keine weitere Sachverhaltsaufklärung erfolgen. Für die freien, mit dem TOA beauftragten Stellen ist das selbstverständlich. Nichts anderes gilt indes für die Gerichtshilfe. Diese darf gem. § 160 III StPO nämlich nicht zur Überführung des Täters beitragen, denn der damit verbundene Eingriff in dessen persönlichen Lebensbereich bedarf einer besonderen Rechtfertigung, die auch den Verhältnismäßigkeitsgrundsatz berücksichtigt. Eine solche Rechtfertigung ergibt sich jedoch gerade nicht aus § 160 III 2 StPO.[246] Ist der Sachverhalt dagegen hinreichend geklärt, kann die Gerichtshilfe für die Frage bemüht werden, ob das Verfahren eingestellt werden kann. Denn da sie gem. § 160 III 2 StPO die sanktionsrelevanten Tatsachen aufklären kann, muss sie erst recht entscheiden können, ob eine Sanktion überhaupt erforderlich ist.[247] Zu beachten bleibt allerdings, dass auch bei Vorliegen eines hinreichend geklärten Sachverhalts als Regulativ auf das konkrete Täterverhalten abzustellen ist. Denn ein TOA hat dann zu unterbleiben, wenn der Täter die Tat nach wie vor bestreitet.[248]

2.1.5. Freiwilligkeit der Teilnahme am Ausgleichsverfahren

Zumeist stößt man auf die Formulierung, ein erfolgreicher TOA erfordere die Freiwilligkeit der Teilnahme am Ausgleichsgespräch. Das ist insoweit richtig, als dessen Erfolg von einem angstfreien Klima abhängt.[249] Die durch den TOA geförderte Resozialisierung von Täter und Opfer kann nur durch eine Entscheidung ohne moralischen Druck für die Betroffenen erreicht werden[250], da die

---

[245] Vgl. zu den rechtsstaatlichen Problemen des TOA bereits oben 1. Kapitel, I. 4. (S. 12 ff).
[246] Vgl. *Hartmann*, Forschungsergebnisse zum Täter-Opfer-Ausgleich, S. 141, Fn. 6.
[247] Vgl. L/R-*Rieß*, § 160 Rn. 81, 88.
[248] Vgl. dazu bereits ausführlich oben 2.1.2. (S. 42 f).
[249] Vgl. *Hartmann*, aaO, S. 142 m.w.N.
[250] Vgl. *Rössner/Bannenberg*, Täter-Opfer-Ausgleichs im allgemeinen Strafrecht, S. 34, *Roxin*, Neue Wege der Wiedergutmachung im Strafrecht, S. 373.

angestrebte nachhaltige Konfliktlösung eine eigenverantwortliche Beteiligung von Täter und Opfer voraussetzt.[251] Auf der anderen Seite kann seit der Aufnahme des TOA in den Katalog der Auflagen und Weisungen des § 153a I 2 Nr. 5 StPO am klassischen Erfordernis der Freiwilligkeit nicht mehr festgehalten werden. Denn die entsprechende Einstellungsentscheidung besitzt Sanktionscharakter[252] und widerspricht schon deshalb dem klassischen Freiwilligkeitsverständnis. Dementsprechend werden Beschwerden laut, das TOA-Verfahren übe einen unangemessenen Druck sowohl auf Täter als auch auf Opfer aus.[253]

Dem unangemessenen Druck auf das Opfer kann zwar nicht mit dem Einwand begegnet werden, ihm drohe eigentlich nichts Böses, da ihm im Gegenteil zur Wiedergutmachung verholfen werde. Denn wenn der Umfang der Wiedergutmachungsleistungen strittig sein sollte, kann insoweit Druck ausgeübt werden, dass sich das Opfer mit weniger zufrieden geben solle, um am Ende den Erfolg des TOA melden zu können. Auch könnte sich das Opfer im Interesse des Gelingens des TOA gezwungen sehen, nicht ernst gemeinte Entschuldigungen des Täters anzunehmen etc. Diese Gefahren werden unter anderem mit dem Argument begründet, die Schlichter sähen sich sowohl aus eigenen ideellen als auch aus materiellen Gründen ihrer Organisation unter Erfolgszwang.[254] Ebenfalls nicht auszuschließen ist der Druck für das Opfer, dem Täter wieder zu begegnen. Denn grundsätzlich muss für das Gelingen eines TOA die Möglichkeit der räumlichen Zusammenführung von Täter und Opfer bestehen.[255] Ein Anwaltszwang zum Schutze des Opfers besteht, anders als im Zivilrecht, nicht. Zwar gilt auch der zivilrechtliche Anwaltszwang gem. § 23 GVG erst ab einem Streitwert von über 5000 €. Solche Beträge werden aber - zumindest ab dem Bereich der mittleren Kriminalität - des Öfteren auch im TOA-Verfahren in Frage stehen[256], für das jedoch Gesichtspunkte des Rechtsberatungsschutzes in sämtlichen Wiedergutmachungskonzepten gänzlich unberücksichtigt gelassen wurden. Zur Ausräumung der genannten Bedenken ist somit die Beteiligung eines Anwalts am Schlichtungsverfahren dringend zu empfehlen.

Des Weiteren wird ein unzumutbarer Druck auf den Beschuldigten behauptet, der den strafjustitiellen Druck des grundsätzlich durchzuführenden Ermittlungsverfahrens, § 151 StPO, als Zwang empfinden könne. Da es sich dabei

---

[251] Vgl. *Weigend*, Alternative Konfliktregelung, S. 150.

[252] Vgl. *Meier*, GA 1999, S. 16 ff; L/R-*Beulke*, § 153a Rn. 8, 9; *Meyer-Goßner*, § 153a Rn. 12; *Weigend*, ZStW 109 (1997), S. 106; *Fezer*, ZStW 106 (1994), S. 32; vgl. auch oben 1. Kapitel, I. 2.1. (S. 5 ff).

[253] Vgl. insbesondere *Loos*, ZRP 1993, S. 51 ff ; *Miehe*, ZStW 103 (1991), S. 458; *Blau*, GA 1992, S. 233; *Hirsch*, ZStW 102 (1990), S. 545, 547, 561 ff.

[254] Vgl. *Loos*, aaO, S. 55.

[255] Vgl. L/R-*Beulke*, § 155a Rn. 10.

[256] Ebda.

aber weitestgehend um das Problem der Konkurrenz zwischen TOA und dem Legalitätsprinzip handelt, wird darauf im entsprechenden systematischen Zusammenhang eingegangen.[257]

2.2. Zeitliche Geeignetheit (TOA im Rechtsmittelverfahren)

Fraglich ist, ob ein TOA auch noch im Rechtsmittelverfahren angeordnet werden kann, oder ob insoweit die zeitlichen Grenzen der TOA-Geeignetheit überschritten sind. Problematisch erscheint hier lediglich die Anwendbarkeit des § 153a I 2 Nr. 5 StPO in der Revisionsinstanz. Vom Wortlaut des § 155a StPO wäre diese grundsätzlich gedeckt, da sich unter die Formulierung in *„jedem“ Verfahrensstadium* zweifellos auch das Revisionsverfahren subsumieren ließe. § 153a II StPO lässt allerdings eine vorläufige Einstellung des Verfahrens explizit nur bis zum Ende der Hauptverhandlung zu, in der die tatsächlichen Feststellungen letztmals geprüft werden können. Die Anordnung des TOA ist somit nur bis zum Ende des Berufungsverfahrens gegeben.[258]

Eine analoge Anwendung des § 153a II StPO scheidet aus, da es an einer planwidrigen Regelungslücke fehlt. Denn im Gesetzgebungsverfahren zum „Gesetz zur strafverfahrensrechtlichen Verankerung des TOA und des FAG“[259] ist die Möglichkeit des TOA in der Revisionsinstanz diskutiert und letztlich verneint worden. So sah der ursprüngliche Gesetzesentwurf der Bundesregierung noch eine Änderung des § 153a II StPO dahingehend vor, dass dieser nur noch allgemein von „Gericht“ sprechen und keine Einschränkung auf erstinstanzliches Gericht und Berufungsgericht mehr enthalten solle, so dass auch dem Revisionsgericht die Möglichkeit der Verfahrenseinstellung gem. § 153a II eröffnet würde.[260] Bereits die Beschlussempfehlung des Rechtsausschusses des Deutschen Bundestages schlug indessen vor, es bei der ursprünglichen Fassung des § 153a II StPO zu belassen, den TOA somit in der Revisionsinstanz auszuschließen.[261] Das lässt sich durch die seit RGSt 60, 384 ständige Rechtsprechung zu § 55 I 2 StGB[262] rechtfertigen, an dessen Formulierung § 153a II StPO angelehnt ist.[263] Aufgrund dieser bewussten Entscheidung des Gesetzgebers kann auch nicht damit argumentiert werden, § 155a StPO habe seine Formulierung aufgrund der gemeinsamen Konzeption mit der Änderung des § 153a II StPO erhalten. Die bewusste Beibehaltung von dessen ursprünglicher Fassung zwingt vielmehr zum Gegenteil, nämlich die Vorschrift des § 155a

---

[257] Vgl. dazu 5. Kapitel, 3. (S. 160 f).
[258] Vgl. L/R-*Beulke*, § 153a Rn. 121.
[259] Gesetz zur strafverfahrensrechtlichen Verankerung des TOA und des FAG vom 20.12.1999, BGBl. I, S. 2491 ff.
[260] Vgl. BT-Dr. 14/1928, S. 4, 7.
[261] Vgl. BT-Dr. 14/2258, S. 4, 8 ff.
[262] Vgl. LK-*Vogler*, § 55 Rn. 4.
[263] Vgl. L/R-*Beulke*, § 153a Rn. 121.

StPO dahingehend auszulegen, dass er nur i.R.d. Grenzen des § 153a II StPO gelten kann. Denn in anderen Fällen wäre eine Hinwirkungspflicht i.S.v. § 155a StPO nicht sinnvoll.[264] Demnach gilt § 153a II StPO nur bis zum Ende des Berufungsverfahrens, das allerdings auch dann, wenn die Verhandlung erneut aufgrund einer Zurückweisung des Revisionsgerichts erfolgt.[265]

De lege lata muss die Anwendung des TOA im Revisionsverfahren somit ausscheiden. Im Folgenden wird daher untersucht, ob de lege ferenda eine Berücksichtigung des TOA auch in der Revisionsinstanz notwendig erscheint. Solche kriminalpolitischen Entscheidungen stellen immer „Kompromisse zwischen dem Ideal der Gerechtigkeit und den realen prozessualen Möglichkeiten"[266] dar. Dabei ist zu berücksichtigen, dass, je später die Möglichkeit des TOA in Anspruch genommen werden kann, die Gefahr von Verzögerungsstrategien der Verteidigung und sekundärer Viktimisierung des Opfers umso mehr steigt. So könnte der Täter das instanzgerichtliche Verfahren abwarten und den TOA erst im Revisionsverfahren und nur dann in Anspruch nehmen, wenn er entgegen seiner Erwartung verurteilt wird. Andererseits verlangt § 155a StPO grundsätzlich eine verfahrensstadienunabhängige Beachtung des TOA. Zudem bestehen o.g. Gefahren auch im Berufungsverfahren. Sie werden durch eine TOA-Möglichkeit in der Revisionsinstanz somit nicht erst begründet, sondern lediglich verschärft. Aufgrund dieser Tatsache erscheint es ausreichend, der entstehenden Verzögerung und der eventuellen sekundären Viktimisierung des Opfers nur durch die Grenze des Rechtsmissbrauchs zu begegnen. Da die Grenzen des Rechtsmissbrauchs unabhängig von Verfahrensstadien gelten[267], steht der Anwendung des TOA in der Revisionsinstanz nichts entgegen, eine entsprechende TOA-Möglichkeit erscheint de lege ferenda sogar geboten.

Somit kann der derzeit vorliegende Entwurf für ein 1. JuBeschlG[268] nur unterstützt werden, dessen Art. 2 Nr. 14 vorschlägt, in § 153a II 1 StPO die Wörter „bis zum Ende der Hauptverhandlung, in der die tatsächlichen Feststellungen letztmals geprüft werden können" zu streichen.[269] Denn so wird die Vorschrift des § 153a II StPO auch in der Revisionsinstanz anwendbar.

---

[264] Vgl. L/R-*Beulke*, § 155a Rn. 5.
[265] Vgl. BGH StV 2000, S. 129, L/R-*Beulke*, § 153a Rn. 121.
[266] *Schöch*, FS *Roxin*, S. 1058.
[267] Vgl. dazu ausführlich *Fahl*, Rechtsmissbrauch im Strafprozess.
[268] Entwurf eines Ersten Gesetzes zur Beschleunigung von Verfahren der Justiz (1. Justizbeschleunigungsgesetz), vgl. BT-Dr. 15/999; BR-Dr. 397/03.
[269] Vgl. BT-Dr. 15/999, S. 5, 23; BR-Dr. 397/03, S. 5, 42.

3. Anforderungen an die Hinwirkungspflicht des § 155a S. 2 StPO

Stellen Staatsanwaltschaft oder Gerichte bei der Prüfung gem. § 155a S. 1 StPO die TOA-Geeignetheit des entsprechenden Deliktes fest, so stellt sich die Frage, welche Anforderungen an die nun gem. § 155a S. 2 StPO erforderliche Hinwirkung zu stellen sind. Eine entsprechende Konkretisierung erscheint angesichts der revisionsrechtlichen Konsequenzen einer unzureichenden Hinwirkung[270] unbedingt erforderlich.

3.1. Umfang der Hinwirkungspflicht
3.1.1. Allgemeines

Der Gesetzgeber geht davon aus, die Möglichkeiten und strafrechtlichen Folgen eines TOA seien sowohl dem Beschuldigten als auch dem Verletzten „nicht selten“[271] noch unbekannt. Erster Schritt zur Erfüllung der Hinwirkungspflicht wird daher grundsätzlich sein, den Beteiligten einen entsprechenden Hinweis zu erteilen.[272] Darin soll sich die Pflicht aber noch nicht erschöpfen, vielmehr hat der Gesetzgeber für Staatsanwaltschaft und Gerichte die Möglichkeit weitergehender Maßnahmen, wie z.B. die unmittelbare Vermittlung zwischen Beschuldigtem und Verletztem oder die Einschaltung einer Ausgleichsstelle, vorgesehen.[273] In letzterem Fall besteht ein wesentlicher Teil der Hinwirkung darin, die Ausgleichsstelle so zu informieren, dass eine ordnungsgemäße Durchführung des TOA möglicht ist. Der Ausräumung entsprechender datenschutzrechtlicher Bedenken dient § 155b StPO.[274] In der Praxis weitaus häufiger sind allerdings die Fälle, in denen von den Betroffenen eine gerichtliche Vermittlung ersucht wird.[275]

Welche der entsprechenden Möglichkeiten das Gericht konkret zu unternehmen hat, richtet sich sehr stark nach dem jeweiligen Einzelfall, so dass allgemeingültige Maßstäbe kaum aufzustellen sind. Dennoch soll im Folgenden eine gewisse Konkretisierung versucht werden. Hierbei empfiehlt es sich, zwischen anwaltlich vertretenem und nicht vertretenem Beschuldigten bzw. Angeklagten zu differenzieren. Dem nicht anwaltlich vertretenen Angeklagten müssen sowohl Ziele als auch Rechtsfolgen des TOA erläutert werden. Hier kann der bloße Hinweis auf die Möglichkeit des TOA nicht den Regelfall darstellen. Denn von selbst wird kaum ein Angeklagter das Gericht um weitere Maßnah-

---

270 Vgl. dazu bereits ausführlich oben 1.1. (S. 22 ff).
271 BT-Dr. 14/1928, S. 8.
272 Vgl. BT-Dr. 14/1928, S. 8; *Pfeiffer*, StPO, § 155a Rn. 3; LR-*Beulke*, § 155a Rn. 3; KMR *Plöd*, § 155a Rn. 4.
273 Vgl. BT-Dr. 14/1928, S. 8.
274 Vgl. BT-Dr. 14/1928, S. 8, 9.
275 Vgl. *Weimer*, NStZ 2002, S. 352.

men bei der Ingangsetzung des TOA-Verfahrens oder sogar um die Vermittlung selbst bitten, Maßnahmen, die der Gesetzgeber in seiner Begründung aber explizit vorgesehen hat.[276] Auf der anderen Seite muss jedoch berücksichtigt werden, dass keinem der Beteiligten ein TOA aufgezwungen werden darf (§ 155a S. 3 StPO auf der einen bzw. Verteidigungsfreiheit des Beschuldigten auf der anderen Seite).[277] Das spricht dafür, es bei einem anwaltlich vertretenen Angeklagten zunächst bei einem entsprechenden Hinweis bewenden zu lassen. Nach Beratung mit seinem Verteidiger kann dann das Gericht um entsprechende Maßnahmen ersucht werden.

3.1.2. Hinwirkung auf einen Ausgleich unter Anleitung eines Dritten

Weiterhin erscheint problematisch, ob im Rahmen der Hinwirkung ein Ausgleich unter Anleitung eines Dritten angestrebt werden muss. Sowohl der Wortlaut der §§ 46a StGB, 153a I 2 Nr. 5 StPO als auch der des § 155a StPO lassen die Frage zwar offen[278], jedoch finden sich entsprechende Äußerungen in der Gesetzesbegründung, in der explizit von einem Hinwirken auf eine Lösung des Gesamtkonflikts „unter Anleitung eines Dritten“[279] die Rede ist. Auch Rechtsprechung und Literatur gehen z.T. von einem solchen Erfordernis aus.[280] Dem ist zwar zuzugeben, dass derjenige, der es nicht alleine schafft, eine Bereinigung des Konflikts herzustellen, durchaus gut daran tut, sich von einem Dritten anleiten zu lassen.[281] Letztlich muss eine entsprechende Entscheidung jedoch dem Betroffenen selbst vorbehalten bleiben.[282] Nur eine solche Auslegung lässt sich mit dem Rechtsgedanken des § 155a S. 3 StPO vereinbaren, der die Durchführung des TOA in das Ermessen des Verletzten stellt. Explizit ist das zwar nur für das „Ob“ des TOA geregelt, für eine andere Beurteilung hinsichtlich des „wie“ ist jedoch kein Grund ersichtlich. Zudem wird sich die friedensstiftende Wirkung des Ausgleichs nur dann erreichen lassen, wenn ein solcher ohne gerichtlichen Druck zustande kommt.[283]

3.1.3. Mündliche Anhörung der Beteiligten

Für die Beurteilung der TOA-Geeignetheit kann es notwendig sein, mit den Beteiligten ein persönliches Gespräch über ihre TOA-Bereitschaft zu führen. Dementsprechend ist das Vorhaben des derzeit diskutierten Entwurfes für ein

---

[276] Vgl. BT-Dr. 14/1928, S. 8.
[277] Vgl. dazu bereits oben 2.1.2. (S. 42 ff).
[278] Vgl. BGH NJW 2003, S. 1467.
[279] BT-Dr. 12/6853, S. 22.
[280] Vgl. BayObLG, NJW 1995, S. 2120; *König/Seitz*, NStZ 1995, S. 2.
[281] Vgl. SK/*Horn*, § 46a Rn. 6.
[282] So auch OLG Stuttgart NJW 96, 2109.
[283] Vgl. L/R-*Beulke*, § 155a Rn. 12.

Opferrechtsreformgesetz[284] begrüßenswert, den Strafverfolgungsorganen im Ermittlungs- und Zwischenverfahren die Gelegenheit zu einer mündlichen Anhörung der Beteiligten zu geben, soweit sie geeignet erscheint, das Verfahren zu fördern. Dies soll gem. Art. 1 Nr. 6, 7 des Entwurfes in den neu einzufügenden §§ 160a, 202a StPO geregelt werden. Deren Einführung kann entgegen der Stellungnahmen des Bundesrates[285] und des Deutschen Juristinnenbundes[286] nicht als überflüssig angesehen werden. Zwar ergeben sich die darin vorgesehenen Rechte für die Staatsanwaltschaft bereits aus dem Gestaltungsermessen bezüglich des Ermittlungsverfahrens und für das Gericht daraus, dass das Zwischenverfahren nicht als streng förmliches Verfahren ausgestaltet ist. Jedoch werden durch eine explizite Regelung die Unsicherheiten vermieden, die sich bei der Herleitung von Rechten aus allgemeinen bzw. ungeschriebenen Grundsätzen ergeben. Die Regelung der §§ 160a, 202a StPO, die gerade auch der Vorbereitung eines TOA dienen soll[287], stellt sich somit als eine sinnvolle Ergänzung zu § 155a StPO dar. Sie ist geeignet, „das Verfahren zu fördern und der Rechtsfrieden stiftenden Wirkung einer Verständigung zu dienen“[288], und wird daher nachdrücklich befürwortet.

3.2. Zeitpunkt der Hinwirkungspflicht

3.2.1. Hinwirkungspflicht der Polizei?

§ 155a StPO sieht eine Prüfungs- und Hinwirkungspflicht explizit nur für Staatsanwaltschaft und Gerichte vor. Danach hätte die Polizei grundsätzlich keinen Hinweis auf die Möglichkeit eines TOA zu erteilen. Eine solche Pflicht kann sich jedoch aus einer analogen Anwendung des § 155a StPO ergeben. Dagegen liegt zwar der Einwand nahe, der eindeutige Wortlaut und die Gesetzesbegründung[289] würden eine planwidrige Regelungslücke und somit eine Analogie ausschließen. Dabei würde allerdings Folgendes verkannt: Gem. § 160 I StPO hat die Staatsanwaltschaft, sobald sie von dem Verdacht einer Straftat Kenntnis erlangt, den Sachverhalt zu erforschen. Aus den ihr dazu zur Verfügung stehenden Kompetenzen ergibt sich ihre Stellung als Herrin des Ermittlungsverfahrens.[290] Da die Staatsanwaltschaft aber in der Regel nicht die

---

[284] Entwurf eines Gesetzes zur Verbesserung der Rechte von Verletzten im Strafverfahren (Opferrechtsreformgesetz), vgl. BT-Dr. 15/1976.

[285] Vgl. BT-Dr. 15/2536, S. 7 f.

[286] Vgl. Stellungnahme des Deutschen Juristinnenbundes zu Art. 1 Nr. 7, 8 des Referentenentwurfes für ein Opferrechtsreformgesetz, BRAK, Rs-Nr. 174/2003, S. 3. (Art. 1 Nr. 7, 8 des Referentenentwurfes entsprechen Art. 1 Nr. 6, 7 des derzeitigen Gesetzesentwurfes für ein Opferrechtsreformgesetz, BT-Dr. 15/1976).

[287] Vgl. BT-Dr. 15/1976, S. 10.

[288] Stellungnahme des Strafrechtsausschusses des DAV zu Art. 1 Nr. 7, 8 des Referentenentwurfes für ein Opferrechtsreformgesetz, BRAK, Rs-Nr. 179/2003, S. 5.

[289] Vgl. BT-Dr. 14/1928, S. 1, 4, 6, 8.

[290] Vgl. *Beulke*, Strafprozessrecht, Rn. 79.

für die Erforschung des Sachverhalts erforderlichen personellen Kapazitäten besitzt, kann sie sich dazu gem. § 161 StPO der Behörden und Beamten des allgemeinen Polizeidienstes bedienen. Letztere sind der Staatsanwaltschaft zwar nicht organisatorisch unterstellt, aber durch das Gesetz funktional zugeordnet.[291] Dementsprechend steht der Staatsanwaltschaft mit folgender Differenzierung eine Weisungsbefugnis zu: Bestimmte Polizeibeamte sind sog. Hilfsbeamte der Staatsanwaltschaft und damit verpflichtet, deren Anordnungen bzw. Aufträgen Folge zu leisten, §§ 152 GVG, 161 I 2 StPO. Die übrigen Polizeibeamten haben gem. § 161 I 2 StPO dem Ersuchen der Staatsanwaltschaft zu entsprechen.[292] Werden die Polizeibeamten aber im Auftrag oder auf Ersuchen der Staatsanwaltschaft tätig, so kann ihr Handeln der Staatsanwaltschaft zugerechnet werden. Die Vorschrift des § 155a StPO sollte daher in solchen Fällen analog angewendet werden.

Die Polizei wird jedoch nicht immer auf Wunsch der Staatsanwaltschaft tätig, vielmehr hat sie gem. § 163 StPO die Aufgabe, in gewissen Fällen von sich aus Straftaten zu erforschen. Dabei hat die Polizei aber nur das Recht und die Pflicht des ersten Zugriffs. Ist dieser beendet, hat sie den Vorgang unverzüglich an die Staatsanwaltschaft weiterzuleiten, die dann die Leitung des Ermittlungsverfahrens übernimmt, § 163 I, II 1 StPO.[293] Bis dahin kann das Verhalten der Polizei jedoch noch nicht der Staatsanwaltschaft zugerechnet werden, so dass eine analoge Anwendung des § 155a StPO ausscheiden muss.

Eine polizeiliche Hinwirkungspflicht erscheint aber auch in den Fällen des § 163 I, II 1 StPO sinnvoll. Denn für den TOA kommen aufgrund der Tatsache, dass Einschränkungen der Geeignetheit auf Deliktsebene nicht gegeben sind[294], theoretisch vielfältige Anwendungsmöglichkeiten in Betracht. Die Chancen, diese auch praktisch umzusetzen, werden durch eine frühzeitige Information erheblich gesteigert.[295] Dem kann durch einen Hinweis bei der ersten Vernehmung gut nachgekommen werden. Da die erste Vernehmung in der Regel durch die Polizei erfolgen wird, sollte eine polizeiliche Hinweispflicht unabhängig von der Frage bestehen, ob der vernehmende Beamte ein Hilfsbeamter der Staatsanwaltschaft ist oder nicht. Dementsprechend finden sich auch sowohl auf nationaler als auch auf europäischer Ebene entsprechende Initiativen.

---

[291] Vgl. *Roxin*, Strafverfahrensrecht, § 10 Rn. 14.
[292] Vgl. *Beulke*, aaO, Rn. 101, 102.
[293] Vgl. *Beulke*, Strafprozessrecht, Rn. 106.
[294] Vgl. dazu bereits ausführlich oben 2.1.3. (S. 44 ff).
[295] Vgl. *Baumann*, u.a., AE-WGM, S. 67.

So hat der Rat der Europäischen Union am 15.03.2001 einen Rahmenbeschluss über die Stellung des Opfers im Strafverfahren angenommen[296], der in Art 4 I die Mitgliedstaaten verpflichtet, zu gewährleisten, dass Opfer im Strafverfahren von Anfang an, insbesondere ab dem Erstkontakt mit der Polizei, Zugang zu den für den Schutz ihrer Interessen maßgeblichen Informationen erhalten. Den Opfern soll vor allem dargelegt werden, welche Rechte sie nach Anzeigeerstattung haben, insbesondere welche Art von Unterstützung sie erhalten können und welche Anforderungen und Bedingungen an ihr Recht auf Entschädigung gestellt werden.[297] Demgemäß sieht Art 14 II i.V.m. I entsprechende Ausbildungsmaßnahmen in Bezug auf Opferkontakte vor.[298] Dieser Rahmenbeschluss wurde auf nationaler Ebene durch den Entwurf für ein Opferrechtsreformgesetz im Interesse des Opfers fortentwickelt.[299] Speziell in Bezug auf die vorliegende Untersuchung sieht Art. 1 Nr. 4 ORRG dafür eine Erweiterung des § 136 S. 4 StPO dahingehend vor, dass der Beschuldigte in geeigneten Fällen auch auf die Möglichkeit eines TOA hingewiesen werden soll. Dadurch soll sichergestellt werden, „dass der Beschuldigte frühzeitig mit der Möglichkeit des TOA bekannt gemacht wird."[300] Denn die Vorschrift, die unmittelbar nur für richterliche Vernehmungen gilt, findet über § 163a III, IV StPO auch auf Vernehmungen durch Polizei und Staatsanwaltschaft Anwendung. Soweit sich die Vorschrift an Staatsanwaltschaft und Gericht wende, ergänze sie § 155a StPO, was sowohl dem Interesse des konkreten Verletzten als auch dem Opferschutz im Allgemeinen diene.[301]

Nach dem Gesagten kann dieser Vorschlag nur nachdrücklich unterstützt werden. Denn dadurch wird ein Rückgriff auf die analoge Anwendung des § 155a StPO und somit die sinnlose Differenzierung zwischen Hilfsbeamten der Staatsanwaltschaft und den übrigen Polizeibeamten bei der Erteilung eines TOA-Hinweises entbehrlich. Die Bedenken, die der Strafrechtsausschuss des DAV[302] und der Bundesrat[303] in ihren Stellungnahmen zum Entwurf des ORRG äußern, können nicht geteilt werden. Danach bestehe bei einer Ausweitung des Hinweisgebots auf die Polizei „die Gefahr, dass ein entsprechender Hinweis

296 Rahmenbeschluss des Rates vom 15. März 2001 über die Stellung des Opfers im Strafverfahren, ABl. EG 2001, L 82, S. 1 ff.

297 Vgl. Art. 4 I b), d), g) des Rahmenbeschlusses, ABl. EG 2001, L 82, S. 2.

298 Vgl. Art. 14 I, II des Rahmenbeschlusses, ABl. EG 2001, L 82, S. 4.

299 Entwurf eines Gesetzes zur Verbesserung der Rechte von Verletzten im Strafverfahren (Opferrechtsreformgesetz), BT-Dr. 15/1976, S. 1.

300 BT-Dr. 15/1976, S. 10.

301 Ebda.

302 Vgl. die Stellungnahme des Strafrechtsausschusses des DAV zu Art. 1 Nr. 5 des Referentenentwurfes für ein Opferrechtsreformgesetz, BRAK, Rs-Nr. 179/2003, S. 5. (Art. 1 Nr. 5 des Referentenentwurfes entspricht Art. 1 Nr. 4 des derzeitigen Gesetzesentwurfes für ein Opferrechtsreformgesetz, BT-Dr. 15/1976).

303 Vgl. BT-Dr. 15/2536, S. 7.

vorschnell erteilt wird“[304] und der Beschuldigte deswegen „insbesondere bei der ersten Vernehmung sich in seiner Verteidigung nicht frei entscheiden kann, wie er sich dazu, aber auch im Hinblick auf seine Aussagefreiheit und das Recht, einen Verteidiger zu befragen, einrichten soll.“[305] Eine solche Einschränkung der Einlassungsfreiheit des Beschuldigten besteht gerade nicht, denn durch einen Hinweis auf die Vorteile eines TOA-Verfahrens werden seine Verteidigungsmöglichkeiten lediglich erweitert.[306]

Abschließend ist jedoch darauf hinzuweisen, dass der genannte Entwurf trotz aller Unterstützung noch in einem wesentlichen Punkt zu ergänzen ist. Konsequenterweise hat nämlich ein entsprechender TOA-Hinweis auch in den Fällen des § 163a I 2 StPO zu erfolgen, da insoweit eine Ungleichbehandlung zu den Beschuldigten, bei denen eine Vernehmung zwingend erforderlich ist, nicht geboten erscheint. Der Hinweis ist dann mit der Aufforderung zur schriftlichen Äußerung zu verbinden.[307] § 163a I StPO ist somit entsprechend zu ergänzen.

3.2.2. Möglichkeit der Nachholung der unterbliebenen Hinwirkung

Im vorliegenden Zusammenhang erscheint weiterhin problematisch, ob ein im Ermittlungsverfahren unterbliebener Hinweis zu einem späteren Zeitpunkt ohne revisionsrechtliche Konsequenzen[308] nachgeholt werden kann. Zwar statuiert § 155a StPO die Prüfungs- und Hinwirkungspflicht für alle Verfahrensstadien, beantwortet jedoch nicht die Frage, bis zu welchem Zeitpunkt ein Unterbleiben der Prüfung und Hinwirkung ohne revisionsrechtliche Konsequenzen bleibt. Der Wortlaut „in jedem Stadium des Verfahrens“ könnte dafür sprechen, solche bereits dann eintreten zu lassen, wenn bis zum Ende des Ermittlungsverfahrens mit der Prüfung und Hinwirkung noch nicht begonnen wurde. Dagegen spricht jedoch, dass die Revisibilität eines Verstoßes gegen § 155a 1, 2 StPO voraussetzt, dass ein TOA aufgrund der unzureichenden Hinwirkung unterblieben ist.[309] Ein solches Unterbleiben kann aber auch noch durch einen Hinweis bzw. das Hinwirken in der Hauptverhandlung verhindert werden. Der Gefahr, dass zu diesem Zeitpunkt die Interessen des Angeklagten aufgrund der in der Hauptverhandlung geltenden Verfahrensgrundsätze der Beschleunigung und der Konzentration zurückstehen müssen, kann durch einen Anspruch auf Aussetzung der Verhandlung zum Zwecke der Durchführung des TOA begegnet werden. Der Hinweis der TOA-Möglichkeit kann somit auch noch in der

---

[304] BT-Dr. 15/2536, S. 7.

[305] Stellungnahme des Strafrechtsausschusses des DAV zu Art. 1 Nr. 5 des Referentenentwurfes für ein Opferrechtsreformgesetz, BRAK, Rs-Nr. 179/2003, S. 5.

[306] Vgl. *Baumann*, u.a., AE-WGM, S. 67, 68.

[307] So auch *Baumann* u.a., AE-WGM, S. 68.

[308] Vgl. zu den revisionsrechtlichen Konsequenzen im Falle unzureichender Berücksichtigung des § 155a S. 2 StPO bereits ausführlich oben 1.1. (S. 22 ff).

[309] Vgl. dazu bereits ausführlich oben 1.1.4. b) (S. 27 f).

Hauptverhandlung durch das Gericht nachgeholt werden bzw. erstmalig erfolgen.

Das bestätigt auch ein Umkehrschluss aus den Vorschriften über das Privatklageverfahren. Dort ist allgemein anerkannt, dass die Klage zurückzuweisen ist, wenn ein Sühneversuch bis zum Zeitpunkt der Klageerhebung nicht stattgefunden hat.[310] Das Nachholen des Sühneversuchs wird wegen des klaren Wortlauts des § 380 I 1 StPO überwiegend[311] für nicht zulässig erachtet.[312] Der Wortlaut des § 155a StPO spricht jedoch gerade für das Gegenteil. Denn mit der Formulierung „in jedem Verfahrensstadium" wäre es nicht vereinbar, den TOA ganz zu unterlassen, sollte im Ermittlungsverfahren ein Hinweis unterblieben sein. Das wäre aber logische Konsequenz der Annahme, revisionsrechtliche Konsequenzen träten bereits dann ein, wenn die Prüfung bzw. Hinwirkung bis zum Ende des Ermittlungsverfahrens noch nicht begonnen habe.

Dieses Ergebnis wird zudem durch den Sinn und Zweck des TOA unterstützt. Denn die Wiederherstellung des Rechtsfriedens und eine Aufarbeitung der Tat durch eine einvernehmliche Regelung zwischen Täter und Opfer sind ohne weiteres auch noch nach Klageerhebung möglich.

3.3. Dokumentierung der Erfüllung der Prüfungs- und Hinwirkungspflicht

Es ist zwar keine Pflicht, in Anbetracht der revisionsrechtlichen Konsequenzen aber doch ratsam, die Erfüllung der Hinweispflicht durch die Staatsanwaltschaft aktenkundig zu machen. Die Aufnahme einer entsprechenden Vorschrift in die Richtlinien für das Strafverfahren und das Bußgeldverfahren (RiStBV) wird dringend empfohlen. Bei Erfüllung der Hinweispflicht erst in der Hauptverhandlung erscheint eine Protokollierung der Erfüllung der Hinweispflicht im Hauptverhandlungsprotokoll sinnvoll.[313]

4. § 155a S. 3 StPO

4.1. Anforderungen an den *ausdrücklichen* Willen des Verletzten

Gem. § 155a S. 3 StPO darf gegen den ausdrücklichen Willen des Verletzten die TOA-Geeignetheit eines Falles nicht angenommen werden. Die Beantwortung der Frage, welche Anforderungen an den ausdrücklichen Willen des Verletzten zu stellen sind, hat unter Berücksichtigung der für die Einführung des § 155a StPO maßgeblichen gesetzgeberischen Intention zu erfolgen, den TOA

---

[310] Vgl. KK-*Senge*, § 380 Rn. 4 m.w.N.; L/R-*Hilger*, § 380 Rn. 34.

[311] AA LG Bielefeld JR 1951, S. 695.

[312] Vgl. *Meyer-Goßner*, § 380 Rn. 10 m.w.N.; KK-*Senge*, § 380 Rn. 5 m.w.N.

[313] Vgl. *Weimer*, NStZ 2002, S. 351.

verfahrensrechtlich zu stärken.[314] Diese Intention zwingt dazu, die Vorschrift des § 155a StPO nicht zu eng auszulegen, um entsprechenden TOA-Bemühungen nicht den Boden zu entziehen.[315] Die bloße Weigerung des Verletzten, an einem TOA-Gespräch teilzunehmen oder die durch den Täter angebotenen Leistungen anzunehmen, kann somit alleine noch nicht ausreichen, um einen ausdrücklichen entgegenstehenden Willen des Täters zu dokumentieren. In beiden Fällen könnte dem Täter eine positive Bescheinigung über sein ernsthaftes Bemühen ausgestellt werden, ohne dass darin ein Gesetzesverstoß zu sehen wäre. Für die Annahme eines ausdrücklichen entgegenstehenden Willens wird man vielmehr eine Erklärung in den Strafakten verlangen müssen.[316]

Nur dadurch wird eine zu leichte Ausschlussmöglichkeit, die dem Konzept des TOA zuwiderlaufen würde, verhindert. Denn so bleibt in Fällen, in denen die Ablehnung des Verletzten möglicherweise nur latent vorhanden ist oder auf seinen unzureichenden Kenntnissen über den TOA und dessen Wirkungen basiert, die Möglichkeit bestehen, seine Motivation in professionellem Rahmen zu hinterfragen. Das erscheint insofern sinnvoll, als das Hinwirkungserfordernis des § 155a S. 2 StPO gerade die Tatsache berücksichtigt, dass die Möglichkeiten des TOA zumeist nicht ausreichend bekannt sind.[317] Der sich anfangs verwehrende Verletzte kann durchaus noch von einem Ausgleichsverfahren überzeugt werden, indem ihm Möglichkeiten und Folgen des TOA vor Augen geführt werden. Auch kann sich in einer Hinterfragung herausstellen, dass der Verletzte lediglich die persönliche Begegnung mit dem Täter vermeiden wollte, ein indirekter TOA durch Vermittlung eines Mediators aber durchaus möglich erscheint.

Ein zu Beginn des Verfahrens geäußerter entgegenstehender Wille des Verletzten sollte somit keinesfalls die gesamte TOA-Möglichkeit ausschließen. Auf der anderen Seite darf der Verletzte natürlich nicht gegen seinen Willen zum Ausgleich gedrängt werden[318], sollte sich im Rahmen einer professionellen Hinterfragung seine Abneigung bestätigen oder manifestieren. In solchen Fällen ist sein entgegenstehender Wille in den Strafakten zu dokumentieren. Eine Annahme der Eignung ist auch dann nicht möglich, wenn es aufgrund sachlicher Gründe zulässig erschiene.[319]

---

[314] Vgl. BT-Dr. 14/1928, S. 6, 8.
[315] Vgl. auch *Kilchling*, TOA Infodienst Nr. 12, S. 27.
[316] Vgl. *Schöch*, FS Roxin, S. 1063; aA L/R-*Beulke*, § 155a Rn. 13.
[317] Vgl. dazu bereits ausführlich oben 3.1.1. (S. 53 f).
[318] Vgl. *Kilchling*, TOA-Infodienst Nr. 12, S. 27.
[319] So aber *Busch*, NJW 2002, S. 1327.

4.2. Konsequenzen der Weigerung des Verletzten, an einem TOA teilzunehmen

Durch die ausdrückliche Äußerung seines entgegenstehenden Willens kann der Verletzte eine Hinwirkung der Strafverfolgungsbehörden auf den TOA verhindern, und zwar unabhängig von jeglicher ausschlaggebender Motivation. Denn nach dem Gesetz muss der Verletzte seine Ablehnung nicht begründen. Sie kann aus Rache oder jedem anderen Grund, ja sogar grundlos, erfolgen. Das ist nur konsequent, kann doch der Ausgleich, wenn sich das Opfer dagegen verwehrt, unabhängig von dessen Motivation nicht erfolgreich sein.[320] Auf der anderen Seite reichen jedoch sowohl gem. § 46a StGB als auch gem. § 153a I 2 Nr. 5 StPO bereits das ernsthafte Bemühen um einen TOA und das ernsthafte Erstreben einer Wiedergutmachung aus, um die entsprechenden Rechtsfolgen eintreten zu lassen. Somit stellt sich die Frage, ob Gericht oder Staatsanwaltschaft im Fall des § 155a S. 3 StPO den Täter wenigstens auf diese Möglichkeiten und darauf, was ein ernsthaftes Bemühen erfordert, hinweisen dürfen oder ob darin schon eine unzulässige Hinwirkung zu sehen ist. Letzteres wäre dann der Fall, wenn den Strafverfolgungsorganen jegliche auf Aussöhnung zwischen Verletztem und Beschuldigtem gerichtete Unternehmungen versagt würden, wofür wiederum dem Verletzten das Recht zustehen müsste, die gesamten für den Täter günstigen Rechtsfolgen des TOA auszuschließen.

Die Beantwortung dieser Frage hat durch Auslegung der Vorschrift des § 155a S. 3 StPO zu erfolgen. Dessen Einführung sollte sicherstellen, dass dem Opferwillen im Rahmen des TOA-Verfahrens ausreichend Rechnung getragen werden kann.[321] Dem Verletzten aber deswegen das Recht zuzugestehen, den TOA bzw. seine Rechtsfolgen gänzlich auszuschließen, erscheint aus zwei Gründen eine überzogen opferfreundliche Auslegung: Denn dadurch würde einerseits die Möglichkeit des § 46a Nr. 1 Alt 2 StGB leerlaufen, bereits dann Strafmilderung oder das Absehen von Strafe in Anspruch nehmen zu können, wenn ein ernsthaftes Bemühen gegeben ist. § 46a Nr. 1 Alt 2 StGB wurde jedoch gerade im Interesse des *Täters* geschaffen.[322] Andererseits ist zu berücksichtigen, dass der Täter durch sein ernsthaftes Bemühen um TOA und Wiedergutmachung bereits *seine* objektiv zur Wiederherstellung des Rechtsfriedens erforderliche Leistung erbringt.[323]

Danach käme man zu dem Ergebnis, dass der entgegenstehende Wille des Verletzten die Möglichkeit eines ernsthaften Bemühens durch den Täter nicht ausschließt. Dieses Ergebnis wird z.T. jedoch auf die Fälle beschränkt, in denen

[320] Vgl. BT-Dr. 14/1928, S. 8; KMR-*Plöd*, § 155a Rn. 3; L/R-*Beulke*, § 155a Rn. 12.
[321] Vgl. BT-Dr. 14/1928, S. 8; L/R-*Beulke*, § 155a Rn. 12; KMR-*Plöd*, § 155a Rn. 3.
[322] Vgl. BT-Dr. 12/6853, S. 21 ("Anreiz für den Täter"); BGH NJW 2001, S. 2557.
[323] Vgl. *Meier*, JuS 1996, S. 440.

der Verletzte seine Mitwirkung am TOA aus Gründen verweigert, die bei objektiver Wertung nicht billigenswert erscheinen. Anderenfalls sei selbst für ein Bemühen um einen TOA kein Raum mehr.[324] Denn sonst bestehe die Gefahr, dass das Opfer einem unangemessenen Versöhnungsdruck ausgesetzt würde. Auch sei § 46a StGB gerade kein einseitiges Instrument zur Privilegierung reuiger Täter. Zudem trete, wenn der Verletzte den TOA aus billigenswerten Motiven ablehne, die für § 46a StGB erforderliche Wiederherstellung des Rechtsfriedens durch das Bemühen des Täters nicht ein. Würde man ein entsprechendes Bemühen des Täters auch hier für ausreichend erachten, käme es somit zu einer unzulässigen Fiktion eines TOA.[325] Das erscheint jedoch aus mehreren Gründen überzogen: Zwar verbietet § 155a S. 3 StPO die Annahme der TOA-Eignung und somit richtigerweise auch die vorläufige Einstellung gem. § 153a I 2 Nr. 5 StPO gegen den ausdrücklichen Willen des Verletzten.[326] Ändert der Verletzte seine Meinung aber erst im Laufe des bereits angeordneten TOA-Verfahrens, steht das einer endgültigen Einstellung nach dem Willen des Gesetzgebers nicht entgegen. Zwar ist die Einstellung dann nicht aufgrund eines erfolgreichen TOA möglich, da ein solcher auch bei Widerspruch des Verletzten erst während des TOA-Verfahrens nicht angenommen werden kann. Vielmehr ist das entsprechende ernsthafte Bemühen des Täters maßgeblich, das gem. § 153a I 2 Nr. 5 StPO für die endgültige Einstellung ausreichen kann.[327] Daraus geht klar hervor, dass die Möglichkeit des ernsthaften Bemühens durch den entgegenstehenden Willen des Verletzten nicht ausgeschlossen wird.

Allein diese Auslegung wird auch dem Sinn und Zweck des § 155a S. 3 StPO gerecht, der auf der Annahme basiert, dass ein Ausgleich dann nicht erfolgreich sein kann, wenn sich der Verletzte dagegen verwehrt.[328] Als nicht erfolgversprechend erscheint nämlich nur ein TOA i.S.e. kommunikativen Prozesses zwischen Täter und Opfer. Erfolgreich bemühen kann sich der Täter dagegen auch gegen den Willen des Verletzten. Das ernsthafte Bemühen fällt damit aus dem „Schutzzweck“ des § 155a S. 3 StPO heraus und kann somit durch ihn auch nicht ausgeschlossen werden. Dieses Ergebnis wird auch durch einen historischen Vergleich bestätigt. Denn durch das am 1.4.1987 in Kraft getretene Opferschutzgesetz[329] wurde bereits lange vor der Einführung des § 155a StPO das Bemühen des Beschuldigten, „einen Ausgleich mit dem Verletzten zu erreichen“, als Strafzumessungsfaktor in § 46 II 2 StGB aufgenommen. Bereits dadurch sollte der besondere Stellenwert des TOA verdeutlicht werden und

---

[324] Vgl. *Schöch*, 50 Jahre BGH, S. 323.
[325] Vgl. *Schöch*, aaO.
[326] Vgl. BT-Dr. 14/2258, S. 4, 8; L/R-*Beulke*, § 155a Rn. 12.
[327] Vgl. BT-Dr. 14/2258, S. 10; L/R-*Beulke*, § 153a Rn. 62, § 155a Rn. 12.
[328] Vgl. BT-Dr. 14/1928, S. 8; KMR-*Plöd*, § 155a Rn. 3; L/R-*Beulke*, § 155a Rn. 12.
[329] 1. Gesetz zur Verbesserung der Stellung des Verletzten im Strafverfahren vom 18.12 1986, BGBl. I, S. 2496 ff; vgl. dazu bereits oben 1. Kapitel, II. (S. 17 f).

neben der Wiedergutmachung des materiellen Schadens auch das Bemühen, dem Verletzten auf andere Weise Genugtuung zu verschaffen, im Rahmen der Straf-zumessung berücksichtigt werden können.[330] Der durch das am 1.12.1994 in Kraft getretene Verbrechensbekämpfungsgesetz[331] eingefügte, speziell auf TOA und Wiedergutmachung als Strafzumessungsfaktor ausgerichtete § 46a StGB lässt in seiner Nr. 1[332] ebenfalls das ernsthafte Bemühen um einen TOA ausreichen. Aus der Gesetzesbegründung[333] des § 155a S. 3 StPO geht kein Hinweis hervor, dass sich daran etwas ändern sollte.

Dem Täter steht es also auch bei Weigerung des Opfers offen, sich um einen TOA zu bemühen und so die Folgen zumindest des § 46a StGB (i.V.m. § 153b I, II StPO) in Anspruch zu nehmen. Das setzt allerdings voraus, dass ihm diese Möglichkeit auch bekannt ist, wovon insbesondere bei nicht anwaltlich vertretenen Ersttätern nicht ausgegangen werden kann.[334] Solchen Tätern die o.g. Einstellungs- und Strafmilderungsmöglichkeiten zu entziehen, erscheint aber nicht haltbar. Vielmehr müssen Gericht und Staatsanwaltschaft in solchen Fällen unterstützend tätig werden und den Beschuldigten bzw. Angeklagten auf die genannten Möglichkeiten hinweisen. Denn außerhalb der gesetzlich geregelten Pflichten obliegt dem Gericht eine umfassende Fürsorgepflicht. Sie ist eine der wichtigsten Ausprägungen des Grundsatzes auf ein faires Verfahren und stellt für den Angeklagten das wichtigste Korrelat zum Untersuchungsgrundsatz dar.[335] Sie verpflichtet das Gericht, den Angeklagten über seine Rechte und prozessualen Möglichkeiten aufzuklären.[336] Des Weiteren ist ihm auf Anfrage mitzuteilen, was für ein ernsthaftes Bemühen erforderlich ist.

4.3. Konsequenzen des Verstoßes gegen § 155a S. 3 StPO und die Verteidigungsfreiheit des Beschuldigten

Zu klären bleiben noch die Konsequenzen eines Verstoßes gegen § 155a S. 3 StPO. Hier stellt sich die Situation anders dar als im Fall eines Verstoßes gegen die Prüfungs- und Hinwirkungspflicht des § 155a S. 1, 2 StPO.[337] Denn eine Revision ist gem. §§ 333, 335 StPO nur gegen Urteile statthaft.[338] Die Einstel-

[330] Vgl. *Tröndle/Fischer*, § 46 Rn. 47.
[331] Gesetz zur Änderung des Strafgesetzbuches, der Strafprozeßordnung und anderer Gesetze (Verbrechensbekämpfungsgesetz) vom 28.10.1994, BGBl. I, S. 3186 ff; vgl. dazu bereits ausführlich oben 1. Kapitel, II. (S. 18).
[332] Vgl. zum ernsthaften Bemühen i.R.d. § 46a Nr. 2 StGB bereits ausführlich oben 1.2.2. b) cc) (S. 37).
[333] Vgl. BT-Dr. 14/1928, S. 8.
[334] Ebda.
[335] Vgl. *Roxin*, Strafverfahrensrecht, § 42 Rn. 23.
[336] Vgl. *Meyer-Goßner*, Einl. Rn. 157.
[337] Vgl. dazu bereits ausführlich oben, 1.1. (S. 22 ff).
[338] Vgl. *Meyer-Goßner*, § 333 Rn. 1; *Beulke*, Strafprozessrecht, Rn. 559.

lung des Verfahrens gem. § 153a StPO erfolgt jedoch gerade nicht durch Urteil.[339] Insoweit kann im Wesentlichen auf die Ausführungen zur Anwendung bzw. Nichtanwendung des § 153a I 2 Nr. 5, II StPO verwiesen werden.[340]

Im Besonderen stellt sich hier lediglich die Frage, ob der Verletzte *selbst* ein auf einem Verstoß gegen § 155a S. 3 StPO beruhendes Urteil anfechten kann. Das ist jedoch zu verneinen, da dem Verletzten Rechtsmittelbefugnisse nur als Privat- oder Nebenkläger zustehen, §§ 390, 401 StPO. Für den Nebenkläger verhindert jedoch bereits § 400 I StPO die Anfechtung eines Urteils aufgrund der Sachrüge der Verletzung der §§ 46, 46a, 49 StGB. Aber auch für den Privatkläger gilt im Ergebnis nichts anderes. Ist noch das staatsanwaltschaftliche Ermittlungsverfahren anhängig, existiert auch bei Privatklagedelikten noch kein Privatkläger. Verweist die Staatsanwaltschaft dagegen auf den Privatklageweg, kommt ein revisibler Verstoß gegen § 155a S. 3 StPO deshalb nicht in Betracht, weil § 153a I 2 Nr. 5 StPO dort keine Anwendung findet.[341] Wird das Verfahren nach einem Verstoß gegen § 155a S. 3 StPO aufgrund „ernsthaften Bemühens" gem. § 46a StGB zu Recht eingestellt, beruht das Urteil nicht auf dem Verstoß gegen § 155a S. 3 StPO, sondern auf der korrekten Anwendung des § 46a StGB. Ein revisibler Gesetzesverstoß erscheint im Privatklageverfahren im vorliegenden Zusammenhang nur dahingehend denkbar, dass fälschlicherweise das Vorliegen eines „ernsthaften Bemühens" i.S.d. § 46a StGB bejaht wird. Dann kann der Privatkläger zwar den Strafausspruch[342] mit der Revision angreifen, § 390 I 1 StPO, jedoch beruht das Urteil nicht auf einem Verstoß gegen § 155a S. 3 StPO, sondern gegen § 46a StGB.

Mit § 155a S. 3 StPO korrespondiert die Verteidigungsfreiheit des Beschuldigten. Diese hat zur Konsequenz, dass sein Bestreiten der Tat ernst genommen werden muss und nicht durch ein TOA-Angebot unterlaufen werden darf.[343] Wird das Verfahren dennoch vorläufig eingestellt, ist der Täter aber dadurch nicht beschwert.[344]

---

339 Vgl. dazu bereits ausführlich oben 1.2.1. a) (S. 28 ff).
340 Ebda.
341 Vgl. L/R-*Beulke*, § 153a Rn. 18.
342 Vgl. dazu bereits ausführlich oben 1.2.2. (S. 33 ff).
343 Vgl. dazu bereits ausführlich oben 2.1.2. (S. 42).
344 Vgl. dazu bereits oben 1.2.1. a) aa) (S. 29 f).

5. Bei der Überweisung an die TOA-Stelle zu beachtende Grundsätze
5.1. Verbot des Zwangs zur Selbstbezichtigung

Aus dem allgemeinen Prinzip, dass der Rechtsstaat die Würde des Menschen zu respektieren hat, wird der ungeschriebene, aber von §§ 55, 136 StPO ersichtlich vorausgesetzte Grundsatz abgeleitet, dass niemand aktiv zu seiner eigenen Überführung wegen einer Straftat mitwirken muss.[345] Fraglich erscheint, ob es damit zu vereinbaren ist, dass vom Beschuldigten für die Annahme eines erfolgreichen TOA ein Geständnis verlangt wird. Explizit ist ein solches zwar nur im JGG (§ 47 I Nr. 3 JGG) erforderlich, wird jedoch in der neuesten Rechtsprechung auch im Erwachsenenstrafrecht gefordert.[346] Ein solches Verlangen ist im Hinblick auf § 136a StPO durchaus zweifelhaft, denn ob angesichts des drohenden Strafverfahrens im Fall des Nichtgestehens noch von einem „freiwilligen" Geständnis ausgegangen werden kann, ist fraglich. Freiwilligkeit wird man jedoch deshalb noch bejahen können, weil § 136a StPO, der u.a. auch auf dem nemo-tenetur-Grundsatz beruht, für ihren Ausschluss die Möglichkeit der *objektiven* Einschränkung des Verhaltensspielraums des Beschuldigten verlangt.[347] Jedoch kann man in dem Verlangen des Geständnisses eine Drohung sehen, denn wenn Richter oder Staatsanwaltschaft Maßnahmen nach § 153a StPO ins Auge fassen, bringen sie damit zum Ausdruck, dass sie weitere Maßnahmen für nicht erforderlich erachten. Gerade mit solchen Maßnahmen wird dann aber für den Fall des Nichtgestehens gedroht. Eine Rechtfertigung bestünde nur dann, wenn ein Geständnis für den TOA unbedingt erforderlich wäre. Das wird zwar in der Literatur des Öfteren bejaht[348], wurde jedoch von verschiedensten Erfahrungsberichten bereits erfolgreich widerlegt.[349] Insofern kann ein Geständnis für die Annahme eines erfolgreichen TOA nicht verlangt werden.[350]

---

[345] Vgl. *Meyer-Goßner*, Einl. Rn. 29a; BVerfGE 56, S. 43 ff; 38, S. 113; *Beulke*, Strafprozessrecht, Rn. 125.

[346] Vgl. BGH NJW 2003, S. 1466.

[347] Vgl. SK-*Rogall*, § 136a Rn. 25; *Weigend*, Fragen der Rechtsstaatlichkeit beim TOA, S. 52.

[348] Vgl. z.B. *Schreckling/Pieplow*, ZRP 1989, S. 10 ff.

[349] Vgl. *Zwinger*, Bedingungen erfolgreicher Konfliktschlichtung, S. 135, 136; *Schmitz*, Anforderungen an Handeln und Qualifikation von VermittlerInnen, S. 178 ff; *Viet*, Möglichkeiten und Grenzen des Täter-Opfer-Ausgleichs, S. 528 ff.

[350] So auch L/R-*Beulke*, § 155a Rn. 5; *Weigend*, Fragen der Rechtsstaatlichkeit beim TOA, S. 52 f.

5.2. Unschuldsvermutung, Art. 6 Abs. 2 EMRK

Die spezifischen rechtlichen Wirkungen der Unschuldsvermutung sind zwar bis heute weitgehend offen und ungeklärt.[351] Das BVerfG hat jedoch eine Konkretisierung dahingehend vorgenommen, dass niemand von einem staatlichen Organ als schuldig bezeichnet werden darf, bis seine Schuld gerichtlich festgestellt ist[352], und dass ohne Schuldspruch keine strafähnlichen Maßnahmen verhängt werden dürfen, wie sie üblicherweise nur Schuldigen auferlegt werden.[353] Dass der TOA eine strafähnliche Maßnahme darstellt, kann nicht deshalb geleugnet werden, weil das Zivilrecht für die Wiedergutmachung einen alternativen Rechtsgrund anbietet.[354] Denn die Wiedergutmachung zum gehört zum festen Bestandteil des juristischen Sanktionsarsenals.[355] Zudem könnte im Hinwirken auf den TOA ein konkludenter Schuldvorwurf gesehen werden. Denn ein Verfahren kann nicht mehr nach den Vorschriften des § 153a StPO eingestellt werden, wenn kein Tatverdacht gegen den Beschuldigten (mehr) besteht[356], so dass jeder Kundige aus einer Einstellung gem. § 153a StPO den Schluss des Schuldvorwurfs ziehen könnte. Dementsprechend werden bei der Überweisung des TOA an eine Ausgleichsstelle Bedenken in Bezug auf die Unschuldsvermutung geäußert.[357]

Jedoch ist nach verbreiteter und richtiger Auffassung[358] mit der Einstellung nach § 153a I StPO gerade keine Schuldfeststellung verbunden, was auch vom BVerfG mehrfach festgestellt wurde.[359] Denn ein förmlicher Schuldnachweis durch ein Gericht liegt nicht vor[360], vielmehr geht die Initiative zur Einstellung zumeist von der Staatsanwaltschaft aus, eine eventuell erforderliche Zustimmung der Gerichte erfolgt meist nach bloßer Schlüssigkeitsprüfung.[361] Die Gegenansicht geht davon aus, dass der Einstellungsbeschluss sehr wohl eine

---

[351] Vgl. zum Versuch grundsätzlicher Klärung *Krauß*, Der Grundsatz der Unschuldsvermutung im Strafverfahren, S. 153 ff; *Kühl*, Unschuldsvermutung, Freispruch und Einstellung, S. 9 ff.

[352] Vgl.BVerfGE 74, S. 373 f; 82, S. 116 f.

[353] Vgl.BVerfGE 19, S. 342; 74, S. 371.

[354] Vgl. zum Verhältnis der strafrechtlichen Wiedergutmachung zum zivilrechtlichen Schadensersatz bereits ausführlich oben, 1. Kapitel, I. 3. (S. 9 ff).

[355] Vgl. *Meier*, GA 1999, S. 16 ff; L/R-*Beulke*, § 153a Rn. 8, 9; *Meyer-Goßner*, § 153a Rn. 12; *Weigend*, ZStW 109 (1997), S. 106; *Fezer*, ZStW 106 (1994), S. 32.

[356] Vgl. L/R-*Beulke*, § 153 Rn. 35.

[357] So vor allem *Kuhlen*, Diversion im Jugendstrafverfahren, S. 33, 40.

[358] Vgl. *Fezer*, ZStW 106 (1994), S. 33; *Hirsch*, ZStW 92 (1980), S. 232 f; *Paulus*, FS Spendel, S. 697; *Dencker*, JZ 1973, S. 150; aA vor allem *Kuhlen*, aaO, S. 33, 40; *Kühl*, Unschuldsvermutung, Freispruch und Einstellung, S. 21.

[359] Vgl. BVerfGE 74, S. 373; 82, S. 116 f; BVerfG NJW 1987, S. 2427.

[360] Vgl. *Ebert*, Hilfe für Verbrechensopfer, S. 250.

[361] Vgl. *Bruns*, GS Kaufmann, S. 872; *Stuckenberg*, Untersuchungen zur Unschuldsvermutung, S. 567.

Schuldfeststellung enthalte, da sonst eine unzulässige Verdachtsstrafe vorläge.[362] Dabei verkennt sie jedoch, dass das Gesetz für eine Einstellung nach § 153a StPO die Zustimmung des Beschuldigten bzw. Angeklagten fordert.[363] In dieser Zustimmung kann entgegen Stuckenberg[364] gerade kein Schuldeingeständnis gesehen werden[365], da sie vom Beschuldigte aus der Zwangslage heraus gegeben wird, sich zwischen der Sanktion des § 153a StPO und einer Hauptverhandlung mit ungewissem Ausgang[366] entscheiden zu müssen, so dass in der Entscheidung für das vermeintlich kleinere Übel des TOA die Schuld gerade nicht eingeräumt wird.[367] Der i.R.v. § 153a I 2 Nr. 5 StPO angeordnete TOA erweist sich somit als mit der Unschuldsvermutung vereinbar.

6. Im TOA-Verfahren zu beachtende Grundsätze

Der aus dem Rechtsstaatsprinzip abgeleitete fair-trial-Grundsatz garantiert dem Bürger in jedem staatlichen Verfahren gewisse Beteiligungsrechte und die Aussicht auf eine gerechte Entscheidung.[368] Die Antwort auf die Frage, ob diese Garantien auch im TOA-Verfahren gelten, muss differenzierend ausfallen. Denn unmittelbar werden durch das Rechtsstaatsprinzip nur staatliche Einrichtungen gebunden, weshalb private Vermittlungen ohne Zusammenhang mit einem Strafverfahren eigenen Regeln folgen können. Das gilt jedoch nicht für die Fälle, in denen der Vermittlungsversuch als ausgelagerter Teil eines Strafverfahrens konzipiert ist, was man immer dann annehmen muss, wenn die Weiterführung des Strafverfahrens unmittelbar vom Erfolg der Wiedergutmachung abhängt.[369] Denn dann muss dem Beschuldigten eine faire Chance gegeben werden, den Wiedergutmachungserfolg zu seinen Gunsten zu beeinflussen. Für den Fall des § 153a I 2 Nr. 5 StPO wird dem jedoch bereits dadurch Rechnung getragen, dass dort nicht das Resultat der Wiedergutmachung, sondern die entsprechenden Wiedergutmachungsbemühungen des Täters den Maßstab bilden. Sollte eine einseitige Begünstigung des Verletzten im Vermittlungsverfahren die Bemühungen des Täters zunichte machen, kann er die Einstellung noch durch den Hinweis auf sein Bemühen erreichen. Dennoch sollte auch hier der fair-trial-Grundsatz als Leitbild herangezogen werden, da so die besten Voraussetzungen für das Gelingen des TOA geschaffen werden.

---

[362] Vgl. *Stuckenberg*, aaO, S. 566.
[363] Vgl. *Weigend*, ZStW 109 (1997), S. 109; *Ebert*, Hilfe für Verbrechensopfer, S. 251.
[364] Vgl. *Stuckenberg*, aaO.
[365] Vgl. *Hirsch*, ZStW 92 (1980), S. 232.
[366] Vgl. *Fezer*, ZStW 106 (1994), S. 34; *Bruns*, aaO, S. 872.
[367] Vgl. BVerfG NJW 1991, S. 1530 f; *Fezer*, aaO, S. 30.
[368] Vgl. BGHSt 26, S. 4; BVerfGE 38, S. 110.
[369] Vgl. *Baumann* u.a., AE-WGM, S. 55.

7. Übermittlung erforderlicher Informationen an die Schlichtungsstelle, § 155b I StPO

Sollten Staatsanwaltschaft oder Gericht die Vermittlung zwischen Täter und Opfer nicht selbst vornehmen, können sie mit der Durchführung des TOA eine geeignete Schlichtungsstelle beauftragen, die sowohl öffentlich als auch nichtöffentlich sein kann, § 155b III StPO. Die Überweisung des Verfahrens an eine solche Stelle macht es erforderlich, ihr die zur Durchführung des TOA notwendigen Informationen zukommen zu lassen. Zu diesem Zweck wurde die StPO um §155b StPO erweitert, der zur Ausräumung bisheriger datenschutzrechtlicher Bedenken eingeführt wurde[370] und nun die Kooperation zwischen Strafverfolgungsbehörden und TOA-Ausgleichsstellen explizit regelt.

7.1. Begriff der Datenübermittlung

Vor der Einführung des § 155b StPO war insbesondere streitig, ob §§ 15, 16 BDSG die Übermittlung von Daten an nicht-öffentliche Stellen gestatteten. Inzwischen erlaubt § 155b I StPO die Übermittlung personenbezogener Daten an die mit dem TOA beauftragte Stelle durch schriftliche (oder mündliche) Auskunftserteilung[371] oder, unter bestimmten Voraussetzungen, durch Übersendung der Ermittlungsakten.[372] Für letztere enthält § 155b I 2 StPO zusätzliche („auch") Möglichkeiten. Nun könnte man umgekehrt fragen, ob diese Erlaubnis nur für die Übersendung an nicht-öffentlichen Stellen gilt, denn § 155a StPO spricht von Daten*übermittlung*. Bei der Beauftragung öffentlicher Stellen ist jedoch zweifelhaft, ob überhaupt eine Datenübermittlung vorliegt[373] oder nicht vielmehr eine bloße Datennutzung i.S.d. § 3 V BDSG.[374] Denn als öffentliche Stelle wird mit dem TOA die Gerichtshilfe beauftragt, die organisatorisch einem Gericht oder einer Staatsanwaltschaft zugeordnet ist[375], so dass mit deren Beauftragung ein behördeninterner Vorgang vorliegt.[376] Jedoch könnte man im Umkehrschluss aus den besonderen Regelungen für nicht-öffentliche Stellen in § 153b I 3, III StPO folgern, dass die Vorschrift grundsätzlich für öffentliche und nicht-öffentliche Stellen Geltung beansprucht.

---

[370] Vgl.BT-Dr. 14/1928, S. 8 f.
[371] Vgl.BR-Dr. 325/99, S. 11.
[372] Vgl. BR-Dr. 325/99, S. 11; *Busch*, NJW 2002, S. 1326.
[373] Vgl. *Busch*, JR 2003, S. 94.
[374] Vgl. *Gola/Schomerus*, BDSG, § 15 Rn. 31.
[375] Vgl. KK-*Wache*, § 160 Rn. 32; L/R-*Rieß*, § 160 Rn. 77.
[376] Vgl. *Gross/Fünfsinn*, NStZ 1992, S. 109.

7.2. Teleologische Reduktion des § 155b I 1, 2 StPO

Eine solche Auslegung - und somit uneingeschränkte Anwendung des § 155b StPO auf alle beauftragten Ausgleichsstellen - würde jedoch der gesetzgeberischen Intention zuwiderlaufen, neben §§ 153a I 2 Nr. 5, 155a StPO auch mit § 155b StPO dazu beizutragen, dass das vorhandene Anwendungspotential des TOA künftig stärker ausgeschöpft wird.[377] Denn die Erfordernisse des § 155b StPO stellen praktische Erschwerungen dar, die Praxis bevorzugt aber weniger aufwendige Erledigungsformen.[378] Dieser misslichen Situation kann jedoch durch eine teleologische Reduktion des § 155b I StPO vorgebeugt werden.

Die Zulässigkeit einer teleologischen Reduktion ergibt sich aus folgenden Erwägungen: Gem. § 160 III 2 StPO kann sich die Staatsanwaltschaft der Gerichtshilfe bedienen, um die für die Bestimmung der Rechtsfolgen der Tat erforderlichen Umstände zu ermitteln. Dazu zählen auch die Umstände, die für §§ 153, 153a StPO von Bedeutung sind, insbesondere auch die Einstellung des Opfers zu einem TOA.[379] Zu diesem Zweck dürfen der Gerichtshilfe Daten übermittelt werden. Das ist datenschutzrechtlich unproblematisch, wenn die Gerichtshilfe derselben Staatsanwaltschaft zugeordnet ist, da sich dann am Verwertungszweck der Daten nichts ändert.[380] Wird ein externer Gerichtshelfer[381] beauftragt, berechtigt ihn § 160 III 2 StPO zu seiner hierzu notwendigen Grundinformation[382], die naturgemäß auf personenbezogenen Daten beruht. Damit ist die Durchschrift der Anklageschrift gedeckt, aber wohl auch die Zuleitung ganzer Akten, wenn eine solche nach einer bewussten datenschutzrechtlichen Abwägung geboten erscheint. Denn zum einen kann sich aus dem gesamten Aktenvorgang mittelbares Hintergrundwissen ergeben, das die erbetenen Ermittlungen fördern und qualitativ verbessern kann. Zum anderen ist der Aufklärungsauftrag in § 160 III 1 StPO auch weit auszulegen. Soll jetzt eine Übermittlung zum Zwecke des TOA, der ja auch eine rechtsfolgenrelevante Tatsache darstellt, § 153a I 2 Nr. 5 StPO, §§ 46a StGB, 153b StPO, nur unter erschwerten Voraussetzungen möglich sein?

Eine Antwort ist über den Sinn und Zweck des § 155b StPO zu finden: § 155b StPO wurde geschaffen, da den nicht-öffentlichen Ausgleichsstellen die Zweckbindung der Daten „nicht immer bekannt sein wird“[383] und sie keinen

[377] Vgl. BT-Dr. 14/1928, S. 6.

[378] Vgl. *Loos/Radtke*, NStZ 1996, S. 12; *Dähn*, FS Baumann, S. 349, 357, 359.

[379] Vgl. *Groß/Fünfsinn*, NStZ 1992, S. 110.

[380] Vgl. *Groß/Fünfsinn*, NStZ 1992, S. 109.

[381] Gemeint sind sowohl Gerichtshelfer einer anderen Staatsanwaltschaft als auch Gerichtshelfer, die einem anderen Ressort angehören (z.B. einer Behörde der Sozialverwaltung); die Jugendgerichtshilfe ist gem. § 38 JGG immer bei der Sozialbehörde angesiedelt.

[382] Vgl. LR-*Rieß*, § 160 Rn 79 ff.

[383] BT-Dr. 14/1928, S. 9.

besonderen Geheimhaltungspflichten unterliegen.[384] Diese Bedenken treffen indes auf öffentliche Ausgleichsstellen nicht zu, egal wem sie organisatorisch zugeordnet sind. Daher sollte man die Aktenübermittlung an öffentliche Stellen in einer teleologischen Reduktion des § 155b I 1, 2 StPO stets als zulässig erachten. Nur eine solche Auslegung hält auch einem Vergleich mit § 475 StPO statt, der die gleiche Wertung enthält.[385] Gem. § 475 II StPO kann einem Rechtsanwalt Akten*einsicht*, gem. § 475 IV StPO einer Privatperson lediglich Akten*auskunft* erteilt werden. Denn dem Rechtsanwalt obliegen Geheimhaltungspflichten, vgl. § 43a II BRAO, §§ 133 I, 203 I Nr. 3 StPO, denen eine Privatperson nicht unterliegt.

8. Erhebung, Verarbeitung und Nutzung von Daten durch die beauftragte Stelle, § 155b II StPO

8.1. Erweiterte Anwendbarkeit des § 155b II 1 StPO

Die Verarbeitung oder Nutzung der von der Staatsanwaltschaft oder dem Gericht übermittelten personenbezogenen Informationen ist gem. § 155b II 1 StPO nur zulässig, soweit „schutzwürdige Interessen der Betroffenen nicht entgegenstehen“. Dieses Erfordernis soll nach Teilen der Literatur auch für die Fälle des § 155b II 2 StPO gelten.[386] Denn § 155b StPO verfolge insgesamt den Zweck, die Verarbeitung und Nutzung von Informationen dann zu verbieten, wenn deren Verwendung zu einer Beeinträchtigung der Interessen des Betroffenen[387] führen würde. Eine solche Beeinträchtigung sei jedoch unabhängig von der Frage möglich, ob die Daten von der Staatsanwaltschaft oder dem Gericht weitergegeben oder von der Ausgleichsstelle selbst erhoben worden sind.[388] Dem kann jedoch zum einen der Gesetzeswortlaut, vor allem aber die Tatsache entgegengehalten werden, dass die Interessen der Betroffenen im Fall des § 155b II 2 StPO bereits ausreichend durch das dort statuierte Einwilligungserfordernis geschützt sind.[389]

---

[384] Vgl. *Busch*, JR 2003, S. 95 m.w.N.

[385] Ebda.

[386] Vgl. insbesondere *Busch*, NJW 2002, S. 1327.

[387] Dazu zählen die Privat-, Intim- oder Vertraulichkeitssphäre als Synonyme für das „Recht auf informationelle Selbstbestimmung“ (vgl. BVerfGE 65, S. 41 f), aber auch sonstige mit der Verarbeitung oder Nutzung der Daten verbundene wirtschaftliche oder berufliche Nachteile (vgl. Simitis-*Simitis*, § 28 Rn. 146 f, 162 f).

[388] Vgl. *Busch*, NJW 2002, S. 1327.

[389] Vgl. L/R-*Beulke*, § 155b Rn. 10.

8.2. Anforderungen an die gem. § 155b II 2 StPO erforderliche Einwilligung

Anders als die Übermittlung der Informationen an die beauftragte oder noch zu beauftragende[390] Ausgleichsstelle, die keiner Einwilligung der Betroffenen bedarf[391], ist für die Erhebung, Verarbeitung und Nutzung personenbezogener Daten durch die beauftragte Stelle selbst eine solche Einwilligung erforderlich, § 155b II 2 StPO.[392] Eine solche Erhebung erst durch die beauftragte Stelle kann erforderlich sein, wenn ohne zusätzliche Informationen eine aufgabengerechte Durchführung des TOA nicht möglich wäre. Der Wortlaut des § 155b II 2 StPO fordert insoweit die Einwilligung *des* Betroffenen, womit trotz der Formulierung im Singular sowohl Täter als auch Opfer gemeint sind.[393] Darüber sind beide in entsprechender Anwendung des § 136 I 2 StPO zu belehren.[394]

Keine Auskunft gibt das Gesetz darüber, ob an die Einwilligung spezielle Anforderungen zu stellen sind, weshalb solche z.T. auch abgelehnt werden.[395] Dem kann jedoch nicht pauschal zugestimmt werden. Denn der Gesetzgeber hat zwar die Regelung des § 155b StPO bewusst allgemein gehalten und „von detaillierten verfahrenstechnischen Vorgaben"[396] abgesehen, um Raum für landesrechtliche Regelungen zu lassen.[397] Soweit solche allerdings zum TOA überhaupt existieren[398], beschränken sie sich darauf, ihrerseits auf § 155b StPO zurückzuverweisen[399], was im Ergebnis zum Fehlen einer Regelung führt. Eine solche Lücke, die ohnehin mehr als zweifelhaft erscheint, war durch den Gesetzgeber keineswegs gewollt[400] und ist deswegen zu schließen. Dabei ist auf das BDSG zurückzugreifen.[401] Es ist nämlich zu beachten, dass § 155b StPO

---

390 Vgl. BR-Dr. 325/99, S. 4 f.

391 Vgl. *Werner*, StraFo 1999, S. 190.

392 Vgl. zur Rechtslage vor In-Kraft-Treten des Gesetzes zur strafverfahrensrechtlichen Verankerung des TOA, S. 64 f; *Wegener*, Der Täter-Opfer-Ausgleich in Sachsen-Anhalt, S. 187.

393 Vgl. L/R-*Beulke*, § 155b Rn. 8; *Meyer-Goßner*, § 155b Rn. 4; deshalb wurde im Gesetzgebungsverfahren vom Bundesrat auch für die Formulierung „Betroffenen" plädiert (vgl. BT-Dr. 14/1928, S. 11), was jedoch von der Bundesregierung aufgrund eines Vergleiches mit dem BDSG abgelehnt wurde (vgl. BT-Dr. 14/ 1928, S. 14).

394 Vgl. *Meyer-Goßner*, § 155b Rn. 4.

395 Vgl. L/R-*Beulke*, § 155b Rn. 9.

396 BT-Dr. 14/1928, S. 6.

397 Vgl. BR-Dr. 325/99, S. 6.

398 Niedersachsen: Richtlinie für den Täter-Opfer-Ausgleich im allgemeinen Strafrecht (TOA-Richtlinie), NdsRpfl 2000, 95; Nordrhein-Westfalen: Förderung des Täter-Opfer-Ausgleichs bei Erwachsenen, JMBlNRW 2000, S. 158; weitere Nachweise bei *Tolmein*, ZRP 1999, S. 409; *Werner*, StraFo 1999, S. 190; *Busch*, NJW 2002, S. 1326.

399 Vgl. *Tolmein*, aaO; *Busch*, aaO.

400 Vgl. BR-Dr. 325/99, S. 6; *Tolmein*, aaO; *Busch*, aaO, S. 1327.

401 so auch *Busch*, JR 2003, S. 96.

grundsätzlich an die Regelungen des BDSG angepasst wurde. Das geht aus den Bemühungen des Gesetzgebers hervor, die Vorschrift so zu formulieren, dass etwaige Auslegungsschwierigkeiten und Umkehrschlüsse zum BDSG vermieden werden, weshalb insbesondere § 155b II 2 STPO im Singular von dem Betroffenen spricht[402], obwohl - wie gesehen - sowohl Täter als auch Opfer gemeint sind.[403] Zudem ergibt sich aus einem Umkehrschluss aus § 155b III StPO, der die §§ 27 - 38a BDSG für den Fall der Beauftragung einer nichtöffentlichen Stelle über seinen eigentlichen Anwendungsbereich hinaus („auch dann“) für anwendbar erklärt, dass das BDSG grundsätzlich anzuwenden ist.

Gem. § 4a I 3 BDSG bedarf die Einwilligung des Betroffenen in die Erhebung, Verarbeitung und Nutzung personenbezogener Daten grundsätzlich der Schriftform, wenn nicht wegen besonderer Umstände eine andere Form angemessen ist. Dementsprechend ist die Schriftform der Einwilligung auch für § 155b StPO erforderlich, sofern nicht vom Vorliegen entsprechender besonderer Umstände ausgegangen werden kann. Ob letzteres der Fall ist, ist durch Auslegung des § 4a I 3 BDSG unter Berücksichtigung der dem § 155b StPO - dessen Regelungslücke ja durch Rückgriff auf das BDSG geschlossen werden soll - zugrunde liegenden Intention zu beurteilen. Der Gesetzgeber erhofft sich insoweit eine „erhebliche Förderung des Täter-Opfer-Ausgleichs“[404]. Einer solchen Förderung könnte das Schriftformerfordernis insofern entgegenstehen, als es einen zusätzlichen Aufwand bedeutet, die Praxis jedoch - wie erwähnt - weniger aufwendige Erledigungsformen bevorzugt.[405] Dieser Nachteil könnte jedoch von den aus dem Schriftformerfordernis resultierenden Vorteilen überwogen werden. Denn ein erfolgreicher TOA erfordert insbesondere auch Kooperationsbereitschaft der Beteiligten und die Verlässlichkeit ihrer Angaben, Faktoren, die durch ein Schriftformerfordernis entgegen mancher Befürchtungen[406] nicht verringert, sondern erheblich gesteigert werden. Denn sie erfordern ihrerseits wieder die ausreichende Berücksichtigung der schutzwürdigen Interessen der Betroffenen.

Gerade eine solche Berücksichtigung wird aber durch das Schriftformerfordernis verstärkt.[407] Bereits durch das erneute Einwilligungserfordernis vor Verarbeitung oder Nutzung bereits erhobener Daten, § 155b II 2 StPO, ist nämlich eine erhebliche Förderung des TOA zu erwarten, da sich der Beteiligte so der beauftragten Stelle - zumindest schon einmal zum Zwecke der Datenerhebung -

---

[402] Vgl. BT-Dr. 14/1928, S. 14.

[403] Vgl. L/R-*Beulke*, § 155b Rn. 8; *Meyer-Goßner*, § 155b Rn. 4.

[404] BT-Dr. 14/1928, S. 9.

[405] Vgl. *Loos/Radtke*, NStZ 1996, S. 12; *Dähn*, FS Baumann, S. 349, 357, 359.

[406] Vgl. *Wegener*, Der Täter-Opfer-Ausgleich in Sachsen-Anhalt, S. 187.

[407] Vgl. Simitis-*Simitis*, § 4 Rn. 35 ff.

leichter offenbaren wird.[408] Dieser Effekt wird noch weiter gefördert, wenn für die Einwilligung die Schriftform erforderlich ist, da sich der Betroffene die Folgen einer Datenpreisgabe in Ruhe überlegen kann, was die Chance der erfolgreichen Nutzung schließlich preisgegebener Daten entsprechend erhöht. Denn so wird einer vorschnellen und unbedachten Abgabe von Informationen vorgebeugt, aus der leicht Schwierigkeiten und Streitigkeiten resultieren können. Zudem muss der Offenbarende keine Sorge haben, dass die Daten unter Behauptung einer vermeintlich erfolgten Einwilligung verarbeitet oder genutzt werden. Denn deren Vorliegen kann leicht durch schriftlichen Nachweis bestätigt werden. Nur so kann sich der Betroffene in absoluter Sicherheit über das Schicksal der von ihm preisgegebenen Informationen wähnen. Dadurch wird eindeutig die Bereitschaft zur Offenbarung und somit der Erfolg des TOA gefördert.

Fraglich erscheint jedoch, ob die o.g. Vorteile den mit dem Schriftformerfordernis verbundenen Aufwand in jedem Fall überwiegen oder ob zwischen der Datenerhebung bei Dritten und bei dem Betroffenen selbst zu differenzieren ist. Denn bei letzterer ist zu berücksichtigen, dass den Schutzbedürfnissen der Betroffenen bereits durch § 155a S. 3 StPO und durch die Verteidigungsfreiheit des Beschuldigten ausreichend Rechnung getragen wird. Über diese Rechte sind sie nämlich zu belehren, wobei ihnen insbesondere die mit dem TOA verbundenen Vor- und Nachteile zu erläutern sind.[409] Danach besteht für die Betroffenen genug Zeit, sich der Folgen der Preisgabe von Daten bewusst zu werden. Somit liegen „besondere Umstände" i.S.d. § 4a I 3 BDSG vor, die ein Absehen vom Schriftformerfordernis rechtfertigen. Für den Fall der Erhebung der Daten bei dem Betroffenen selbst sind somit an die Einwilligung keine besonderen Anforderungen zu stellen.[410]

Für den Fall der Datenerhebung bei Dritten, die Kenntnis von besonderen persönlichen Daten i.S.d. § 3 IX BDSG bzw. anderen gesetzlich besonders geschützten Daten haben, ist dagegen eine schriftliche Einwilligung zu fordern. Denn anders als im Rahmen der persönlichen Offenbarung, hat es der Betroffene nicht in der Hand, bestimmte Informationen für sich zu behalten, wenn er pauschal die Datenerhebung bei Dritten gestattet. Gerade einer solchen pauschalen Gestattung wird aber durch ein Schriftformerfordernis vorgebeugt, weil dadurch bei besonderen Arten personenbezogener Daten ein ausdrücklicher Bezug auf die jeweiligen Daten verlangt wird, § 4a III BDSG.[411] So erhalten die Interessen der Betroffenen den für einen erfolgreichen TOA erforderlichen

---

[408] Vgl. BT-Dr. 14/1928, S. 9; L/R-*Beulke*, § 155b Rn. 10; *Pfeiffer*, StPO, § 155b Rn. 3; SK-*Weßlau*, § 155b Rn. 5.

[409] Vgl. L/R-*Beulke*, § 155b Rn. 10; *Busch*, JR 2003, S. 96.

[410] Vgl. *Busch*, aaO; einschränkend Simitis-*Simitis*, § 4a Rn. 45 ff.

[411] Vgl. *Gola/Schomerus*, BDSG, § 3 Rn. 56, 57.

Schutz. Gem. § 4a I 2 BDSG sind die Betroffenen über die Bedeutung der Einwilligung, den Zweck der Erhebung, Verarbeitung und Nutzung und den Empfänger der Daten aufzuklären und unter Darlegung der Rechtsfolgen auf die Möglichkeit der Verweigerung bzw. des Widerrufs ihrer Einwilligung hinzuweisen.[412]

9. Belehrungspflicht der TOA-Vermittler

Der TOA kann von den Parteien selbst oder unter Anleitung eines Dritten vorgenommen werden. Im Folgenden ist zu untersuchen, ob in letzterem Fall dem jeweiligen Vermittler gegenüber dem Beschuldigten Belehrungspflichten obliegen. Als Vermittler kommen insoweit die Strafverfolgungsorgane selbst, sowie mit dem TOA-Verfahren beauftragte öffentliche oder nicht-öffentliche Ausgleichsstellen in Betracht.[413]

9.1. Vermittlung durch die Gerichtshilfe (öffentliche Ausgleichsstellen)

9.1.1. Belehrungspflicht

Gem. § 160 III 2 StPO darf die Gerichtshilfe als Vermittler im TOA-Verfahren fungieren[414] und ist dementsprechend bereits in mehreren Modellprojekten tätig geworden.[415] Zu untersuchen ist im Folgenden, ob den vermittelnden Gerichtshelfer dabei eine Belehrungspflicht trifft.

Bisher nahm der Täter aus eigener Initiative außerhalb des Strafverfahrens an einem privaten Schlichtungsgespräch teil. In diesem Fall bestand kein Bedürfnis für eine Belehrungspflicht, und zwar auch dann nicht, wenn ein staatlicher Gerichtshelfer das Vermittlungsgespräch führte.[416] Daran könnte § 153a I 2 Nr. 5 StPO jedoch insofern etwas ändern, als im Falle eines hoheitlichen Auftrags zum Ausgleichsgespräch die Tätigkeit des Vermittlers eher der Untersuchungstätigkeit des Gerichtshelfers gleicht.[417] Letztere bezieht sich allerdings nicht auf die Aufklärung der Tat, die nicht zu den Aufgaben der Gerichtshilfe gehört. Die Gerichtshilfe ist somit weder an die Sachverhaltsaufklärungspflicht der §§ 160 I, 163 I StPO noch an das Legalitätsprinzip, § 152 II StPO, gebunden, d.h. der Verdacht anderer Straftaten ist nicht an die Staatsanwaltschaft weiterzuleiten.[418] Andererseits besteht für sie aber auch keine über die Pflicht zur Amtsver-

---

[412] Vgl. *Busch*, NJW 2002, S. 1327 m.w.N.
[413] Vgl. BT-Dr. 14/1928, S. 8.
[414] Vgl. dazu bereits ausführlich oben 2.1.4. (S. 49).
[415] Vgl. *Dünkel/Rössner*, ZStW 99 (1987), S. 867.
[416] Vgl. *Schöch*, FS Roxin, S. 1063.
[417] Ebda.
[418] Vgl. *Scheurmann*, BewHi 1977, 339; L/R-*Rieß*, § 160 Rn. 81.

schwiegenheit hinausgehende Schweigepflicht. Auch dürfen Umstände aus den ermittelten persönlichen Verhältnissen nicht deshalb verschwiegen werden, weil sie auch für die Tataufklärung von Bedeutung sein können.[419] Der Gerichtshilfe kommt zudem gem. § 160 III 2 StPO die Aufgabe zu, die Tatsachengrundlagen für die Rechtsfolgenentscheidung zu ermitteln.[420]

Es kann somit nicht ernsthaft bestritten werden, dass sich vom Gerichtshelfer ermittelte Tatsachen für den Täter ungünstig auswirken können. Auch stellt die Ermittlung der rechtsfolgenrelevanten Umstände - ebenso wie die Sachverhaltsaufklärung - eine Strafermittlungsaufgabe dar und untersteht somit den Prinzipien der StPO.[421] Insofern erscheint eine Belehrungspflicht des Gerichtshelfers gem. § 136 I 2 StPO sinnvoll. Aufgrund von dessen Wortlaut und der Tatsache, dass das Leitbild der StPO eher auf die *Tat*ermittlung zugeschnitten ist[422], kommt jedoch lediglich eine analoge Anwendung der §§ 136 I 2, 163a III 2, IV 2, V 2 StPO in Betracht. Vorliegend bietet sich ein Analogieschluss zu §§ 136 I 2, 163a III 2 StPO an, da sich die gem. § 160 III 2 StPO der Gerichtshilfe übertragene Ermittlung eigentlich als eine Aufgabe der Staatsanwaltschaft darstellt, für die gem. §§ 163a III 2, 136 I 2 StPO eine Belehrung darüber erforderlich ist, dass es dem Beschuldigten freistehe, sich zur Sache zu äußern. Der Begriff der Sache ist dabei keineswegs mit dem Begriff der Tat identisch, sondern umfasst auch Umstände, die sich auf die Rechtsfolgen der Tat beziehen.[423] Auch ergibt sich aus den in § 155b I StPO erst im Rechtsausschuss eingefügten Worten „von ihnen“, „dass eine Beauftragung der Ausgleichsstelle durch die Staatsanwaltschaft oder das Gericht gemeint ist; eigenständige Ausgleichsstellen außerhalb dieser Beauftragung gibt es bisher nicht und werden auch nicht durch § 155b begründet“.[424] Die Beauftragung der Gerichtshilfe ist also den Strafverfolgungsorganen zuzurechnen.

Den Gerichtshelfer trifft somit gegenüber dem Beschuldigten analog §§ 136 I 2, 163a IV 2 StPO eine Belehrungspflicht[425], und zwar auch dann, wenn der Beschuldigte, was regelmäßig der Fall sein wird, bereits im Rahmen der Tataufklärung von Polizei oder Staatsanwaltschaft belehrt wurde. Denn eventuellen Irrtümern des Beschuldigten über Person, Aufgabenbereich, Rechte und Pflichten des Gerichtshelfers muss bereits aufgrund des fair-trial-Grundsatzes vorgebeugt werden. Der Umfang der Belehrungspflicht richtet sich nach den Aufgaben des Gerichtshelfers. Der Beschuldigte ist somit außer auf den spezi-

---

[419] Vgl. L/R-*Rieß*, § 160 Rn. 81.
[420] Vgl. *Meyer-Goßner*, § 160 Rn. 24; L/R-*Rieß*, § 160 Rn. 81, 88.
[421] Vgl. *Bottke*, MschrKrim 1981, S. 70.
[422] Ebda.
[423] Vgl. *Roxin*, Strafverfahrensrecht, § 25 III 1. d).
[424] Beschlussempfehlung des Rechtsausschusses vom 1.12.1999, BT-Dr. 14/ 2258, S. 14.
[425] Vgl. *Roxin*, aaO, § 25 Rn. 11; AK-*Schöch*, § 160 Rn. 42.

fischen Aufgabenkreis des Gerichtshelfers auch auf sein Recht hinzuweisen, im TOA-Verfah-ren die Aussage zu verweigern bzw. jederzeit einen von ihm gewählten Verteidiger zu befragen. Diese Rechte müssen dem Beschuldigten auch im Rahmen des TOA-Verfahrens zustehen, da ihm seine üblichen Verfahrensgarantien nicht durch die Überweisung des Falles an eine TOA-Stelle genommen werden können.

Die zu bejahende analoge Anwendung der Belehrungsvorschriften gegenüber dem Beschuldigten setzt zwangsweise auch eine Belehrung gegenüber dritten Personen voraus, von denen der Gerichtshelfer Informationen erfragt, § 163a V StPO analog, da auch solche Umstände für die Rechtsfolgenseite relevant werden können.

9.1.2. Konsequenzen bei unterbliebener Belehrung

Im Folgenden ist zu untersuchen, ob das Unterbleiben der Belehrung ein Beweisverwertungsverbot nach sich zieht. Angesichts des besonderen Ermittlungsauftrags der Gerichtshilfe gem. § 160 III 2 StPO, der sich nur auf die Rechtsfolgenseite der Tat bezieht, sowie aufgrund der lediglich durch Analogie begründeten Belehrungspflichten kann dabei nicht unbesehen auf die Grundsätze über die Verwertungsverbote bei der Tatermittlung zurückgegriffen werden. Das Eingreifen von Beweisverwertungsverboten ist vielmehr gesondert zu begutachten.

Eine gänzliche Sanktionslosigkeit verbietet sich schon deshalb, weil die Belehrungspflicht sonst zu einer bloßen Obliegenheit und § 136 I 2 StPO somit zu einer bloßen Ordnungsvorschrift würde. Dagegen sprechen aber heute - entgegen früherer BGH-Auffassung[426] - der klare Wortlaut („ist“) des § 136 I 2 StPO und die einhellige Ansicht in Rechtsprechung und Literatur.[427] Ein Beweisverwertungsverbot kommt somit grundsätzlich in Betracht. Da jedoch mit den tangierten Interessen des Beschuldigten das Interesse der Allgemeinheit an einer funktionierenden Strafrechtspflege korrespondiert, muss zwischen diesen Interessen ein Ausgleich erfolgen. Das hat nach der vom BGH - basierend auf Rechtskreis[428]- und Schutznormtheorie[429] - entwickelten Abwägungslehre[430] zu erfolgen, nach der ein Beweisverwertungsverbot nur dann anzunehmen ist,

---

[426] Vgl. BGH NJW 1966, S. 1718; GA 1962, S. 148.

[427] Vgl. *Beulke*, Strafprozessrecht, Rn. 468; *Dahs*, NJW 1965, S. 1266; *Grünwald*, JZ 1966, S. 495 ff; *Kunert*, MDR 1967, S. 539.

[428] Vgl. dazu BGHSt 38, S. 220; 11, S. 215, 218; seit jeher ablehnend, *Rudolphi*, MDR 1970, S. 95 ff; heute wohl auch BGHSt 42, S. 73, 77.

[429] Vgl. dazu *Grünwald*, Das Beweisrecht der Strafprozessordnung, S. 155; *Rudolphi*, aaO, S. 97 ff; KMR-*Paulus*, § 244 Rn. 516 ff.

[430] Vgl. z.B. BGH wistra 2002, S. 112; BGH NJW 1996, S. 1547.

wenn die Allgemeininteressen an der Strafverfolgung hinter den Interessen des Beschuldigten zurückstehen müssen.

Danach scheiden Beweisverwertungsverbote von vorneherein in Verfahren gegen Dritte aus, da deren Rechtskreis nicht tangiert ist.[431] In dem hier interessierenden Fall des TOA erfolgt die Vermittlung durch die Gerichtshilfe jedoch immer für den Prozess des Beschuldigten. Dabei überwiegen mit der Konsequenz eines Beweisverwertungsverbotes die Interessen des Beschuldigten jedenfalls dann, wenn ohne Belehrung getätigte Äußerungen tatfragenrelevante Umstände ergeben. Denn die Ermittlung tatfragenrelevanter Umstände gehört im Gegensatz zu den rechtsfolgenrelevanten Umständen nicht zu den Aufgaben der Gerichtshilfe.[432] Es ist rechtsstaatlich demnach nicht vertretbar, wenn Angaben zur Sache, die gegenüber den für die Tatermittlung zuständigen Organen nach erfolgter Belehrung erst konsequent verweigert[433], vor der Gerichtshilfe mangels Belehrung aber dann dennoch getätigt wurden, durch Vernehmung des Gerichtshelfers auf Umwegen doch verwertet werden könnten.[434] Des Weiteren ist zu bedenken, dass auch eine ohne Belehrung gem. § 52 III 1 StPO erfolgte Angehörigenaussage nicht zulasten des Beschuldigten verwertet werden darf, da dessen Rechtskreis unmittelbar berührt ist.[435] Erst recht nicht sollte dann eine entsprechende Aussage des Beschuldigten selbst verwertet werden dürfen. Mit Bottke[436] kann man daher annehmen, dass aufgabeninadäquat erlangte, tatspruchrelevante Erkenntnisse einem Beweisverwertungsverbot unterliegen.

Fraglich ist, ob diese Konsequenz auch für rechtsfolgenrelevante Umstände anzunehmen ist. Dagegen könnte sprechen, dass in den Fällen, in denen es nur noch um das „Wie“ der Strafe geht, der Funktionsfähigkeit der Rechtspflege Vorrang vor den Rechtsgütern des Beschuldigten zukommen könnte. Eine solche Argumentation würde jedoch verkennen, dass die Feststellung der rechtsfolgenrelevanten Umstände ebenfalls von großer Bedeutung ist. Die Rechte des Beschuldigten überwiegen im Rahmen der Abwägungslehre somit jedenfalls dann, wenn die Belehrungspflichten bewusst missachtet werden. Jedoch sollte man auch in den sonstigen Fällen einer unterbliebenen Belehrung ein Beweisverwertungsverbot annehmen. Denn im Gegensatz zur Sachverhaltsaufklärung erhellen die Ermittlungen zur Rechtsfolgenseite die persönlichen Umstände, wodurch die Grundrechte des Beschuldigten in stärkerem Maße tangiert sind als durch die bloße Tatermittlung.[437]

---

[431] Vgl. BGHSt 11, S. 218; BGH StV 1995, S. 231.
[432] Vgl. dazu bereits oben 2.1.4. (S. 49).
[433] Der schweigende Täter ist für den TOA geeignet, vgl. oben 2.1.2. (S. 42 f).
[434] Vgl. *Bottke*, MschrKrim 1981, S. 75.
[435] Vgl. BGHSt 11, S. 216.
[436] Vgl. *Bottke*, MschrKrim 1991, S. 74 ff.
[437] Vgl. *Peters*, Der neue Strafprozess, S. 114.

Der Verstoß gegen die Belehrungspflicht begründet somit grundsätzlich ein Beweisverwertungsverbot. Das ist für den Fall der unterbliebenen Belehrung durch die für die Tataufklärung zuständigen Organe entgegen früherer Auffassung[438] heute auch fast einhellig anerkannt.[439]

Ein Verwertungsverbot könnte jedoch dann abzulehnen sein, wenn der Beschuldigte von seinem Schweigerecht Kenntnis hat. Das entspricht der Rechtsprechung[440] und der wohl h.M. bei der direkten Anwendung des § 136 I 2 StPO[441] und lässt sich damit begründen, dass im Falle einer entsprechenden Kenntnis die Stellung des Beschuldigten als autonomes Prozesssubjekt nicht berührt wird.[442] Abstrakt betrachtet könnte danach im Fall des TOA ein Beweisverwertungsverbot grundsätzlich abgelehnt werden, da die Überweisung an die Ausgleichsstelle einen hinreichend geklärten Sachverhalt voraussetzt[443], während dessen Ermittlung der Beschuldigte regelmäßig von den zuständigen Organen belehrt wurde. Jedoch hat der BGH die an die Kenntnis vom Schweigerecht zu stellenden Anforderungen in jüngster Zeit dahingehend konkretisiert, dass eine lediglich ab-strakte Rechtskenntnis nicht ausreichen kann.[444] Denn die psychische Situation des Beschuldigten, der sich einem Verfahren gegenübergestellt sieht, gebietet, ihm die in seiner konkreten Situation zustehenden Handlungsmöglichkeiten vor Augen zu führen.[445] Eine konkrete Rechtskenntnis kann man für unseren Fall aber schon deswegen nicht annehmen, weil der Beschuldigte sich mit dem TOA-Verfahren und der Gerichtshilfe einer völlig anderen Situation ausgesetzt sieht als bei einer früheren Vernehmung durch Staatsanwaltschaft oder Polizei.

Ein Verstoß gegen die Belehrungspflicht führt somit zu einem Beweisverwertungsverbot für im Rahmen des TOA-Verfahrens zu Ungunsten des Beschuldigten getätigte Äußerungen. Zu beachten ist allerdings die Widerspruchslösung des BGH, deren Anwendung jedoch nur bei einem anwaltlich vertretenen Beschuldigten in Betracht kommt.[446]

---

438 Vgl. BGHSt 31, S. 395.

439 Vgl. BGHSt 38, S. 214 ff; *Meyer-Goßner*, § 136 Rn. 20.

440 Vgl. BGH JR 2002, S. 290 ff.

441 Vgl. *Meyer-Goßner*, § 136 Rn. 20; L/R-*Hanack*, § 136 Rn. 55; KK-*Boujong*, § 136 Rn. 27.

442 Vgl. *Rudolphi*, MDR 1970, S. 99.

443 Vgl. dazu bereits oben 2.1.4. (S. 49).

444 Vgl. BGH JR 2002, S. 290 ff.

445 Vgl. *Wohlers*, JR 2002, S. 294.

446 Vgl. BGHSt 38, S. 214, 218; ausführlich zur Widerspruchslösung *Widmaier*, NStZ 1992, 519.

9.2. Vermittlung durch freie Stellen

Fraglich ist, ob das genannte Ergebnis auch für die Fälle gilt, in denen der TOA nicht durch die Vermittlung eines Gerichtshelfers erfolgt. Das ist natürlich zu verneinen, wenn sich Täter und Opfer selbständig zu einem Ausgleich zusammenfinden, §§ 46a StGB, 153b StPO. Auch im Falle der hoheitlichen Anordnung gem. § 155a I 2 Nr. 5 StPO kann aber die Vermittlung anstelle der Gerichtshilfe durch nicht-öffentliche Stellen erfolgen.[447] Auch auf letztere könnten §§ 136 I 2, 163a III 2 StPO analog anzuwenden sein.

Dem könnte jedoch entgegenstehen, dass es sich bei den nicht-öffentlichen Stellen nicht um staatliche Behörden handelt, die StPO als Grundrechtsschranke aber nur für grundrechtsgebundene, mithin staatliche Institutionen gilt. Jedoch werden die nicht-öffentlichen Stellen im Falle der Durchführung des gem. § 153a I 2 Nr. 5 StPO angeordneten TOA gerade im Auftrag des Staates tätig. Ihr Verhalten ist somit dem Staat zuzurechnen. Dieser kann sich seinen Verpflichtungen gegenüber dem Beschuldigten nicht entziehen, indem er Aufgaben auf nicht-staatliche Institutionen überträgt, § 160 III 2 StPO. Sowohl bezüglich der Belehrungspflicht als auch bezüglich der Konsequenzen einer unterbliebenen Belehrung kann somit auf obige Ausführungen verwiesen werden.[448]

10. Ist im Schlichtungsverfahren die Beteiligung eines Anwalts zu fordern?

10.1. Fälle der notwendigen Verteidigung

Die StPO kennt einen Anwaltszwang nur in dem Erfordernis der notwendigen Verteidigung, § 140 ff StPO. Angesichts der Tatsache, dass für die TOA-Geeignetheit keine Einschränkung auf Deliktsebene erfolgt, wird man einen Verteidiger zumindest in den in § 140 StPO genannten Fällen auch im TOA-Verfahren fordern müssen. Denn das Erfordernis der notwendigen Verteidigung stellt eine Konkretisierung des Rechtsstaatsprinzips dar, welches ein prozessordnungsgemäßes Strafverfahren und eine wirksame Verteidigungsmöglichkeit des Beschuldigten fordert.[449] Das TOA-Verfahren ist jedoch keineswegs von rechtsstaatlichen Anforderungen befreit. Denn es ist in der Regel mit einem Strafverfahren verbunden, meist ein Ausweg aus einem bereits in Gang gesetzten Verfahren. Sobald aber eine solche Verknüpfung besteht, unterliegt der TOA zwingend den Geboten der Rechtsstaatlichkeit, da es dann um die

---

[447] Vgl. BT-Dr. 14/1928, S. 8.

[448] Vgl. oben 9.1. (S. 74 ff); wie hier auch *Hartmann*, Forschungsergebnisse zum Täter-Opfer-Ausgleich, S. 141, Fn. 7, allerdings ohne nähere Begründung.

[449] Vgl. *Meyer-Goßner*, § 140 Rn. 1.

Frage geht, ob jemand der Strafgewalt des Staates unterworfen wird.[450] Unterliegt das TOA-Verfahren somit den Geboten des Rechtsstaats, muss auch das daraus resultierende Erfordernis der notwendigen Verteidigung eingehalten werden. Im TOA-Verfahren ist somit eine analoge Anwendung des § 140 StPO erforderlich.

Daraus folgt, dass in den Fällen, in denen der Beschuldigte keinen (notwendigen) Verteidiger gewählt hat, ein Pflichtverteidiger zu bestellen ist, §§ 141 ff StPO, was gem. § 142 I StPO grundsätzlich durch den Vorsitzenden des Gerichts zu erfolgen hat. Das ist bereits im Vorverfahren auf Antrag der Staatsanwaltschaft möglich, § 141 III 2 StPO, wobei ihr bezüglich der Antragstellung allerdings grundsätzlich ein Beurteilungsspielraum zukommt. Diesen Spielraum wird man jedoch in Anbetracht des Gesagten im Fall des bereits im Ermittlungsverfahren angeordneten TOA für die Fälle des § 140 StPO dahingehend reduzieren müssen, dass der Staatsanwaltschaft die Pflicht zur Antragstellung zukommt.

10.2. Sonstige Fälle

Zu untersuchen bleibt, ob auch in den übrigen Fällen die Beteiligung eines Anwalts erforderlich ist. Das erscheint insofern sinnvoll, als damit einem unangemessenen Druck sowohl auf das Opfer als auch auf den Beschuldigten entgegengewirkt werden kann.[451] Damit ist jedoch noch nichts zu der Frage gesagt, ob eine solche Verteidigung zwingend erforderlich ist, ob es mithin im TOA-Verfahren zu einer Ausweitung des Erfordernisses der notwendigen Verteidigung kommen muss.

10.2.1. Streitwertabhängigkeit

Für eine solche Ausweitung könnte man anführen, dass im Zivilrecht bei Verhandlungen vor dem Landgericht zum Schutz der Parteien Anwaltszwang besteht, § 78 ZPO. Eine solche Zuweisung an das Landgericht wird insbesondere ab einem Streitwert von über 5000 € begründet, vgl. §§ 23, 71 GVG. Über solche Beträge wird - wie bereits beschrieben[452] - des Öfteren auch im TOA-Verfahren verhandelt, für das jedoch Gesichtspunkte des Rechtsberatungsschutzes gänzlich unberücksichtigt gelassen wurden. Da aber auch der StPO das Erfordernis entnommen werden kann, dem Beschuldigten bei Verhandlungen vor dem Landgericht einen Anwalt zuzuordnen, vgl. § 140 Nr. 1 StPO,

---

[450] Vgl. *Weigend*, Fragen der Rechtsstaatlichkeit beim TOA, S. 37; vgl. zur Vereinbarkeit des TOA mit dem Rechtsstaatsprinzip bereits ausführlich oben 5., 6. (S. 65 ff) sowie 1. Kapitel, I. 4. (S. 12 ff).

[451] Vgl. dazu bereits ausführlich oben 2.1.5. (S. 49 ff).

[452] Vgl. dazu oben 2.1.5. (S. 50).

könnte eine Zusammenschau dieser Vorschriften zu dem Ergebnis führen, dass ab einem zu erwartenden Wiedergutmachungswert von über 5000 € die Beteiligung eines Anwalts zu fordern ist. Dem kann jedoch entgegengehalten werden, dass so erhebliche Rechtsunsicherheiten entstehen können. Denn Vorschriften zur Berechnung des Wiedergutmachungswertes existieren nicht. Eine analoge Anwendung der ZPO-Vorschriften über die Streitwertbestimmung erscheint bereits aus dem Grunde zweifelhaft, dass straf- und zivilrechtliche Wiedergutmachungsleistungen in keiner Weise identisch sind.[453] Eine streitwertbezogene Ausweitung der notwendigen Verteidigung im TOA-Verfahren kann somit nicht vorgenommen werden.

10.2.2. Vergleich mit dem Adhäsionsverfahren

Das Erfordernis der notwendigen Verteidigung könnte sich jedoch aus Folgendem ergeben: Vor Einführung der § 155a, b, 153 I 2 Nr. 5 StPO konnte der Gedanke der Wiedergutmachung zwar im Rahmen des § 153a I 2 Nr. 1 StPO berücksichtigt werden, seine eigentliche Bedeutung hatte er jedoch im Adhäsionsverfahren, §§ 403 ff StPO.[454] Dessen Ziele sind mit denen des TOA vergleichbar. Denn neben prozessökonomischen Gründen[455] wird vor allem auf die Geeignetheit des Adhäsionsverfahrens verwiesen, die durch die Straftat gestörten Beziehungen zwischen Täter und Opfer zu bessern, da durch Ersatz des Opferschadens zur Versöhnung beigetragen werde.[456]

a) Vollstreckungsschutz

Das Adhäsionsverfahren bietet dem Verletzten die Möglichkeit, bereits aufgrund eines einfachen Antrags (§ 404 StPO) zivilrechtliche Ersatzansprüche schon anlässlich des Strafverfahrens geltend zu machen. Dabei bilden Straf- und Zivilverfahren eine Einheit, die grundsätzlich nach den Vorschriften der StPO behandelt wird.[457] Jedoch erfolgt gem. § 406b S. 1 StPO für den Vollstreckungsschutz ein Verweis auf die einschlägigen zivilrechtlichen Vorschriften. Bedenken werden deshalb teilweise dahingehend geäußert, dass der TOA gerade zu einer Außerachtlassung dieser Schutzvorschriften führen könne und dem Opfer die Möglichkeit gegeben werde, u.U. nicht bestehende zivilrechtliche Ansprüche mit den Mitteln des Strafrechts durchzusetzen.[458] Denn im TOA-Verfahren bestehe die Gefahr, dass aufgrund des Drucks der bevorste-

---

[453] Vgl. dazu ausführlich oben, 1. Kapitel, I. 3. (S. 9 ff).
[454] Vgl. *Frühauf*, Wiedergutmachung, S. 81.
[455] Vgl. *Frühauf*, aaO, S. 82.
[456] Vgl. *Amelunxen*, ZStW 86 (1974), S. 460; *Peters*, Strafprozess, S. 558; *Müller-Dietz*, Täter-Opfer-Ausgleich aus der Sicht des Strafrichters, S. 69.
[457] Vgl. *Beulke*, Strafprozessrecht, Rn. 599.
[458] Vgl. *Haucke*, TOA aus der Sicht des Anwalts, S. 153.

henden Hauptverhandlung Leistungen ohne Inanspruchnahme entsprechender Schutzvorschriften erbracht werden, da § 406 StPO keine Anwendung findet.

Dabei wird jedoch verkannt, dass Vereinbarungen im TOA-Verfahren, anders als im Adhäsionsverfahren geklärte zivilrechtliche Fragen, nicht in Rechtskraft erwachsen.[459] Der Gesetzgeber hat es unterlassen, die zivilrechtlichen Auswirkungen einer solchen Abmachung vor der Schlichtungsstelle zu klären. Darin könnte zwar ein Vergleich gem. § 779 BGB gesehen werden, jedoch wird in der Regel von den Parteien eine solch zivilrechtlich präjudizielle Wirkung nicht gewollt sein.[460] Mangels vergleichbarer Situation kann somit von einer Umgehung bestimmter Vorschriften des Adhäsionsverfahrens nicht die Rede sein. Allerdings ist den Bedenken zuzugeben, dass eine separate Durchsetzung eines zivilrechtlichen Anspruchs aufgrund der fraglichen Rechtsnatur der vor der Schlichtungsstelle getroffenen Vereinbarung erschwert wird. So wird es nicht leicht sein, eine zivilrechtliche Forderung in voller Höhe einzuklagen, wenn man sich im TOA-Verfahren bereits mit weniger zufrieden gegeben hat.[461] Ein Anwaltszwang im Schlichtungsverfahren erscheint deshalb ratsam, lässt sich aber anhand des Rechtsgedankens des § 406 StPO nicht begründen. Dazu bedürfte es vielmehr einer Regelung durch den Gesetzgeber.

b) Anwaltszwang

Auch aus einer analogen Anwendung des § 406 III 2 StPO lässt sich kein Anwaltszwang herleiten. Denn ein solcher ist gem. § 406 III 2 StPO lediglich für die Fälle vorgesehen, in denen im Strafverfahren nur ein Grundurteil über die Ersatzpflicht des Schädigers ergeht, die konkrete Höhe der Ersatzforderung aber vom Zivilgericht nach den Vorschriften der ZPO zu entscheiden ist. Ein genereller Anwaltszwang ist im Adhäsionsverfahren dagegen gerade nicht gegeben, und zwar selbst dann nicht, wenn es sich um Prozesse vor dem LG oder OLG handelt.[462]

10.2.3. Ergebnis zu 10.

De lege lata ist eine notwendige Verteidigung im TOA-Verfahren somit nur in den Fällen des § 140 StPO erforderlich. Eine Ausweitung auf die übrigen TOA-Verfahren erscheint zwar wünschenswert und ist ab einem „Wiedergutmachungsstreitwert“ von mehr als 5000 Euro dringend zu empfehlen.

---

[459] Vgl. *Jescheck*, JZ 1958, S. 592; *Loos*, ZRP 1993, S. 55.

[460] So auch *Loos*, aaO, Fn. 54.

[461] Vgl. *Loos*, ZRP 1993, S. 55.

[462] Vgl. *Glaremin/Becker*, JA 1988, S. 602; *Köckerbauer*, NStZ 1994, S. 307; *Meyer-Goßner*, § 404 Rn. 8; *Jescheck*, JZ 1958, S. 592; *Schirmer*, DAR, 1988, S. 123.

III. Folgen des TOA für das strafrechtliche Verfahren
1. Besondere Zeugnisverweigerungsrechte

Für die Annahme eines erfolgreichen TOA verlangt der BGH in ständiger Rechtsprechung zumindest einen „kommunikativen Prozess zwischen Täter und Opfer“[463], der auf einen umfassenden Ausgleich der durch die Tat verursachten Folgen gerichtet sein muss. Dieser erfolgt zumeist unter Anleitung eines Vermittlers. Zu untersuchen ist im Folgenden, ob im Rahmen eines solchen kommunikativen Prozesses getätigte Äußerungen in einem späteren Gerichtsverfahren als Beweismittel eingeführt werden können, z.B. durch Vernehmung von Vermittler oder Opfer als Zeugen, oder ob den genannten Personen ein entsprechendes Zeugnisverweigerungsrecht zugestanden werden muss.

Hierzu ist zunächst zwischen der Tat, aufgrund derer der TOA erfolgen soll, und anderen Taten, die während des Vermittlungsverfahrens begangen werden, namentlich Bedrohungen, Nötigungen und Beleidigungen, zu differenzieren. Für letztere stellt sich die Frage eines Zeugnisverweigerungsrechts nicht, denn das TOA-Verfahren kann keine Möglichkeit zur Begehung weiterer Straftaten bieten.[464] Fraglich erscheint ein Zeugnisverweigerungsrecht allerdings hinsichtlich der „eigentlichen“ Tat. Auch hier muss jedoch differenziert werden. Denn im Falle der hoheitlichen Anordnung gem. § 153a I 2 Nr. 5 StPO steht einer Fortsetzung des Strafverfahrens mit erfolgreichem Abschluss des TOA-Verfahrens ein endgültiges Verfahrenshindernis entgegen.[465] Dann kommt es auf ein Zeugnisverweigerungsrecht ebenfalls nicht an, da bei Vorliegen eines endgültigen Prozesshindernisses die Fortführung des Prozesses zu unterbleiben hat, und zwar unabhängig von dem Verfahrensstadium, in welchem der erfolgreiche Abschluss des TOA-Verfahrens erfolgt.[466] Für die übrigen Fälle stellt sich jedoch die Frage nach besonderen Zeugnisverweigerungsrechten.

1.1. Schutzbedürfnis

Der - vom Gesetzgeber beabsichtigten - verstärkten Anwendung des TOA[467] ist insbesondere ein Zeugnisverweigerungsrecht des Vermittlers dienlich, da durch die so gewährleistete Vertraulichkeit der im Vermittlungsverfahren gewonnenen Informationen sowohl die Institution des TOA selbst als auch die an ihm beteiligten Personen geschützt werden und die Funktionsfähigkeit des Ausgleichsverfahrens gefördert wird.

---

463 BGH NJW 2003, S. 1467; StV 2002, S. 655.
464 Vgl. dazu auch BVerwGE 18, S. 62: Schiedsmann im Sühneverfahren.
465 Vgl. *Meyer-Goßner*, § 155a Rn. 4, vgl. auch bereits ausführlich oben II. 1.2.1. a) (S. 28 f).
466 Vgl. dazu bereits ausführlich oben II. 1.2.1. a) (S. 28 f).
467 Vgl. BT-Dr. 14/1928, S. 6, 8.

Denn sowohl die Tätigkeit des Vermittlers als auch die Funktionsfähigkeit der Institution TOA setzen ein „angstfreies" Klima voraus. Für die Funktionsfähigkeit des TOA kommt insoweit noch hinzu, dass durch den Schutz vertraulich ausgetauschter Informationen auch die erforderliche Unparteilichkeit des Vermittlers gesichert wird. Für den Beschuldigten kann angeführt werden, dass er nach einer entsprechenden Vertraulichkeitszusage des Vermittlers nicht mehr befürchten muss, das im TOA-Verfahren Gesagte könne im Fall des Scheiterns der Verhandlungen gegen ihn verwendet werden. Das erscheint insofern wichtig, als er im Prozess oder einer Vernehmung unstreitig die Aussage verweigern könnte, § 136 I 2 StPO. Diese Möglichkeit könnte umgangen werden, wenn der Täter einerseits von der Staatsanwaltschaft - wozu sie im Rahmen des § 155a StPO verpflichtet ist - zum TOA angehalten wird, andererseits seine dortigen Bemühungen durch Verwertung preisgegebener Informationen in einen Nachteil für ihn umschlagen könnten. Ein entsprechendes Schutzbedürfnis für den Beschuldigten ergibt sich auch aus einem Vergleich mit § 37 BtMG, der eine dem TOA vergleichbare Situation regelt. Liegen die Voraussetzungen einer Verfahrenseinstellung nicht vor, so hat die Staatsanwaltschaft gem. § 37 BtMG das Verfahren auf der Grundlage der bisherigen Ergebnisse fortzusetzen. In diesem Fall sollte den Drogenberatern ein Zeugnisverweigerungsrecht zugestanden werden, denn der Versuch, weitere Erkenntnisse durch das Zeugnis des Therapeuten zu gewinnen, würde ihn zu einer Art „Hilfsorgan" der Strafverfolgung werden lassen. Dadurch würde jedoch der Vertrauensstatus zerstört, wodurch die erwünschte Effektivität der Beratungsstellen verloren ginge.[468] Auch im Fall des § 153a I 2 Nr. 5 StPO wird das Strafverfahren fortgesetzt, sofern sich der TOA als nicht erfolgreich erweist.[469] Obige Argumentation kann deshalb auf den vorliegenden Fall übertragen werden. Auch dem Opfer wird durch den Vertraulichkeitsschutz gedient. Denn würde sich seine Teilnahme an einem TOA zu seinem Nachteil auswirken, insbesondere seine Glaubwürdigkeit als Opfer mindern, könnte es zu einer Minderung seines Justizgewährungs- und Genugtuungsanspruchs kommen.[470]

Das somit unstreitig bestehende Schutzbedürfnis reicht jedoch alleine nicht zur Anerkennung von speziellen Zeugnisverweigerungsrechten aus. Vielmehr ist zu untersuchen, ob sich insoweit aus der bestehenden Gesetzeslage eine allgemeine Regelung herleiten lässt. Denn eine allgemeine Regelung ist insoweit erforderlich, als der Vermittler für ein erfolgreiches Ausgleichsgespräch in der Lage sein muss, sowohl Täter als auch Opfer eine Vertraulichkeitszusage zu machen, welche ihren Zweck nur dann erfüllen kann, wenn sie auch rechtlich verbindlich ist.

---

[468] Vgl. *Dahs*, NStZ 1983, S. 184.

[469] Vgl. dazu bereits ausführlich oben II. 1.2.1. a) (S. 29 f).

[470] Vgl. *Walther*, ZRP 1997, S. 396.

1.2. Allgemeine Möglichkeit der Herausbildung neuer Zeugnisverweigerungsrechte

Wie die Lehre der Entwicklung von den Beweisverboten[471] ist auch die Lehre von den Zeugnisverweigerungsrechten entwicklungsfähig und -bedürftig.[472] § 53 StPO, der den Angehörigen bestimmter Berufe ein sachlich begrenztes Zeugnisverweigerungsrecht gewährt, beschränkte sich ursprünglich auf Geistliche, Strafverteidiger, Rechtsanwälte und Ärzte, wurde jedoch seit dem Dritten Strafrechtsänderungsgesetz vom 04.08.1953[473] bis zum heutigen Tag stetig erweitert.[474] Erst kürzlich wurde durch das am 16.02.2002 in Kraft getretene „Gesetz zur Änderung der Strafprozessordnung"[475] mit dem neuen § 53 I 1 Nr. 5 StPO das Zeugnisverweigerungsrecht der Medienmitarbeiter in erheblichem Umfang ausgebaut. Im Folgenden ist zu untersuchen, ob eine solche Erweiterung auch für TOA-Vermittler in Betracht kommt.

1.3. Zeugnisverweigerungsrecht für den Vermittler

1.3.1. Bisherige Ansätze

a) TOA-Servicebüro

Explizit ist ein Zeugnisverweigerungsrecht für den Vermittler nicht geregelt. Dementsprechend informiert auch die Homepage des durch Beschluss des Bundesstages und der Bundesregierung im Jahre 1992 gegründeten TOA-Servicebüros[476], dass ein solches nicht bestehe, verzichtet dabei allerdings auf eine nähere Begründung. Zudem begnügt es sich zur Lösung des Problems mit einem äußerst zweifelhaften Vorschlag: Den Schwierigkeiten, die entstehen, wenn sich herumspricht, dass Inhalte der Vermittlungsgespräche in einer Verhandlung genannt werden, könne durch Hinweise an die Justizpraktiker vorgebeugt werden, die daraufhin auf die Verwertung der entsprechenden Informationen verzichten würden. Dem kann jedoch im Hinblick auf die Objektivität bzw. den Gleichlauf der Strafverfahren und die Aufklärungspflicht des Gerichts nicht gefolgt werden.

b) Rechtsprechung

Das BVerfG hat in vergleichbaren Situationen Zeugnisverweigerungsrechte unmittelbar aus der Verfassung hergeleitet.[477] Die in der diesbezüglich ergan-

---

[471] Vgl. dazu ausführlich *Rogall*, ZStW 91 (1979), S. 1 ff.
[472] Vgl. *Rogall*, aaO, S. 42.
[473] Drittes Strafrechtsänderungsgesetz vom 04.08.1953, BGBl. I, S. 735 ff.
[474] Vgl. BVerfGE 33, S. 368.
[475] Gesetz zur Änderung der Strafprozessordnung vom 15.02.2002, BGBl. I, S. 682 f.
[476] www.toa-servicebüro.de.
[477] Vgl. die Übersicht bei *Baier*, JR 1999, S. 496.

genen Grundsatzentscheidung aufgestellten Voraussetzungen[478] treffen auch auf den TOA-Vermittler zu. Für diesen ließe sich ein Zeugnisverweigerungsrecht mit der Argumentation, die Klärung intimer Fragen und Gefühle, die beim TOA zwangsläufig zum Vorschein kommen, seien Bestandteil der Menschenwürde und der Persönlichkeitsentfaltung, auf Art. 1 I, 2 I GG stützen. Das hilft jedoch deswegen nicht viel weiter, da das BVerfG eine solche Herleitung nur „im Einzelfall ausnahmsweise und unter ganz besonders strengen Voraussetzungen“[479] gestattet. Die Herleitung eines generellen Zeugnisverweigerungsrechts aus der Verfassung wird dagegen abgelehnt.

Gleiches gilt für die Möglichkeit einer Analogie zu § 53 StPO, da man „den Kreis der aus Berufsgründen zur Verweigerung des Zeugnisses Berechtigten nicht nach Belieben erweitern darf; denn die aus dem Rechtsstaatsprinzip folgende Notwendigkeit, eine funktionsfähige Rechtspflege zu erhalten, zwingt dazu, diesen Kreis auf das unbedingt erforderliche Maß zu beschränken“ [480].

1.3.2. Eigener Vorschlag
a) Kritik an der Rechtsprechung

Die Rechtsprechung des BVerfG hat zwar in der Literatur durchaus Zustimmung gefunden[481], jedoch handelt es sich dabei meist um pauschale Aussagen ohne vertiefte Auseinandersetzung mit der Problematik. Bei einer solchen stößt man auf folgende Kritikpunkte:

aa) Inkonsequente Argumentation

Zunächst argumentiert das BVerfG in den von ihm zu entscheidenden Einzelfällen inkonsequent. So wird in BVerfGE 44, S. 353 ausdrücklich die Bedeutung eines eingriffsfreien Vertrauensverhältnisses für die Aufgaben der Suchthilfe betont, in BVerfG NStZ 1988, S. 418 ein Zeugnisverweigerungsrecht für Drogenberater mit entgegengesetzter Argumentation abgelehnt. Mittlerweile ist dieser Fall zwar in § 53 I Nr. 3b StPO geregelt, jedoch sind dadurch die Probleme nicht beseitigt, bezieht sich Art. 53 I Nr. 3b StPO doch nur auf amtlich anerkannte Beratungsstellen, nicht jedoch auf gleichwertige ehrenamtliche Tätigkeiten.[482] Hilfe ist auch durch die Strafgerichte zu erwarten, deren Entscheidungspraxis sich auch nicht als stringenter als die des BVerfG erweist.[483]

---

[478] Vgl. dazu ausführlich *Schünemann*, Aids und Straffälligkeit, S. 165, 166.
[479] BVerfGE 33, S. 374.
[480] BVerfGE 33, S. 367.
[481] Vgl. *Meyer-Goßner*, § 53 Rn. 2; L/R-*Dahs*, Vor § 48 Rn. 9; KK-*Senge*, § 53 Rn. 2.
[482] Vgl. BVerfG NJW 1996, S. 1587.
[483] Vgl. etwa SchlHOLG SchlHA 1996, S. 90; umgekehrt dagegen LG Freiburg NStZ 1997, S. 813.

Bereits angesichts dieser aufgrund der Verschiedenheit der Einzelfälle unsicheren[484] und inkonsequenten Entscheidungspraxis der Gerichte erscheint der vom BVerfG vorgeschlagene Lösungsweg als unbefriedigend.[485] Daneben begegnet die genannte Rechtsprechung aber auch dogmatischen Bedenken.

bb) Dogmatische Bedenken

So erkennt auch das BVerfG das Bedürfnis, die Regelungen der Art. 52 ff StPO zu erweitern. Denn unstreitig ist deren gegenwärtiger Umfang, insbesondere der des § 53 StPO, zu eng.[486] Jedoch ist der zur Lösung vorgeschlagene Weg der Einzelfallherleitung aus der Verfassung nicht gangbar. Denn wenn man eine angeblich enumerative Aufzählung durch Rückgriff auf verfassungsrechtliche Vorgaben erweitern könnte, würde neben der Möglichkeit der verfassungskonformen Auslegung einerseits und der Alternative, das Gesetz für verfassungswidrig zu erklären, andererseits der unzulässige dritte Weg der Änderung eines Gesetzes durch Berufung auf ein Grundrecht entstehen.[487] Des Weiteren wäre eine solche Ausnahmekategorie so unpräzise definiert, dass sie keine Ausgangsbasis für die Entscheidung sein kann, ob man sich gegenüber einer dritten (Vertrauens)Person öffnen soll.[488]

Auch die Argumente, mit denen das BVerfG die Möglichkeit einer Analogie zu § 53 StPO verneint, können nicht überzeugen. Denn das Gericht stützt seine Ansicht insbesondere auf die aus dem Rechtsstaatsprinzip folgende Notwendigkeit, eine funktionsfähige Rechtspflege zu erhalten. Diese Notwendigkeit zwinge dazu, den Kreis der Zeugnisverweigerungsrechte auf das unbedingt erforderliche Maß zu beschränken, da man „den Kreis der aus Berufsgründen zur Verweigerung des Zeugnisses Berechtigten nicht nach Belieben erweitern“[489] dürfe. Vielmehr seien einer Erweiterung durch das Rechtstaatsprinzip Grenzen gesetzt. Dem kann im Grunde zwar zugestimmt werden. Die Forderung nach der Verhinderung einer beliebigen Erweiterungsmöglichkeit hat seit dem 11.9.2001 sogar noch an Bedeutung gewonnen. Denn nur so kann den Belangen der Inneren Sicherheit ausreichend Rechnung getragen werden. Jedoch sind im Fall der Ausdehnung der Zeugnisverweigerungsrechte auf TOA-Vermittler die rechtsstaatlichen Grenzen gerade nicht überschritten. Zum einen genießt der

[484] *Hanack*, JR 1980, S. 435 spricht bezüglich der Abwägungskriterien des BVerfG von „Fragwürdigkeit und Verwaschenheit“.
[485] so auch *Rüping*, Das Strafverfahren, Rn. 176, der die Vorgehensweise des BVerfG als „nicht praktikabel“ bezeichnet.
[486] Vgl. *Schünemann*, Aids und Straffälligkeit, S. 163.
[487] Vgl. *Grünwald*, Das Beweisrecht der Strafprozessordnung, S. 27; *Rengier*, Zeugnisverweigerungsrechte, S. 107.
[488] Vgl. *Schünemann*, Aids und Straffälligkeit, S. 163.
[489] BVerfGE 33, S. 383.

TOA als Institution selbst Rechtsstaatlichkeit, da er einer möglichst dauerhaften Friedensstiftung dient, so dass das Argument der funktionsfähigen Strafrechtspflege nicht voll greifen kann. Zum anderen kann die Erweiterung des Kataloges der Zeugnisverweigerungsrechte dann nicht als „beliebig" angesehen werden, wenn sie sich auf Institutionen beschränkt, die für das Gemeinwesen von großem Nutzen sind und für ihre Funktionsfähigkeit eines hohen Maßes an Vertraulichkeit bedürfen. Beide Eigenschaften treffen auf den TOA bzw. das TOA-Verfahren zu. Dass man der Vermittlung zwischen Täter und Opfer einen großen Nutzen für das Gemeinwesen beimisst, zeigt sich bereits an der seit Jahren in Bezug auf den TOA anhaltenden kriminalpolitischen Diskussion und den damit einhergehenden[490] Kodifikationen, durch die der Gesetzgeber die (erfolgreiche[491]) freiwillige[492] Teilnahme an einem TOA sogar strafrechtlich „belohnt".[493] Dieser Nutzen für die Allgemeinheit lässt sich am besten durch einen umfassenden Vertraulichkeitsschutz sowohl für Täter, Opfer und Vermittler als auch für die Institution TOA selbst erreichen.[494] Der Mechanismus „ohne Zeugnisverweigerungsrecht keine Offenheit im Beratungsgespräch"[495] würde nämlich dazu führen, dass der Berater nur einen Bruchteil an Informationen erhält, wodurch es im Ergebnis zu einer Gefährdung des Ausgleichserfolges käme.

b) Herleitung einer allgemeingültigen Regel

Im Folgenden ist zu untersuchen, ob sich eine allgemeingültige Regel aus den anerkannten Grundsätzen juristischer Methodik ableiten lässt. Ein solches Vorgehen ist allgemein anerkannt und steht nicht im Widerspruch zu o.g. Kritik. In Betracht kommt dabei, will man nicht banal auf den Hinweis einer - ohne Frage begrüßenswerten - Ergänzung des § 53 I StPO durch den Gesetzgeber verweisen, eine ungeschriebene Regel. Dafür existieren grundsätzlich mehrere dogmatische Möglichkeiten:

aa) Heranziehung von „Richtlinien"

So kann man die Rechtsgedanken anderer Normen als „Richtlinie" heranziehen[496], was jedoch voraussetzt, dass sich eine geschriebene Regelung findet, die als Richtlinie angesehen werden kann und einen entsprechenden Inhalt regelt. Das ist z.B. in Art. 7 AGGVG für die Ablehnung eines Richters der Fall[497], nicht jedoch für Zeugnisverweigerungsrechte der hier interessierenden Art.

---

[490] Vgl. dazu bereits ausführlich oben 1. Kapitel, II. (S. 17 ff).
[491] Vgl. dazu bereits oben II. 1.2.2. b) cc) (S. 37).
[492] Vgl. dazu bereits ausführlich oben II. 2.1.5. (S. 49 ff).
[493] Vgl. §§ 46a StGB, 153a I 2 Nr. 5 StPO.
[494] Vgl. dazu bereits oben 1.1. (S. 83 f).
[495] *Schünemann*, Aids und Straffälligkeit, S. 167.
[496] Vgl. *Roxin*, Strafverfahrensrecht, § 10 Rn. 13; OLG Stuttgart NJW 1974, S. 1395.
[497] Vgl. *Roxin*, aaO.

bb) Ableitung aus dem fair-trial-Grundsatz

In gewissem Rahmen lassen sich strafprozessuale Rechte auch aus dem ungeschriebenen rechtsstaatlichen Verfahrensprinzip des „fair trial“ herleiten. Dabei ist jedoch zu beachten, dass der fair-trial-Grundsatz der Einführung der StPO bereits zugrunde lag, mithin in den einzelnen Vorschriften enthalten ist. Auf ihn kann somit nur noch subsidiär zurückgegriffen werden, was insbesondere eine Anwendung in bereits geregelten Fällen verbietet.[498]

cc) Herleitung aus sonstigen verfassungsrechtlichen Prinzipien

Die Auseinandersetzung mit der Rechtsprechung hat ergeben, dass direkt aus der Verfassung keine allgemeingültige Regel herzuleiten ist, sondern nur eine Lösung für den jeweiligen Einzelfall.[499]

dd) Analogie zu § 53 I Nr. 1-3b StPO

Somit bleibt noch die Möglichkeit eines Analogieschlusses zu § 53 I Nr. 1-3b StPO. Ein solcher setzt das Vorliegen einer planwidrigen Regelungslücke sowie einer vergleichbaren Interessenlage voraus. Grundvoraussetzung ist jedoch zunächst, dass der in Frage stehenden Norm kein abschließender Charakter zukommt.

(1) Abschließender Charakter des § 53 I Nr. 1-3b StPO?

Entgegen der Ansicht des BVerfG kann den Regelungen des § 53 I Nr. 1-3b StPO ein solcher Charakter gerade nicht beigemessen werden. Denn es erscheint dogmatisch nicht haltbar, die Regelung des § 53 I Nr. 3 StPO als abschließend[500], § 53 I Nr. 5 StPO dagegen als nicht abschließend anzusehen.[501] Sämtliche Alternativen des § 53 I StPO sind nämlich Ergebnisse der im Gesetzgebungsverfahren getroffenen Abwägung zwischen den Interessen der Funktionsfähigkeit der Strafrechtspflege und der Geheimhaltung als Erfolgsvoraussetzung bestimmter Vertrauensverhältnisse, die im Fall des § 53 I Nr. 1-3b über Art 12 GG und im Fall des § 53 I Nr. 5 über Art 5 I 2 GG verfassungsrechtlichen Schutz genießen.[502] Eine differenzierende Behandlung ist insofern nicht nachvollziehbar. Konsequent erscheint es vielmehr, entweder generell eine abschließende oder eine nicht abschließende Regelung zu bejahen.

---

[498] Vgl. *Arloth*, NJW 1985, S. 417, 418.
[499] Vgl. BVerfGE 33, 374; vgl. dazu bereits oben 1.3.1. b) (S. 85 f).
[500] Vgl. BVerfGE 25, S. 305; 64, S. 116.
[501] Vgl. BVerfGE 33, S. 374.
[502] Vgl. *Baier*, JR 1999, S. 498.

Dem Vorschlag, § 53 StPO generell als abschließend anzusehen, ist zuzugeben, dass die Zeugnisverweigerungsrechte nicht beliebig ausgeweitet werden dürfen. Denn durch die Zeugnisverweigerung bleiben zur Ermittlung der Wahrheit beitragende Erkenntnisse für das Gericht unerreichbar oder doch zumindest unverwertbar, was in einer Rechtsordnung, der an einem auf Wahrheit basierenden Urteil gelegen ist, nicht unbeschränkt der Fall sein darf. Jedoch schließt das nicht aus, den Katalog der Zeugnisverweigerungsrechte, sollte er sich als inkonsequent und unstimmig erweisen, in einzelnen Punkten zu ändern.[503] Somit ist zunächst festzustellen, aus welchem Grund die Zeugnisverweigerungsrechte des § 53 I Nr. 1-3b StPO bestehen.

Teilweise wird hier auf den Schutz der Berufsausübung abgestellt, da Verschwiegenheit zum traditionellen Berufsbild bestimmter Berufe gehöre.[504] Das ist aber schon deshalb nicht zutreffend, weil das positive Recht die Orientierung an traditionellen Vertrauensberufen bereits seit längerem aufgegeben hat.[505] Ein weiterer Begründungsansatz wird im Gewissenskonflikt der potentiellen Zeugen gesehen.[506] Dieser steht jedoch im Widerspruch zu § 53 II StPO, der gerade den Klienten der jeweiligen Vertrauensperson das Recht zugesteht, letztere von der Verschwiegenheitspflicht zu entbinden. Zu Recht wird demnach ganz überwiegend nicht auf die Interessen des Geheimnisträgers, sondern auf die des Klienten oder derjenigen Personen abgestellt, die von den Informationen, die der Vermittler erhält, betroffen sind.[507] Damit ist jedoch noch nicht gesagt, welche konkreten Interessen der Klienten den Schutz der Zeugnisverweigerungsrechte genießen.

Hier kommt zunächst das Interesse in Betracht, sich nicht selbst mittelbar zu belasten. Denn gegenüber vielen der in § 53 Nr. 1-3b StPO genannten Vertrauenspersonen, so z.B. dem Anwalt oder Drogenberater, werden des Öfteren auch strafrechtlich belastende Inhalte offenbart.[508] Dagegen wird jedoch angeführt, dass die Anwendung des nemo-tenetur-Grundsatzes fragwürdig erscheint, wenn sich der Beschuldigte ohne staatlichen Zwang äußert. Zudem könne den in einem solchen Fall bestehenden Schutzbedürfnissen bereits durch eine Ausweitung des § 55 I Alt. 2 StPO ausreichend Rechnung getragen werden.[509] Des Weiteren wird auf die Privatsphäre des Klienten als schutzwürdiger Belang

---

[503] Vgl. *Weigend*, Gutachten C für den 62. DJT, S. 67.

[504] Vgl. *Rengier*, Zeugnisverweigerungsrechte, S. 14.

[505] Vgl. *Weigend*, aaO, S. 82.

[506] Vgl. *Baier*, Zeugnisverweigerungsrechte, S. 55; LR/*Dahs*, § 53 Rn. 1; *Rengier*, Zeugnisverweigerungsrechte, S. 13; SK-*Rogall*, vor § 48 Rn. 144.

[507] Vgl. KK-*Senge*, § 53 Rn. 1; *Meyer-Goßner*, § 53 Rn. 1; *Weigend*, Gutachten C für den 62. DJT, S. 83.

[508] Vgl. *Stegemann*/*Martens*, StV 1989, S. 328; *Weigend*, aaO.

[509] So z.B. *Weigend*, aaO.

i.S.d. § 53 I Nr. 1-3b StPO abgestellt.[510] Dafür spricht wiederum die Aufzählung des § 53 I Nr. 1-3b StPO, da den dort genannten Personen gegenüber überwiegend auch private Probleme angesprochen werden, dagegen allerdings, dass der Schutz des § 53 um einiges weiter geht.[511] Dementsprechend ist § 53 I Nr. 3b StPO eher durch das öffentliche Interesse an der Vertraulichkeit der aufgezählten Beziehungen gerechtfertigt. Gegenstand des Vertraulichkeitsschutzes sind dabei die vom Klienten preisgegebenen Informationen und somit dessen Vertrauen in die Vertraulichkeit.[512]

Somit kann der überwiegenden Ansicht, das System der berufsbezogenen Zeugnisverweigerungsrechte des § 53 I Nr.1-3b StPO stelle eine abschließende Regelung mit der Konsequenz dar, Angehörige anderer Berufsgruppen seien generell zur Aussage als Zeuge verpflichtet[513], nicht gefolgt werden. Denn § 53 I Nr. 1-3b StPO besteht gerade nicht in erster Linie um der jeweiligen Berufsangehörigen willen, sondern um die Vertraulichkeit von deren auch im öffentlichen Interesse liegenden Aufgaben zu gewährleisten.[514] Dadurch soll der Erfolg ihrer jeweiligen Tätigkeit gesichert werden. Die Vorschrift des § 53 I Nr. 5 StPO trifft vielmehr lediglich eine generalisierende Bestimmung darüber, in welchen Fällen *typischerweise* das rechtsstaatliche Bedürfnis nach Gewährung von Strafrechtspflege zurückstehen muss. Das kann nicht ausschließen, in anderen Fällen ebenfalls ein Überwiegen der Vertraulichkeitsinteressen festzustellen.

Dazu hat eine Abwägung mit dem öffentlichen Interesse an der Aufklärung von Straftaten zu erfolgen. Diesbezüglich hat das BVerfG zwar in anderem, jedoch übertragbarem Kontext bereits richtungweisend Stellung genommen.[515] Dabei wurde die Notwendigkeit der Existenz und des Schutzes von auf Vertrauen gestützten Konfliktberatungen anerkannt. Hinter deren Interessen haben solche der Strafverfolgung nach Verhältnismäßigkeitsgesichtspunkten gegebenenfalls zurückzustehen.[516] Um dem berechtigten Interesse an einer Verhinderung der Ausuferung von Zeugnisverweigerungsrechten nicht entgegenzuwirken, wird man dabei jedoch nur auf Konfliktberatungen durch solche Berufsgruppen abstellen können, die eine „für das Gemeinwesen unverzichtbare Hilfs- und Bera-

---

[510] Vgl. *Rengier*, Zeugnisverweigerungsrechte, S. 15; SK-*Rogall*, vor § 48 Rn. 145; *Michalowski*, ZStW 109 (1997), S. 525; BVerfGE 38, S. 320.

[511] Vgl. *Weigend*, aaO, S. 84.

[512] Vgl. *Weigend*, aaO, S. 85; *Michalowski*, aaO, S. 524 ff; *Lenckner*, NJW 1965, S. 321 ff.

[513] Vgl. z.B. BVerfG NJW 1996, S. 1587 m.w.N.; BVerfGE 25, S. 305; 64, S. 116; *Groß*, StV 1996, S. 562; *Meyer-Goßner*, § 53 Rn. 2.

[514] Vgl. *Weigend*, Gutachten C für den 62. DJT, S. 81 ff; *Rengier*, Zeugnisverweigerungsrechte, S. 13 ff; *Baier*, JR 1999, S. 496.

[515] Vgl. BVerfGE 44, S. 353 ff; NJW 1977, S. 1489 ff.

[516] Vgl. BVerfGE 44, S. 353 ff; NJW 1977, S. 1489 ff.

tungsfunktion wahrnehmen".[517] Dazu zählt insbesondere auch der TOA-Vermittler.[518] Für das vom BVerfG geforderte Überwiegen der TOA- gegenüber den öffentlichen Strafverfolgungsinteressen kann insbesondere angeführt werden, dass, wenn Staatsanwaltschaft oder Gerichte einen Fall ins Ausgleichsverfahren verweisen, davon ausgegangen werden kann, dass das öffentliche Strafverfolgungsinteresse gerade nicht im Vordergrund steht. Das ergibt sich bereits aus den Voraussetzungen des § 153a I 2 Nr. 5 StPO.

Ein Analogieschluss zu § 53 I Nr. 1-3b StPO ist somit grundsätzlich möglich. Die vom BVerfG für gefährdet erachtete „Funktionstüchtigkeit der Strafrechtspflege"[519] steht dabei nicht auf dem Spiel, denn die hier zu erwartende Einbuße fällt gegenüber den für eine Ausdehnung sprechenden Gesichtspunkten nicht wirklich ins Gewicht. Dieses Ergebnis wird auch durch die Überlegung unterstrichen, dass nur eine „Verlängerung der Aussagefreiheit des Beschuldigten in Richtung auf seine Vertrauensperson"[520] in Frage steht. Auch bei anderen Institutionen des Strafverfahrens ist die Idee der materiellen Wahrheitsfindung als Leitbild in den Hintergrund getreten, ohne dass darin jemals eine Gefährdung der Funktionstüchtigkeit der Strafrechtspflege gesehen wurde. Zu nennen sind hier nur die Ausbreitung des Opportunitätsprinzips und die Einbürgerung verfahrensrechtlicher Absprachen.[521]

(2) Planwidrige Regelungslücke

Die Planwidrigkeit der in Bezug auf den Vermittler bestehenden Regelungslücke erscheint deshalb fraglich, da der Anwendungsbereich des § 53 StPO erst kürzlich durch das am 16.02.2002 in Kraft getretene „Gesetz zur Änderung der Strafprozessordnung"[522] erweitert wurde. Dabei ist die Einführung eines Zeugnisverweigerungsrechts für den TOA-Vermittler jedoch trotz entsprechender kriminalpolitischer Diskussionen[523] unterblieben. Dennoch kann hier keine bewusste Regelungslücke angenommen werden, denn auf eine solche findet sich meist ein Hinweis in der Gesetzesbegründung. So hat der Gesetzgeber etwa im Rahmen des Schuldrechtsmodernisierungsgesetzes das eventuelle Bedürfnis nach einer analogen Anwendung des § 122 BGB erkannt, jedoch in der Gesetzesbegründung ausführlich dargelegt, warum er von einer expliziten Regelung dieser Situation abgesehen hat.[524] Ein solcher Hinweis findet sich für den TOA-

---

517 *Weigend*, aaO, S. 85.
518 Vgl. dazu bereits ausführlich oben 1.3.2. a) bb) (S. 87 f).
519 BVerfGE 33, S. 383.
520 *Schünemann*, Aids und Straffälligkeit, S. 166.
521 Vgl. *Schünemann*, aaO, S. 166 f.
522 Gesetz zur Änderung der Strafprozessordnung vom 15.02.2002, BGBl. I, S. 682 f.
523 Vgl. nur *Weigend*, Gutachten C für den 62. DJT, S. 81 ff.
524 Vgl. BT-Dr. 14/6040, S. 166.

Vermittler aber weder im Verbrechensbekämpfungsgesetz[525] noch im Gesetz zur strafrechtlichen Verankerung des TOA und des FAG[526] oder dem Gesetz zur Änderung der Strafprozessordnung[527], so dass vom Vorliegen einer unbewussten Regelungslücke ausgegangen werden kann. Durch die Einführung des § 155a StPO und die Berücksichtigung des TOA ist eine solche nachträglich entstanden.

(3) Vergleichbare Interessenlage
(a) Gesetz zur Änderung der Strafprozessordnung

Hier lassen sich Argumente aus der Kritik an dem am 16.02.2002 in Kraft getretenen Gesetz zur Änderung der Strafprozessordnung[528], durch welches in dem neuen § 53 I Nr. 5 StPO das Zeugnisverweigerungsrecht der Medienmitarbeiter in erheblichem Umfang erweitert wurde, herleiten. Denn die Kritik stützt sich in erster Linie darauf, dass für diesen Personenkreis kein Schutzbedürfnis bestehe und auch im internationalen Vergleich keine entsprechenden Tendenzen erkennbar seien. Die Interessen der Medienmitarbeiter seien nicht mit denen der anderen in § 53 I StPO genannten Personen vergleichbar.[529] Genau das liegt aber beim TOA anders. Zum einen erweisen sich der TOA-Vermittler bzw. das gesamte Ausgleichsverfahren als schutzwürdig[530], zum anderen gewinnt der TOA in der kriminalpolitischen Diskussion in Deutschland und anderen Staaten[531] sowie auf europäischer Ebene[532] in den letzten Jahren als eine mögliche Reaktionsform auf Straftaten zunehmend an Bedeutung.[533] Von einer Vergleichbarkeit der Interessenlage kann somit ausgegangen werden.

(b) Vertrauensverhältnis und Passivität der Berufsgruppen des § 53 StPO

Auch sonst befinden sich die TOA-Vermittler in einer ähnlichen Lage wie der von § 53 StPO erfasste Personenkreis. Denn wie bei den Vermittlern handelt es sich auch bei Ärzten, Anwälten, Geistlichen usw. typischerweise um Personen,

---

[525] Gesetz zur Änderung des Strafgesetzbuches, der Strafprozeßordnung und anderer Gesetze (Verbrechensbekämpfungsgesetz) vom 28.10.1994, BGBl. I, S. 3186 ff.
[526] Gesetz zur strafverfahrensrechtlichen Verankerung des TOA und des FAG vom 20.12.1999, BGBl. I, S. 2491 ff.
[527] Gesetz zur Änderung der Strafprozessordnung vom 15.02.2002, BGBl. I, S. 682 f.
[528] Ebda.
[529] Vgl. *Kunert*, NStZ 2002, S. 169.
[530] Vgl. dazu bereits ausführlich oben 1.1. (S. 83 f).
[531] Vgl. die Beiträge in *Eser/Kaiser/Madlener*, Neue Wege der Wiedergutmachung im Strafrecht.
[532] Vgl. *Wergens*, Crime victims in the European Union; *Mikaelson/Wergens*, State compensation to crime victims in the European Union.
[533] Vgl. bereits ausführlich oben Einleitung (S. 1) und 1. Kapitel, II. (S. 16 ff).

denen man sich anvertraut. Sie nehmen also eine passive Rolle ein. Hier zeigt sich wiederum ein Unterschied zu der in Bezug auf die Erweiterung des § 53 I Nr. 5 StPO geäußerten Kritik, denn im Vergleich zum aktiv recherchierenden Medienmitarbeiter wird der TOA-Vermittler von den Konfliktparteien aufgesucht.[534] Auch besteht zwischen den genanten Personen ein Vertrauensverhältnis, dessen Einhaltung für die erfolgreiche Berufsausübung unabdingbar ist.

1.3.3. Ergebnis und Würdigung zu 1.3.

Für den Vermittler ist somit ein Zeugnisverweigerungsrecht analog § 53 Nr. 1 - 3b StPO zu bejahen. Dementsprechend müssen selbstverständlich auch die das Zeugnisverweigerungsrecht flankierenden Vorschriften, insbesondere also § 97 StPO, ausgedehnt werden. Einschränkend muss jedoch eine institutionelle Verfestigung der TOA-Stellen gefordert werden, damit nicht jeder für sich in Anspruch nehmen kann, informeller Opferhelfer zu sein, und sich damit auf ein Zeugnisverweigerungsrecht berufen könnte. Die Institution sollte staatlich betrieben oder doch zumindest staatlich anerkannt sein.[535] Des Weiteren muss durch die Ausbildung der Vermittler Gewähr dafür geleistet werden, dass vom Zeugnisverweigerungsrecht kein unangemessener Gebrauch gemacht wird.[536] Auch sollte in regelmäßigen Abständen die Seriosität der Einrichtungen überprüft werden, um einem missbräuchlichen Verhalten entgegenzuwirken, wie es bereits des Öfteren zu beobachten war.[537]

Ein Zeugnisverweigerungsrecht für den Vermittler wird aber alleine den im TOA-Verfahren bestehenden Schutzbedürfnissen nicht gerecht. Diese beschränken sich nämlich - wie gesehen - nicht auf den Vermittler, sondern beziehen sich auf alle Beteiligten, ja sogar auf die Vertraulichkeit des gesamten Ausgleichsverfahrens.[538] Eine Gefährdung der Vertraulichkeit besteht aber auch dann, wenn das Opfer als Zeuge geladen werden könnte, da so die mangelnde Zeugenpflicht des Vermittlers durch Vernehmung des Opfers umgangen werden könnte. Zu untersuchen bleibt demnach, ob auch dem Opfer ein entsprechendes Zeugnisverweigerungsrecht zugestanden werden muss.

---

[534] Vgl. *Kunert*, NStZ 2002, S. 171.
[535] Vgl. *Weigend*, Gutachten C für den 62. DJT, S. 93.
[536] Vgl. BVerfGE 33, S. 383, 384 (orbiter dictum).
[537] Vgl. *Schünemann*, JR 1989, S. 95 mit Fn. 66; ders., Aids und Straffälligkeit, S. 164.
[538] Vgl. dazu bereits ausführlich oben 1.1. (S. 83 f).

1.4. Zeugnisverweigerungsrecht für den Opferzeugen analog § 52 I StPO

Nach allgemeiner Ansicht steht dem Opfer ausschließlich dann ein Zeugnisverweigerungsrecht zu, wenn es zum Täter in einer persönlichen Beziehung i.S.d. § 52 StPO steht. Dazu ist jedoch die Angehörigeneigenschaft des Opferzeugen erforderlich.[539] Dem ist zuzugeben, dass die anderen in der StPO geregelten Möglichkeiten der Zeugnisverweigerung offensichtlich nicht eingreifen und das Opfer, abstrakt betrachtet, in § 52 StPO nicht als zeugnisverweigerungsberechtigt genannt wird. Eine allgemeingültige Regelung ließe sich somit wiederum nur im Wege einer Analogie, vorliegend zu § 52 StPO, herleiten.

1.4.1. Abschließender Charakter des § 52 StPO und planwidrige Regelungslücke

Die Möglichkeit eines Analogieschlusses wird des Öfteren bereits mit dem Argument verneint, § 52 StPO beschränke sich auf Angehörigenverhältnisse, welche der Gesetzgeber in der Form eines numerus clausus abschließend aufgezählt habe.[540] Eine solche Beurteilung würde jedoch, wie bereits Beling[541] zutreffend erkannt hat, dem Schutzzweck des § 52 StPO[542] nicht gerecht.[543] Dementsprechend lässt Geppert die Möglichkeit der analogen Anwendung des § 52 StPO auf die nichteheliche Lebensgemeinschaft nicht bereits am Enumerationsprinzip, sondern erst am Fehlen einer planwidrigen Regelungslücke scheitern.[544] Wieder andere bejahen im Ergebnis das Vorliegen einer solchen Regelungslücke und verneinen eine Analogie daher - wenn überhaupt - erst aufgrund einer mangelnden Vergleichbarkeit der Interessenlage.[545]

Unabhängig von einer Entscheidung für eine der o.g. Ansichten würde eine analoge Anwendung des § 52 StPO jedenfalls dann ausscheiden, wenn es an einer Vergleichbarkeit der Interessenlagen fehlt.

1.4.2. Vergleichbare Interessenlage

Da § 52 I StPO die persönlichen Beziehungen zwischen Täter und anderen Personen regelt, wäre eine vergleichbare Situation nur dann gegeben, wenn das Täter-Opfer-Verhältnis, zumindest ab dem Stadium des TOA-Verfahrens, eine persönliche Beziehung i.d.S. darstellen würde. Nach allgemeinen Grundsätzen

---

539 Vgl. *Weigend*, Gutachten C für den 62. DJT, S. 93.
540 Vgl. L/R-*Dahs*, § 52 Rn. 17.
541 Vgl. *Beling*, Beweisverbote, S. 37.
542 Vgl. dazu sogleich 1.4.2.
543 Vgl. *Rengier*, Zeugnisverweigerungsrechte, S. 102 f.
544 Vgl. *Geppert*, Jura 1991, S. 134.
545 Vgl. *Rengier*, Zeugnisverweigerungsrechte, S. 102 ff.

müsste dazu die genannte Beziehung unter den Schutzzweck des § 52 StPO fallen. Zu dessen Bestimmung existieren die verschiedensten[546] Ansichten:

Er wird z.T. im Schutz des passiven Selbstverteidigungsrechts des Beschuldigten gesehen[547], was jedoch deswegen nicht überzeugen kann, da der Beschuldigte gerade keinen Einfluss auf die Ausübung dieses Rechts hat. Es handelt sich vielmehr um ein höchstpersönliches Recht des Zeugen.[548] Des Weiteren wird auf den Schutz der Wahrheitsfindung, d.h. den Schutz der Rechtspflege vor konfliktbehafteten Beweismitteln, abgestellt.[549] Diese Ansicht fußt jedoch auf einem den entsprechenden Zeugen entgegengebrachten Misstrauen, welches aber alleine in §§ 60, 61 Nr. 2 StPO berücksichtigt wird.[550] Dementsprechend haben sich weitere Begründungen herausgebildet, die heute als herrschend angesehen werden können.

Dabei sieht eine Ansicht den Zweck des § 52 StPO im Schutz der Familie[551], wobei z.T. auf das staatliche Interesse an der Familie[552], auf das Interesse des Beschuldigten bzw. dessen Angehörigen an der Familie „als Ganzes“[553] oder den Schutz der familiären Ehre[554], in den letzten Jahren aber vor allem auf den Schutz des familiären Vertrauensverhältnisses als einem sog. vorprozessualen Recht[555] abgestellt wird, da Nähe und Vertrauen mit Kontaktpersonen sowie Verbalisierung und Kommunikation wesentliche Bestandteile der Menschenwürde seien.[556] Jeder Mensch sei auf Vertrauenspersonen angewiesen, mit denen er sich aussprechen kann, um Rat und Hilfe für seine Probleme zu erlangen.[557] Danach befände sich der Opferzeuge keineswegs immer in einer den von § 52 I StPO geschützten Personen vergleichbaren Interessenlage, denn er erlangt von der Straftat notwen- digerweise Kenntnis, während im Rahmen des familiären Vertrauensverhält- nisses Emotionen, Wünsche und Ansichten freiwillig geäußert werden.[558]

---

[546] Vgl. *Weigend*, Gutachten C für den 62. DJT, S. 68 spricht von einem „Übermaß an Erklärungen“ für das Zeugnisverweigerungsrecht.
[547] Vgl. *Petry*, Beweisverbote im Strafprozess, S. 45 ff; SK-*Rogall*, vor § 48 Rn. 141; *Weigend*, aaO, S. 71.
[548] Vgl. *Meyer-Goßner*, § 52 Rn. 14 m.w.N.
[549] Vgl. *Rengier*, aaO, S. 63; Petry, aaO, S. 151.
[550] Vgl. *Bialek*, Zeugnisverweigerungsrecht aus persönlichen Gründen, S. 56 m.w.N.
[551] Vgl. BGHSt 11, S. 213 ff.
[552] Vgl. *Rengier*, Zeugnisverweigerungsrechte, S. 11; BGHSt 12, S. 239; 22, S. 35 ff.
[553] AK-*Kühne*, § 52 Rn. 1.
[554] Vgl. *Peters*, JR 1968, S. 430.
[555] Vgl. *Rengier*, aaO, S. 10 ff.
[556] Vgl. *Dencker*, Verwertungsverbote im Strafprozess, S. 115.
[557] Vgl. *Schmitt*, Zeugnisverweigerungsrechte nach §§ 52, 53 StPO, S. 58 f m.w.N.
[558] Vgl. BVerfGE 90, S.260.

Diese Ansicht ist jedoch abzulehnen, wobei sich die Gegenargumente aus dem Fall des Opferzeugen selbst ergeben. Der Opferzeuge ist im Falle seiner Angehörigeneigenschaft unstreitig von § 52 I StPO erfasst. Dann jedoch kann der Schutz der Familie gerade keinen überzeugenden Schutzzweck darstellen, da zu deren Schutz eher das Gegenteil, nämlich die Überführung des Täters, notwendig wäre.[559] Insofern bleibt als Schutzwürdigkeitsargument nur ein eventueller Gewissenskonflikt des Opferzeugen. Darauf ist denn auch konsequenter- und richtigerweise abzustellen. Der Schutzzweck des § 52 StPO ist in den persönlichen Interessen des Zeugen zu sehen[560], der vor einem Gewissenskonflikt bewahrt werden soll[561], wobei ein Nachweis, ob ein solcher vorliegt, nicht erbracht werden muss. Es reicht aus, dass die formalen Voraussetzungen des § 52 StPO vorliegen.[562]

Der Opferzeuge müsste somit einem derartigen potentiellen Gewissenskonflikt ausgesetzt sein. Ein solcher könnte sich aus der Wahrheitspflicht als Zeuge einerseits und den eigenen Opferinteressen andererseits ergeben. Letztere bestehen - wie gesehen - gerade nicht zuvörderst in der Bestrafung des Täters. Vielmehr stehen die eigenen Nöte, die Gefahr des Ausgeliefertseins oder die Angst vor Wiederholung im Vordergrund, zu der bei einer Verurteilung des Täters die Angst vor Rache noch hinzukommen kann. Die Ziele der Opfer bestehen daher einerseits in einem Ausgleich der durch die Straftat entstandenen materiellen und psychischen Schäden, andererseits darin, dem Täter auf der Straße ohne Furcht über den Weg laufen zu können.[563] Durch die Möglichkeit für das Opfer, die Aussage zu verweigern, wird die Vertraulichkeit der Gesamtsituation und somit die Bereitschaft des Täters zur Durchführung des TOA bzw. die Chance auf einen erfolgreichen Abschluss des Ausgleichsverfahrens erhöht. Das fördert die aktive Einbeziehung des Opfers in die Regelung des Tatfolgenausgleichs, welches so seine Interessen besser verfolgen kann als durch die passive Rolle als Zeuge. Es besteht also auch auf Seiten des Opfers ein potentieller Gewissenskonflikt.

Dieser ist jedoch nicht mit dem Gewissenskonflikt der in § 52 StPO genannten Personen vergleichbar. Denn letzterer entsteht durch eine dauerhafte Beziehung, in der es im Laufe der Zeit zum Aufbau von Emotionen und Gefühlen kommt, die auch nach der Begehung einer Straftat noch fortwirken können. Dagegen entsteht durch das TOA-Verfahren eine Art Zweckgemeinschaft zur

---

[559] Vgl. *Rengier*, aaO, S. 93 ff.

[560] Vgl. SK-*Rogall*, vor § 48 Rn. 140; KK-*Senge*, § 52 Rn. 1 sieht im Zeugnisverweigerungsrecht auch ein allgemeines Interesse.

[561] ganz h.M., vgl. BGHSt 2, S. 104; 17, S. 327; 21, S. 305; *Meyer-Goßner*, § 52 Rn. 1.

[562] L/R-*Dahs*, § 52 Rn. 1 m.w.N.

[563] Vgl. *Meyer*, FS Triffterer, S. 629; *Schneider*, GA 2001, S. 48; *Kaiser*, Kriminologie, S. 531 ff; *Weigend*, Zukunftsperspektiven der Opferforschung, S. 43 ff; vgl. auch bereits oben 1. Kapitel, I. 1. (S. 4 f).

Verarbeitung der Tat, die mit Abschluss des TOA-Verfahrens endet. Somit muss eine analoge Anwendung des § 52 I StPO ausscheiden. Dementsprechend muss man sich hier mit einem Hinweis an den Gesetzgeber begnügen, eine entsprechende Regelung zu erlassen.

2. Besondere Beweisverwertungsverbote

Wie gesehen, steht dem TOA-Vermittler ein Zeugnisverweigerungsrecht zu und auch für den Opferzeugen erscheint die Einführung einer entsprechenden Regelung ratsam. Jedoch steht der Gebrauch eines Zeugnisverweigerungsrechts immer im Ermessen des Berechtigten, es handelt sich um ein höchstpersönliches Recht[564], auf dessen Ausübung die Verfahrensbeteiligten keinen Anspruch haben.[565] Es gibt gerade keine Zeugnisverweigerungspflicht oder eine Möglichkeit des Zeugenausschlusses wegen Untauglichkeit als Beweismittel.[566] Für einen vollständigen Schutz der Vertraulichkeit des TOA-Verfahrens erscheint daher die Begründung entsprechender Beweisverwertungsverbote notwendig. In der Tat wird deshalb z.T. gefordert, für Äußerungen im TOA-Verfahren ein Beweisverwertungsverbot zu statuieren.[567] Die entsprechenden Veröffentlichungen lassen allerdings konkrete Lösungsansätze vermissen. Im Folgenden ist daher zu untersuchen, ob sich diese Forderungen rechtfertigen lassen.

Bei den Beweisverwertungsverboten ist zwischen unselbständigen und selbständigen Verboten zu differenzieren. Letztere setzen zunächst eine verfahrensfehlerhafte Beweisgewinnung voraus, die dann nach der Rechtskreis[568]- oder Schutznormtheorie[569] bzw. der Abwägungslehre[570] des BGH im Einzelfall ein Verwertungsverbot nach sich ziehen kann.[571] Selbständige Beweisverwertungsverbote sind dagegen unabhängig von einem Verstoß bei der Beweisgewinnung. Sie können sich aus den Grundrechten, dem fair-trial-Grundsatz oder durch spezielle Vorschriften der StPO ergeben.[572]

---

564 Vgl. BGHSt 21, S. 303; L/R-*Dahs*, § 52 Rn. 23.
565 Vgl. RGSt 20, S. 186 ff; *Eisenberg*, Beweisrecht der StPO, Rn. 1253.
566 Vgl. SK-*Rogall*, vor § 48 Rn. 140.
567 Vgl. *Walther*, ZRP 97, S. 397.
568 Vgl. dazu BGHSt 38, S. 220; 11, S. 215, 218; seit jeher ablehnend *Rudolphi*, MDR 1970, S. 95 ff; heute wohl auch BGHSt 42, S. 73, 77.
569 Vgl. dazu *Grünwald*, Das Beweisrecht der Strafprozessordnung, S. 155; *Rudolphi*, aaO, S. 97 ff; KMR-*Paulus*, § 244 Rn. 516 ff.
570 Vgl. z.B. BGH wistra 2002, S. 112; BGH NJW 1996, S. 1547.
571 Vgl. *Beulke*, Strafprozessrecht, Rn. 458 f.
572 Vgl. *Weigend*, ZStW 113 (2001), S. 271; *Schroth*, Jus 1996, S. 969.

2.1. Beweisverwertungsverbote für *be*lastende Beweise
2.1.1. Unselbständige Beweisverwertungsverbote

Für den TOA-Vermittler besteht ein Zeugnisverweigerungsrecht.[573] Ein unselbständiges Beweisverwertungsverbot käme somit dann in Betracht, wenn eine entsprechende Belehrung erforderlich wäre, aber unterbleibt. Denn ohne Belehrung erhaltene Aussagen stellen sich als verfahrensfehlerhaft gewonnene Beweise dar und haben nach den eben genannten Kriterien grundsätzlich ein Verwertungsverbot zur Folge.[574] Anders als für den Beschuldigten[575] und die aus persönlichen Gründen zur Verweigerung des Zeugnisses Berechtigten[576] existiert im Rahmen des § 53 StPO aber gerade keine Belehrungspflicht über das Zeugnisverweigerungsrecht. Vielmehr geht das Gesetz davon aus, dass die dort genannten Berufsgruppen um diese Möglichkeit wissen. Nichts anderes kann für die Personen gelten, auf die der Anwendungsbereich des § 53 StPO im Wege einer Analogie erweitert wird. Die Vermittler können somit nur im Rahmen der erforderlichen Ausbildung[577] auf das Bestehen eines Zeugnisverweigerungsrechts hingewiesen werden.

2.1.2. Selbständige Beweisverwertungsverbote

Für Äußerungen im TOA-Verfahren kommt somit nur ein selbständiges Beweisverwertungsverbot in Frage.

a) Spezielle Anordnung

Ein solches kann sich zum einen aus speziellen Vorschriften der StPO ergeben, wie z.B. § 100b V StPO hinsichtlich der Verwertbarkeit von sog. Zufallsfunden.[578] Bezüglich der in Frage stehenden Aussagen im TOA-Verfahren findet sich jedoch keine entsprechende Anordnung.

b) Fair-trial-Grundsatz

Beweisverwertungsverbote können sich jedoch als Ausprägung des fair-trial-Grundsatzes ergeben. Dieser stellt nach dem BVerfG[579] und dem BGH[580] eine Konkretisierung des Rechtsstaatsprinzips dar, der dem Beschuldigten die Abwehr hoheitlicher Übergriffe gewährt und die Selbstbeschränkung staatlicher

---

[573] Vgl. dazu bereits ausführlich oben 1.3. (S. 85 ff).
[574] Vgl. *Beulke*, Strafprozessrecht, Rn. 117, 461.
[575] Vgl. § 136 I 2 StPO.
[576] Vgl. § 52 III 1 StPO.
[577] Vgl. dazu bereits oben 1.3.3. (S. 94).
[578] Vgl. dazu statt vieler *Beulke*, Strafprozessrecht, Rn. 476.
[579] Vgl. BVerfGE 38, 111.
[580] Vgl. BGHSt 24, S. 131.

Mittel gebietet. Dazu gehört auch die Berücksichtigung der Grenzen der Beweisermittlung. Jedoch ist zu beachten, dass der fair-trial-Grundsatz den Regelungen der StPO bereits zugrunde liegt. Eine Ausweitung von Beschuldigtenrechten kann daher nur subsidiär und äußerst restriktiv erfolgen.[581] Für den vorliegenden Fall folgt daraus die grundsätzliche Ablehnung eines besonderen Beweisverwertungsverbotes. Denn der Beschuldigte wird darüber belehrt, dass er nicht zur Teilnahme an einem TOA verpflichtet ist. Dadurch erhält er die Möglichkeit, sich über die Konsequenzen einer etwaigen Informationspreisgabe klar zu werden. Ein selbständiges Verwertungsverbot erscheint allerdings für die Fälle gerechtfertigt, in denen der Täter nur aufgrund einer Zusage des Vermittlers, er werde von seinem Zeugnisverweigerungsrecht mit Sicherheit Gebrauch machen, am TOA teilnimmt, der Vermittler aber später dennoch aussagt. Denn damit rückt das Verfahren in die Nähe von § 136a StPO, der jedoch mangels Vernehmung nicht anwendbar ist.

c) Grundrechte

Für die übrigen Fälle könnte man ein selbständiges Beweisverwertungsverbot somit nur noch - wie von Beling[582] bereits zu Anfang des vergangenen Jahrhunderts gefordert - direkt auf die Verfassung, namentlich auf das allgemeine Persönlichkeitsrecht und die Menschenwürde, Art. 1, 2 GG, stützen.[583] Exemplarisch kann hierfür der vom BVerfG entschiedene Tagebuchfall angeführt werden.[584] Der Ansicht, die die Möglichkeit der Herleitung eines Verwertungsverbots direkt aus der Verfassung ablehnt[585], kann bereits deshalb nicht gefolgt werden, weil es sich bei der StPO um angewandtes Verfassungsrecht handelt[586] und die Grundrechte gem. Art. 1 III GG auch die Rechtsprechung binden. Die Wertentscheidungen der Verfassung können somit durchaus ein selbständiges Beweisverwertungsverbot fordern.

Zur Konkretisierung dieser Frage hat das BVerfG eine Stufentheorie entwickelt.[587] Danach sind Beweise, die in den von Art. 1 I, 2 I GG geschützten unantastbaren Bereich der Intimsphäre eingreifen, unverwertbar[588], während Beweise durch Eingriffe außerhalb der Intimsphäre dann verwertbar sind, wenn sie „im überwiegenden Interesse der Allgemeinheit unter strikter Wahrung des Verhältnismäßigkeitsgebots“[589] erfolgen. Die Stufentheorie wurde zwar anläss-

---

581 Vgl. KK-*Pfeiffer*, Einl. Rn. 28.
582 Vgl. *Beling*, Beweisverbote, S. 37.
583 Vgl. *Küpper*, JZ 1990, S. 417.
584 Vgl. BVerfG JZ 1990, S. 431.
585 Vgl. *Sax*, JZ 1965, S. 6.
586 Vgl. *Schmidt*, Lehrkommentar I, Rn. 333.
587 Vgl. dazu auch *Gössel*, NJW 1981, S. 655 ff; *Küpper*, JZ 1990, S. 418.
588 Vgl. BVerfGE 34, S. 245.
589 BVerfGE 34, S. 246.

lich eines Falles heimlicher Tonbandaufnahmen entwickelt[590], ist jedoch auf den vorliegenden Fall aus mehreren Gründen übertragbar. Zum einen geht es auch hier um die Verwertbarkeit intimer, grundsätzlich nicht für die Öffentlichkeit bestimmter Aussagen, zum anderen hat sich die Stufentheorie des BVerfG im Laufe der Zeit zu einer Abwägungslehre weiterentwickelt, die generell zur Begründung selbständiger Beweisverwertungsverbote herangezogen wird.[591] Die Streitfrage, ob die Abwägungslehre nur im Rahmen selbständiger Beweisverwertungsverbote Anwendung findet[592], muss hier nicht entschieden werden, da gerade die Begründung eines solchen in Frage steht.

Im Rahmen der Stufentheorie sprechen die Wertentscheidungen der Verfassung für die Anerkennung eines Beweisverwertungsverbotes. Aus der Sicht des Opfers deswegen, weil Rechtsgüter, die - wie Leib, Leben, Freiheit, Vermögen oder Ehre - zugleich auch grundrechtlich garantiert oder jedenfalls als Teil der objektiven Wertordnung des GG zu verstehen sind, auch im Zuge der Strafjustiz gebührend zu berücksichtigen sind.[593] Das war jedoch lange nicht ausreichend der Fall, da man sich im Laufe der Zeit immer mehr von den Opferinteressen gelöst hat, was anstelle einer gebührenden Berücksichtigung der Opferinteressen zu einer unbefriedigenden Stellung des Verletzten im Strafverfahren führte.[594] Eine Verbesserung ist jedoch durch den TOA eingetreten und auch weiterhin zu erwarten. Die Chancen des TOA wiederum, so ließe sich argumentieren, steigen mit dem Grad der gewährleisteten Vertraulichkeit, die durch die Anerkennung eines Beweisverwertungsverbotes umfassend gesichert ist. Aus der Sicht des Beschuldigten ist die Situation des TOA-Verfahrens der Ausgangssituation des BVerfG bei der Entwicklung der Abwägungslehre ähnlich. Denn auch im TOA-Verfahren werden Informationen ausgetauscht, die vertraulich behandelt werden sollen, d.h. nicht für die Öffentlichkeit bestimmt sind. Der Schutz des Beschuldigten durch Art. 1 I, 2 I GG geht dahin, nicht mehr befürchten zu müssen, das Gesagte könne im Fall des Scheiterns der TOA-Verhandlungen gegen ihn verwendet werden.

Für die Annahme eines selbständigen Beweisverwertungsverbotes spricht zudem maßgeblich Folgendes: Im Rahmen der Abwägungslehre kann gegen ein Verwertungsverbot vor allem das Argument des staatlichen Interesses an der Strafverfolgung bzw. der Funktionsfähigkeit der Strafrechtspflege angeführt werden, welches grundsätzlich eine wahrheitsgemäße Sachverhaltsermittlung

[590] Vgl. BVerfGE 34, S. 238 ff, 245 ff; dazu *Gössel*, aaO.
[591] Vgl. *Küpper*, aaO, S. 419.
[592] Vgl. zum Streitstand *Fezer*, JR 1992, S. 385.
[593] Vgl. *Eser*, ZStW 104 (1992), S. 381.
[594] Vgl. *Prittwitz*, Opferlose Straftheorien, S. 60; *Kilchling*, NStZ 2002, S. 58; *Schünemann*, NStZ 1986, S. 193 f.

und vollständige Beweisberücksichtigung fordert.[595] Dieses ist mit den für ein Verwertungsverbot sprechenden Individualinteressen des Beschuldigten abzuwägen.[596] Im vorliegenden Fall des TOA besteht jedoch die Besonderheit, dass zugunsten eines Beweisverwertungsverbotes nicht nur die Individualinteressen des Beschuldigten, sondern auch staatliche Interessen in die Abwägung einzustellen sind. Denn an der Tatsache, dass an einer verstärkten Anwendung des TOA im Strafverfahren ein erhebliches staatliches Interesse besteht, lässt der Gesetzgeber - wie die Einführung der §§ 153a I 2 Nr. 5 StPO, 155a, b StPO zeigt - keinen Zweifel. Gehört aber der TOA selbst zu den staatlichen Interessen, können auch die den TOA fördernden Gesichtspunkte vom Staat nicht außer Acht gelassen werden. Auch sie, insbesondere die Vertraulichkeit der im Vermittlungsverfahren gewonnenen Informationen und die Unparteilichkeit des Vermittlers, fallen somit zugunsten eines Beweisverwertungsverbotes ins Gewicht. Da die ursprünglich im Rahmen der Abwägungslehre zu nennenden staatlichen Interessen somit bereits durch andere staatliche Interessen selbst eingeschränkt werden, können sie bei der Abwägung mit den Individualinteressen des Beschuldigten nicht mehr voll durchgreifen, so dass diese zugunsten eines Beweisverwertungsverbotes ausfällt. Das gilt allerdings nur für Äußerungen im Rahmen des TOA-Verfahrens. Beweise, die der Opferzeuge notwendigerweise durch die Straftat erhält, dürfen selbstverständlich verwertet werden. Das dürften sie ja auch ohne TOA-Verfahren. Somit kommt es beweisrechtlich für belastende Beweise quasi zu einer Abspaltung des TOA-Verfahrens aus dem Strafverfahren.

2.2. Beweisverwertungsverbote für *ent*lastende Beweise

Grundsätzlich gelten die vom BVerfG aufgestellten Grundsätze vollumfänglich[597], d.h. sowohl für be- als auch für entlastende Beweise. Vorliegend ist jedoch zu berücksichtigen, dass die Begründung eines selbständigen Beweisverwertungsverbotes für im TOA-Verfahren getätigte, den Beschuldigten *be*lastende Äußerungen maßgeblich darauf basiert, dass das staatliche Interesse an einer funktionsfähigen Strafrechtspflege durch das konkurrierende staatliche Interesse an einer verstärkten verfahrensrechtlichen Anwendung des TOA einzuschränken war. Dadurch kam es zusammen mit den ebenfalls zugunsten eines Beweisverwertungsverbotes zu berücksichtigenden Beschuldigteninteressen zu einem Überwiegen der für ein Verwertungsverbot sprechenden Umstände.

---

595 Vgl. *Schroth*, JuS 1998, S. 969.

596 Vgl. *Beulke*, Strafprozessrecht, Rn. 458; *Rogall*, ZStW 91 (1979), S. 31; BGHSt 38, S. 221; BGH wistra 2002, S. 112.

597 Vgl. BVerfGE 77, S. 76.

Dieses für belastende Beweise geltende Verhältnis der Abwägungskriterien ist auf die hier interessierende Frage der entlastenden Beweise jedoch nicht übertragbar. Denn einerseits hat der Angeklagte für entlastende Beweise gerade kein Interesse an einem Beweisverwertungsverbot. Andererseits können auch die staatlichen TOA-Interessen hier nicht voll durchgreifen. Denn aufgrund seiner rechtsstaatlichen Verpflichtung hat der Staat ebenfalls ein Interesse an der Wahrung des für den Beschuldigten seit langem anerkannten Prozessgrundrechts auf ein faires Strafverfahren.[598] Der fair-trial-Grundsatz würde jedoch durch die Erstreckung des Beweisverwertungsverbotes auf entlastende Beweise verletzt, da der Beschuldigte so in seiner Möglichkeit beschränkt würde, den gegen ihn bestehenden Verdacht in einem rechtsstaatlichen Strafverfahren auszuräumen.[599]

Für die Frage der entlastenden Beweise fällt die Abwägung somit zugunsten der Verwertbarkeit der gewonnenen Informationen aus. Ein Beweisverwertungsverbot lässt sich damit im Ergebnis nur für belastende Beweise begründen.

2.3. Sonderproblem: Widerspruchslösung des BGH

Nach der Rechtsprechung des BGH können in gewissen Fällen Beweisverwertungsverbote ihre Wirkung jedoch nur dann entfalten, wenn der verteidigte Angeklagte nicht bis zu dem in § 257 StPO genannten Zeitpunkt widerspricht, sog. Widerspruchslösung.[600] Entschieden wurde das bisher für die Fälle des Verstoßes gegen die Belehrungspflicht des § 136 I 2 StPO[601] und der Behinderung der Durchsetzung des in § 136 I 2 StPO vorausgesetzten Rechts der Verteidigerkonsultation.[602] Da diese Vorschrift auch im TOA-Verfahren Geltung beansprucht, würde der BGH wohl im Sinne der Widerspruchslösung entscheiden. Dann bliebe allerdings noch zu untersuchen, ob das auch für die soeben begründeten Beweisverwertungsverbote gelten kann, wogegen spricht, dass der BGH dem Widerspruch des Verteidigers die Bedeutung beimisst, er wolle dem vorangegangenen Verfahrensverstoß kein weiteres Gewicht verleihen. Vorliegend handelt es sich jedoch um selbständige, d.h. gar keinen Verfahrensverstoß erfordernde Verbote.[603]

[598] Vgl. BVerfGE 38, S. 110; BGHSt 26, S. 4.
[599] Vgl. BVerfGE 77, S. 76.
[600] Vgl. BGHSt 38, S. 218.
[601] Vgl. BGHSt 38, S. 225 f.
[602] Vgl. BGHSt 42, S. 22.
[603] Vgl. ausführlich zur Kritik an der Widerspruchslösung *Widmaier*, NStZ 1992, 519; *Fezer*, JR 1992, S. 385.

3. TOA bei besonderen Verfahrensarten

Wie gesehen, überprüft die Staatsanwaltschaft im Vorverfahren und das Gericht im Zwischen-, Haupt- und Berufungsverfahren die Möglichkeit eines TOA. Im Folgenden ist dessen Verhältnis zu den besonderen Verfahrensarten der StPO zu untersuchen. Diesen ist gemeinsam, dass sie grundsätzliche Abweichungen von dem allgemeinen Verfahren enthalten.[604] Konkurrenzprobleme zum TOA kommen hier lediglich hinsichtlich des Strafbefehls- und des beschleunigten Verfahrens in Betracht. Insbesondere scheidet die Anwendung des TOA im Sicherungsverfahren aus. Denn bei Schuldunfähigkeit des Täters ist der Staatsanwaltschaft der Weg über §§ 153 ff StPO verwehrt.[605] In den Fällen des von ihr gem. §§ 413, 414 II 1 StPO eingeleiteten Sicherungsverfahrens gelten dann gem. § 414 I StPO zwar sinngemäß die Vorschriften über das Hauptverfahren. Jedoch sind §§ 153 II, 153a II StPO gerade nicht anzuwenden.[606] Im Strafbefehls- (§§ 407 - 412 StPO) und dem beschleunigten Verfahren (§§ 417 - 420 StPO) können die Vorschriften des TOA, zumindest § 46a StGB, dagegen grundsätzlich Anwendung finden.[607]

3.1. Insbesondere: Strafbefehlsverfahren (§§ 407 - 412 StPO)

Das Strafbefehlsverfahren (§§ 407 - 412 StPO) ermöglicht als summarisches Verfahren eine Straffestsetzung ohne Hauptverhandlung und Urteil[608] und durchbricht so die in der StPO herrschenden Grundsätze der Mündlichkeit, Unmittelbarkeit und Öffentlichkeit.[609] Es wird als der wichtigste Verfahrenstyp für die Erledigung einfach gelagerter Fälle der kleinen und mittleren Kriminalität angesehen[610] und ist für das Funktionieren der Strafgerichtsbarkeit von entscheidender Bedeutung[611], da es Verfahrensvereinfachung schafft und Arbeitskapazitäten für die Erledigung mittlerer und schwerer Kriminalität freihält.[612] Gerade im Bereich der kleinen und mittleren Kriminalität liegt auch der Hauptanwendungsbereich des TOA, der über § 153a StPO auch die Zwecke der Vereinfachung und Beschleunigung des Verfahrens verfolgt.[613] Somit bestehen Konkurrenzen mit dem TOA, für die ein Ausgleich gefunden werden muss.

---

[604] Vgl. L/R-*Gössel*, vor § 407 Rn. 3.
[605] Vgl. *Meyer-Goßner*, § 153 Rn. 3.
[606] Vgl. *Pfeiffer*, StPO, § 414 Rn. 4; *Meyer-Goßner*, § 414 Rn. 6.
[607] Vgl. *Loos*, FS Hirsch, S. 876.
[608] Ein Strafbefehl, gegen den nicht rechtzeitig Einspruch erhoben wird, steht gem. § 410 III StPO einem rechtskräftigen Urteil gleich.
[609] Vgl. KK-*Fischer*, vor § 407 Rn. 1 m.w.N.; *Roxin*, Strafverfahrensrecht, § 66 Rn. 1; *Ranft*, JuS 2000, S. 633 m.w.N.
[610] Vgl. *Roxin*, aaO.
[611] Vgl. KK-*Fischer*, vor § 407 Rn. 1.
[612] Vgl. *Ranft*, JuS 2000, S. 633.
[613] Vgl. L/R-*Beulke*, § 153a Rn. 3.

Das gilt indes noch nicht für das Ermittlungsverfahren. Denn durch den Strafbefehl wird von der Staatsanwaltschaft Anklage erhoben. Die Anklage stellt jedoch gerade den Abschluss des Ermittlungsverfahrens dar. Der einzige Unterschied zum normalen Verfahren besteht darin, dass die Anklageerhebung nicht gem. § 170 I StPO durch Einreichung einer Anklageschrift, sondern durch Antrag auf Erlass eines Strafbefehls erfolgt, § 407 I 4 StPO. Bis zu diesem Antrag kann die Staatsanwaltschaft somit gem. § 153a I 2 Nr. 5 StPO bzw. gem. § 153b I StPO i.V.m. § 46a StGB vorgehen. Besteht aufgrund einer erfolgreich durchgeführten TOA-Weisung bereits ein Verfahrenshindernis[614], hat die Anklageerhebung durch Strafbefehlsantrag zu unterbleiben.

Erhebt sie dennoch durch Strafbefehlsantrag Anklage, so hat der Richter gem. § 408 III 1 StPO grundsätzlich dem Antrag der Staatsanwaltschaft zu entsprechen, d.h. einen Strafbefehl entsprechenden Inhalts zu erlassen, sofern einem solchen Erlass keine Bedenken entgegenstehen. Über die Anwendung des TOA nach Anklageerhebung sagt die StPO explizit nichts aus. Jedoch steht auch die Stellung des Strafbefehlsantrags nach einhelliger Ansicht einer Einstellung gem. § 153 ff StPO nicht entgegen.[615] Denn §§ 153a II, b II StPO gelten für den Fall der bereits erhobenen Klage, unabhängig davon, ob sie „normal" oder durch die Stellung des Strafbefehlsantrags, § 407 I 4 StPO, erhoben wird. Nach Antragstellung ist jedoch die Einstellungsbefugnis auf das Gericht übergegangen. Die Staatsanwaltschaft kann diese nur durch Rücknahme des Antrags zurückgewinnen.[616]

Auch die Hinwirkungspflicht gem. § 155a S. 2 StPO besteht nach Anklageerhebung durch Strafbefehlsantrag weiter. Ein anderes Ergebnis wäre mit der Formulierung in *„jedem" Verfahrensstadium* nicht zu vereinbaren. Denn das Strafbefehlsverfahren gilt - wie gesehen - als wichtigster Verfahrenstyp zur Erledigung einfach gelagerter Fälle der kleinen und mittleren Kriminalität.[617] Ihm kommt dementsprechend in der Praxis überragende Bedeutung zu.[618] Während dem ähnliche Zwecke verfolgenden beschleunigten Verfahren in der Praxis eher geringe Bedeutung zukommt[619], wird durch das Strafbefehlsverfahren die überwiegende Zahl aller Strafverfahren erledigt.[620] Durch eine fehlende Hinwirkungspflicht würde der TOA im Großteil aller Strafverfahren leer laufen, sofern die Staatsanwaltschaft nicht bereits im Ermittlungsverfahren entsprechend tätig wird.

---

[614] Vgl. dazu bereits ausführlich oben 2. Kapitel, II. 1.2.1. a) (S. 28 f).

[615] Vgl. KK-*Fischer*, § 408 Rn. 3; *Pfeiffer*, StPO, § 408 Rn. 1.

[616] Ebda.

[617] Vgl. *Roxin*, Strafverfahrensrecht, § 66 Rn. 1.

[618] Vgl. *Ranft*, JuS 2000, S. 633.

[619] Vgl. BT-Dr. 12/6853, S. 19; *Lemke/Rothstein-Schubert*, ZRP 1997, S. 488.

[620] Vgl. *Heinz*, ZStW 111 (1999), S. 461 ff; *Ranft*, aaO.

3.2. Insbesondere: Beschleunigtes Verfahren (§§ 417 - 420 StPO)

Durch Aufhebung der §§ 212 - 212 b) StPO und der Einführung der §§ 417 - 420 StPO durch das Verbrechensbekämpfungsgesetz[621] ist das beschleunigte Verfahren zum besonderen Verfahren aufgewertet worden.[622] Dabei wurden z.T. die alten Vorschriften inhaltlich modifiziert übernommen, mit §§ 418 IV, 420 StPO aber auch Neuregelungen geschaffen.[623] Ziel dieser Änderungen war die Vereinfachung des Verfahrens aufgrund schnellerer und kostengünstigerer Lösungen und daraus folgend eine Entlastung der Strafverfolgungsorgane.[624] Gem. § 417 StPO ist das beschleunigte Verfahren nur bei Verfahren vor dem Strafrichter und dem Schöffengericht anwendbar, bei denen eine höhere Freiheitsstrafe als ein Jahr nicht verhängt werden darf, § 419 StPO, d.h. es wird vornehmlich im Bereich der kleinen und mittleren Kriminalität durchgeführt. Für schwere Straftaten eignet sich das beschleunigte Verfahren dagegen wegen der Einschränkung der Verteidigungsrechte und der unzureichenden Aufklärung der Strafzumessungstatsachen nicht.[625] Gleichermaßen hat der TOA bei den Delikten der kleinen und mittleren Kriminalität seinen Hauptanwendungsbereich, so dass vielfältige Überschneidungsmöglichkeiten bestehen, die Ausführungen zum Verhältnis beider Verfahrensarten dringend erforderlich machen.[626] Hierzu findet sich des Öfteren die Aussage, die Anwendung des § 46a StGB werde im Anwendungsbereich des beschleunigten Verfahrens die Ausnahme bilden, da die Wiedergutmachung, die im Normalfall eine gewisse Zeit benötigt, der Beschleunigung nicht gerade dienlich ist, bzw. umgekehrt.[627] Diese Aussage würde sich indes nur dann als zutreffend erweisen, wenn man dem TOA nicht den Vorrang einräumen müsste. Ansonsten würde es nämlich aufgrund §§ 46a StGB, 155a StPO gar nicht erst zur Überweisung in das beschleunigte Verfahren kommen.

Für eine Vorrangigkeit des TOA spricht, dass die mit dem beschleunigten Verfahren bezweckte Justizentlastung von den Gefahren, die aus der Beschleunigung für ein rechtsstaatliches Strafverfahren - insbesondere für die Wahrheitsfindung und die Garantie von Beschuldigtenrechten[628] - resultieren, überwogen wird. Insbesondere bietet § 420 III StPO keine entsprechende Kompensation,

---

621 Gesetz zur Änderung des Strafgesetzbuches, der Strafprozeßordnung und anderer Gesetze (Verbrechensbekämpfungsgesetz) vom 28.10.1994, BGBl. I, S. 3186 ff.
622 Vgl. dazu ausführlich *Schröer*, Das beschleunigte Strafverfahren, S. 52 ff.
623 Vgl. *Schröer*, aaO, S. 53 f.
624 Vgl. BT-Dr 12/6853, S. 34.
625 Vgl. *Loos/Radtke*, NStZ 1996, S. 13.
626 Vgl. *Fezer*, ZStW 106 (1994), S. 1; *Loos/Radtke*, S. 569.
627 Vgl. *Rössner/Klaus*, Rechtsgrundlagen und Rechtspraxis des TOA, S. 58; *Loos*, FS Hirsch, S. 876; *Kasperek*, Zur Auslegung und Anwendung des § 46a StGB, S. 72.
628 Zu einem erheblichen Abbau von Verteidigungsrechten führen insbesondere die fakultativen Einschränkungen der Beweisaufnahme gemäß § 420 StPO.

sondern ist selber praktisch wie rechtlich bedenklich.[629] Dementsprechend existieren sogar Forderungen nach Abschaffung des beschleunigten Verfahrens.[630] Aufgrund der gegen das beschleunigte Verfahren geäußerten rechtsstaatlichen Bedenken und der Tatsache, dass sich die genannten Bedenken beim TOA gerade nicht zeigen, kann man sich nur für eine restriktive Handhabung der §§ 417 ff StPO aussprechen, die dem TOA in für ihn geeigneten Fällen den Vorrang einräumt. Soweit es vertretbar erscheint, ist somit primär § 153a StPO anzuwenden. Denn damit wird der gesetzgeberischen Zielsetzung beschleunigter und kostengünstiger Verfahrenserledigung Rechnung getragen und gleichzeitig eine materielle Diversionsregelung erreicht.[631] So kann der Beschuldigte die Möglichkeiten wahrnehmen, die vom Gesetzgeber durch §§ 46a StGB, 153a I 2 Nr. 5 StPO geschaffen wurden.[632]

---

[629] Vgl. *Loos/Radtke*, NStZ 1996, S. 11.
[630] Vgl. z.B. *Scheffler*, NJW 1994, S. 2195 m.w.N.
[631] Vgl. *Loos/Radtke*, NStZ 1995, S. 569, 570.
[632] Vgl. *Herzler*, NJ 2000, S. 404 ff.

Drittes Kapitel
Auswirkungen des TOA auf die Stellung des Verletzten im Strafverfahren

1. Die bisherige Stellung des Verletzten im Strafverfahren

Besondere Beachtung im Rahmen der vorliegenden Untersuchung verdient die Stellung des Verletzten im Strafverfahren. Diese ist im 5. Buch der StPO (§§ 374 - 406h StPO) geregelt, sofern eine Normierung entsprechender Rechte nicht aus systematischen Gründen in anderem Zusammenhang erfolgt ist, wie insbesondere die Strafantragsrechte (§§ 77 - 77d StPO), die Klageerzwingungsrechte (§§ 170 - 177 StPO) und das Recht der bevorzugten Befriedigung bei der Beschlagnahme (§§ 111g, 111h StPO).[1] Trotz dieser - bei einer Zusammenschau auf den ersten Blick zahlreich vorhandenen - Verletztenpositionen wurde immer wieder das Fehlen einer klaren Konzeption über dessen Rechtsstellung im geltenden Recht gerügt[2], da zu viele der genannten Rechte entweder ganz leer liefen, zumindest jedoch nicht mehr im Sinne der gesetzgeberischen Intention funktionierten. Sowohl das materielle Strafrecht als auch das Prozessrecht stellten sich als zu täterzentriert dar.[3] Auch der Gesetzgeber erkannte, dass „das überkommene Straf- und Strafverfahrensrecht die Position des Verletzten vernachlässigt und seine eigenständige Rolle im Strafprozess nicht hinreichend berücksichtigt“[4] habe. Im Zuge des Opferschutzgesetzes[5] wurde deshalb neben zahlreichen anderen Änderungen das 5. Buch der StPO, das sich ursprünglich auf Normierung der Privat- und Nebenklage sowie des Adhäsionsverfahrens beschränkte, um einen vierten Abschnitt ergänzt, der die für alle Verletzten geltenden Vorschriften zusammenfasst. Dadurch sollte der Verletzte vom Gesetzgeber als selbständiger Verfahrensbeteiligter anerkannt werden[6] und zum Schutz seiner Interessen durch die Einräumung in seinem Ermessen stehender Beteiligungsmöglichkeiten eine gesicherte Rechtsposition erhalten.[7] Dadurch wurde die Position des Verletzten neu bestimmt. Entsprechende Ergänzungen[8] und Erweiterungen[9] erfolgten durch das am 01.12.1998 in Kraft getretene Zeu-

---

[1] Vgl. *Weigend*, ZStW 96 (1984), S. 764.
[2] Vgl. *Rieß*, Gutachten C für den 55. DJT, Rn. 57.
[3] Vgl. *Schünemann*, NStZ 1986, S. 193.
[4] BT-Dr. 10/5305, S. 8.
[5] 1. Gesetz zur Verbesserung der Stellung des Verletzten im Strafverfahren (Opferschutzgesetz) vom 18.12.1986, BGBl. I, S. 2496 ff.
[6] Vgl. BT-Dr. 10/5305, S. 16.
[7] Vgl. KK-*Engelhardt*, vor § 406 d) ff Rn. 2.
[8] Vgl. dazu *Meurer*, JuS 1998, S. 938.
[9] Vgl. dazu *Rieß*, NJW 1998, S. 3240.

genschutzgesetz.[10] Typologisch unterteilt[11] stellen sich die Opferrechte seitdem wie folgt dar:

1.1. Aktivrechte

Die aktiven Rechte des Verletzten lassen sich in Initiativ- und Kontrollrechte sowie in Beteiligungsrechte unterteilen. Zu ersteren sind die Privatklage (§§ 374 - 394 StPO), das Klageerzwingungsverfahren (§§ 172 ff StPO) und die Strafantragsberechtigung i.S.d. § 77 StGB zu zählen, letztere umfassen insbesondere die Beteiligung des Verletzten als Nebenkläger (§§ 395 - 402 StPO) und die im Rahmen der Privatklage bestehenden Rechte auf Anhörung (§ 385 I 1 StPO) und zur Einlegung von Rechtsmitteln (§ 390 StPO; § 401 StPO).

1.2. Schutz- und Abwehrrechte

Schutz und Abwehrrechte bestehen für den Verletzten durch das Recht auf anwaltlichen Beistand (§ 378 StPO für den Privatkläger; § 397 I 2 StPO i.V.m. § 378 StPO für den Nebenkläger; § 406f StPO für den Verletzten allgemein; § 406g I StPO gehört dagegen trotz seines Wortlauts nicht zu den entsprechenden konstitutiven Normen[12]), den Anspruch auf Prozesskostenhilfe (§ 172 III StPO zur Durchführung eines Klageerzwingungsverfahrens; § 379 III StPO für die Erhebung einer Privatklage; im weiteren Sinne auch § 397a I StPO, der für den Nebenkläger die Bestellung eines Rechtsanwalts auf Staatskosten ermöglicht), das Recht auf Anwesenheit einer Vertrauensperson (§ 406f III StPO) und durch besondere Rechte bei der Vernehmung des Verletzten als Zeuge (§§ 58a; 68a; 168e, 247a; 255a StPO).

1.3. Informationsrechte

Informationsrechte des Verletzten finden sich in dem Recht auf Benachrichtigung (§ 171 S. 1 StPO; §§ 385 I 2, 397 I StPO; §§ 406d, h StPO), im Anwesenheitsrecht des „Opferanwalts“ (§ 397 I 1 StPO; § 406f II 1 StPO) sowie dem Recht auf Akteneinsicht (§§ 385 III, 397 I 1 StPO für den Anwalt des Privat- oder Nebenklägers; § 406e StPO für den Anwalt des Verletzten allgemein).

---

[10] Gesetz zur Änderung der Strafprozessordnung und der Bundesgebührenordnung für Rechtsanwälte (Gesetz zum Schutz von Zeugen bei Vernehmungen im Strafverfahren und zur Verbesserung des Opferschutzes; Zeugenschutzgesetz - ZSchG) vom 30.04.1998; BGBl. I, S. 820 ff.

[11] Vgl. auch *Schünemann*, NStZ 1986, S. 196.

[12] Vgl. *Schork*, Jura 1999, S. 307.

1.4. Rechte zur Sicherung von Vermögensrechten

Durch das Adhäsionsverfahren (§§ 403 - 406c ff StPO) erhält der Verletzte die Möglichkeit, durch die Straftat entstehende zivilrechtliche Ersatzansprüche bereits anlässlich des Strafverfahrens geltend zu machen. Zum Erhalt dieser Ansprüche regeln §§ 111g, h StPO deren Vorrang gegenüber Ansprüchen des Staates. § 111k StPO statuiert eine Rückgabepflicht beschlagnahmter Sachen.

2. Auswirkungen der verfahrensrechtlichen Verankerung des TOA

Da durch die Einführung des TOA für den Verletzten eine neue Beteiligungsmöglichkeit entstanden ist, ist im Folgenden dessen Verhältnis zu den schon bisher bestehenden Rechten zu untersuchen. Denn Konkurrenzprobleme können insoweit entstehen, als auch letztere Institute bereits den Wiedergutmachungsgedanken enthalten. Das ist namentlich im Adhäsionsverfahren sowie bei der Privat- und Nebenklage der Fall.

2.1. Auswirkungen des TOA auf die Privatklage

Die Privatklage (§§ 374 - 394 StPO) stellt eine Durchbrechung des Offizialprinzips dar, nach dem die Anklageerhebung grundsätzlich von Amts wegen durch die Staatsanwaltschaft zu erfolgen hat.[13] Denn für bestimmte leichte Vergehen weist § 374 StPO die Entscheidung über eine mögliche Strafverfolgung dem Verletzten selbst zu. Von der Staatsanwaltschaft wird Klage lediglich dann erhoben, wenn es im öffentlichen Interesse liegt, § 376 StPO. Durch die Privatklage soll der Verletzte die Möglichkeit erhalten, seine Genugtuungsinteressen durchzusetzen[14], wodurch u.a. seine verfahrensrechtliche Stellung verbessert werden soll. Es bestehen somit Parallelen zum TOA, der ebenfalls den Interessen des Verletzten dient. Die Parallelen werden besonders deutlich in § 380 StPO, der für die Privatklage als Zulässigkeitsvoraussetzung ein außergerichtliches Sühneverfahren vorsieht. Dieses dient neben dem rechtspolitischen Anliegen, die Justizbehörden vor einer Überhäufung mit Privatklagen zu schützen und eine Entlastung der Justiz zu erreichen[15], vor allem der Aussöhnung zwischen Täter und Opfer und korrespondiert somit gänzlich mit den Zielen des TOA. Auch dessen Normierung erfolgte nicht zuletzt mit dem Ziel der Justizentlastung.[16]

---

[13] Vgl. *Beulke*, Strafprozessrecht, Rn. 590.
[14] Vgl. *Frühauf*, Wiedergutmachung, S. 89.
[15] Vgl. *Koewius*, Die Rechtswirklichkeit der Privatklage, S. 100.
[16] Vgl. *Hamm*, StV 1995, S. 494.

Werden die Funktionen des Sühneverfahrens aber durch den TOA bereits abgedeckt, so stellt sich die Frage, ob das Privatklageverfahren neben dem TOA überhaupt beibehalten werden sollte oder ob der bereits des Öfteren erhobenen Forderung nach Abschaffung der Privatklage[17] nachgekommen werden muss. Denn die Privatklage sieht sich seit jeher[18] heftiger Kritik ausgesetzt. Zwar bildet sie aufgrund ihrer Verflechtung mit zahlreichen Regelungen und Instituten[19] einen der „Ecksteine des Verletzten“[20] im Strafprozess. Jedoch muss der Verletzte, um in den Genuss des von der Privatklage bereitgestellten Strafverfolgungsprivilegs zu kommen, zunächst erhebliche Hindernisse überwinden. So haben insbesondere die Gerichte die Möglichkeit, das Verfahren wegen geringer Schuld einzustellen, § 383 II StPO, was in der Vergangenheit zumeist geschah[21] und trotz entsprechender Änderungen des Privatklageverfahrens im Rahmen des Opferschutzgesetzes[22] nach wie vor der Fall ist[23], wogegen sich der Verletzte auch nicht mit der Einleitung eines Klageerzwingungsverfahrens wehren kann, vgl. § 172 II 3 StPO. Aber selbst wenn man diese Tatsache unberücksichtigt lässt, würden sich dem Verletzten bei der Durchsetzung seiner Bedürfnisse und Interessen zahlreiche weitere, insbesondere psychologische[24] Hindernisse entgegenstellen. Dazu zählen vor allem die Beweislast[25], die Ausgestaltung des Prozesskostenvorschusses sowie eventuelle Anwaltskosten.[26] Zudem werden die Kosten des Verfahrens den Parteien auferlegt, vgl. § 471 StPO, die - da sich auch im Privatklageverfahren meist beide Parteien eines Anwalts bedienen - beträchtliche Höhen erreichen können. Sollte der Angeklagte freigesprochen werden, trägt der Verletzte die Kostenerstattungslast, § 471 II StPO, was sich für ihn angesichts der niedrigen Verurteilungsrate praktisch als Rechtsverweigerung darstellt. Ansonsten können die Kosten unter den Beteiligten verteilt werden, § 471 III StPO, was dann zu einer Anfechtung der

---

[17] Vgl. *Rössner/Wulf*, Opferbezogene Strafrechtspflege, S. 128; *Koewius*, Die Rechtswirklichkeit der Privatklage, S. 166; *Schauf*, Entkriminalisierungsdiskussion und Aussöhnungsgedanke, S. 210; *Gössel*, FS Dünnebier, S. 146 f.

[18] Vgl. bereits *von Liszt*, Strafrechtliche Aufsätze und Vorträge I, Jahr: 1905, S. 21 f, der in der Privatklage keine lebensfähige Einrichtung sah.

[19] Beziehungen bestehen insoweit zum Strafantragserfordernis, zum Klageerzwingungsverfahren, vgl. § 172 II StPO, und zu §§ 153 ff StPO, vgl. *Rieß*, Gutachten C für den 55. DJT, S. 24.

[20] *Rieß*, aaO.

[21] Vgl. *Koewius*, Die Rechtswirklichkeit der Privatklage, S. 129.

[22] 1. Gesetz zur Verbesserung der Stellung des Verletzten im Strafverfahren (Opferschutzgesetz) vom 18.12.1986, BGBl. I, S. 2496 ff; vgl. ausführlich zu den Änderungen *Sacherer*, Das Opferschutzgesetz, S. 41 ff; *Frühauf*, Wiedergutmachung, S. 93, 96.

[23] Vgl. *Rössner/Wulf*, Opferbezogene Strafrechtspflege, S. 78.

[24] Vgl. *Schöch*, NStZ 1984, S. 389.

[25] Vgl. *Koewius*, Die Rechtswirklichkeit der Privatklage, S. 169.

[26] Vgl. *Rössner/Wulf*, aaO, S. 128.

Kostenentscheidung und einer nochmaligen Anhängigkeit beim Beschwerdegericht führen kann.[27]

Der mit der Privatklage verbundene Aufwand steht der mit ihr bezweckten Konfliktregelung somit mehr im Wege, als sie zu fördern. Das eigentlich opferorientierte Verfahren erweist sich als eher kontraproduktiv. Der TOA ist dagegen zur Konfliktregelung gut geeignet. Das gilt insbesondere für die einer Privatklage zugänglichen Delikte, handelt es sich bei diesen doch durchweg um leichte Vergehen, um Bagatelldelikte. Gerade im Bereich der Kleinkriminalität hat nämlich der TOA seinen Hauptanwendungsbereich.[28] Als „positives Element" im Rahmen der Privatklage wurde dagegen generell das Sühneverfahren angesehen.[29] Kann das Sühneverfahren nun durch den TOA ersetzt werden, verliert es einen Großteil seiner Bedeutung, wodurch sich die Forderung nach Abschaffung der Privatklage endgültig rechtfertigen ließe.

Jedoch ist zu berücksichtigen, dass man den Verletzten durch die Abschaffung der Privatklage in den Fällen schutzlos stellen würde, in denen ein TOA scheitert bzw. gar nicht erst stattfinden kann und die Staatsanwaltschaft keine Klage erhebt. Dann kann sich der Verletzte nämlich weder dem Verfahren als Nebenkläger anschließen noch hat er die Möglichkeit, einen Adhäsionsantrag zu stellen. Dieses Ergebnis steht im Widerspruch zu § 155a S. 3 StPO, der dem Verletzten gerade die Möglichkeit eröffnen will, sich ohne Nachteile gegen einen TOA entscheiden zu können.[30]

Vor allem aber wird den Opferbedürfnissen durch die Privatklage auf völlig andere Weise als durch den TOA Rechnung getragen. Denn die Privatklage löst den Konflikt nicht auf Diversionsebene mit - über § 153a I 2 Nr. 5 StPO - lediglich mittelbaren Einflussmöglichkeiten auf den Prozess, sondern gibt dem Verletzten unmittelbare Einwirkungsmöglichkeiten durch das Recht, selbständig und ohne vorgängige Anrufung der Staatsanwaltschaft Klage zu erheben, § 374 I StPO, und im Strafverfahren weitgehend die Stellung der Staatsanwaltschaft zu übernehmen.[31]

Nach alledem erweist sich die Forderung nach Abschaffung des Privatklageverfahrens als nicht gerechtfertigt. Im Hinblick auf die potentiell unterschiedlichen Interessen einzelner Verletzter erscheint vielmehr ein Nebeneinander von TOA und Privatklage empfehlenswert.

---

[27] Vgl. *Rössner/Wulf*, aaO, S. 78, 79.
[28] Vgl. L/R-*Beulke*, § 153a Rn. 3.
[29] Vgl. *Rieß*, Gutachten C für den 55. DJT, S. 88 ff; *Schöch*, aaO.
[30] Vgl. BT-Dr. 14/1928, S. 8.
[31] Vgl. *Beulke*, Strafprozessrecht, Rn. 592; *Roxin*, Strafverfahrensrecht, § 61 Rn. 20.

2.2. Auswirkungen des TOA auf die Nebenklage

Die Nebenklage (§§ 395 - 402 StPO) eröffnet dem Verletzten die Möglichkeit, sich einer von der Staatsanwaltschaft erhobenen öffentlichen Klage anzuschließen. Anders als bei der Privatklage hat der Verletzte zwar nicht die Möglichkeit, selbst die Rechtshängigkeit der Strafsache zu begründen.[32] Noch mehr als die zumindest de facto primär der Verfahrensentlastung dienende Privatklage verfolgt allerdings auch die Nebenklage den Zweck, dem Verletzten die Durchsetzung seines Genugtuungsinteresses zu ermöglichen.[33] Dieser soll seine Sühneinteressen und Vergeltungsbedürfnisse verfolgen können. Dazu erhält er gem. § 397 I StPO die Rechte des Privatklägers. Auch bei der Nebenklage bestehen somit Berührungspunkte mit dem Wiedergutmachungsgedanken, weshalb es auch hier geboten erscheint, das Verhältnis zum TOA zu untersuchen. Wie bei der Privatklage stellt sich die Frage, ob die Nebenklage neben dem TOA noch Bestand haben kann oder ob den bereits vielfach geäußerten Forderungen nach ihrer Abschaffung[34] nachgekommen werden muss. Letzteres wird man dann annehmen können, wenn sich die von der Nebenklage erfüllten Funktionen durch den TOA ebenso gut erreichen lassen.

2.2.1. Ursprüngliche Zielsetzungen der Nebenklage

Ursprünglich stand für den Gesetzgeber der StPO von 1877 zwar noch das Strafverfolgungsprivileg des Privatklägers im Vordergrund.[35] Seit dem 1. StVRG[36] orientierte man sich allerdings an Schadensersatz- und Genugtuungsinteressen des Verletzten[37] bzw., im Fall von dessen Tötung, seiner Angehörigen[38], Interessen, die die Diskussion um die Nebenklage bis heute mitbestimmen.[39] Deren ursprüngliche, rein vergeltende Funktion ist heute ein Fremdkörper im Strafrechtssystem, da sie nicht mehr ins System sozialer Strafrechtspflege passt.[40] Aber auch das Verständnis des Genugtuungsbegriffes hat sich im

---

[32] Vgl. L/R-*Wendisch*, vor § 395 Rn. 1.

[33] Vgl. *Beulke*, Strafprozessrecht, Rn. 593; BGHSt 28, S. 273.

[34] Vgl. *Rössner/Wulf*, Opferbezogene Strafrechtspflege, S. 130, 131; *Gössel*, FS Dünnebier, S. 147.

[35] Vgl. dazu ausführlich *Heidemeier*, Sinn und Zweck der Nebenklage, S. 49, 77 ff; *Rieß*, Gutachten C für den 55. DJT, S. 31.

[36] 1. Gesetz zur Reform des Strafverfahrensrechts (1. StVRG) vom 09.12.1974, BGBl. I, S. 3393 ff; vgl. ausführlich zur historischen Entwicklung der Nebenklage bis 1974 *Heidemeier*, aaO, S. 58 ff.

[37] Vgl. BT-Dr. 7/551, S. 45 f.

[38] Vgl. *Rieß*, aaO.

[39] Vgl. *Fabricius*, NStZ 1994, S. 260; BT-Dr. 7/2600, S. 8; BGH MDR 1979, S. 416; BVerfGE 26, S. 70.

[40] Vgl. *Rössner/Wulf*, Opferbezogene Strafrechtspflege, S. 130.

Laufe der Zeit gewandelt. Entgegen Rüth[41] wird heute gerade nicht mehr ausschließlich auf Genugtuung durch Vergeltung abgestellt, sondern auf Genugtuung durch Auseinandersetzung mit Tat und Täter und der daraus resultierenden Versöhnung. So formuliert in jüngerer Zeit Fabricius im Rahmen seiner Ausführungen zu Aufgaben und Funktionen der Nebenklage: „Gerade die Auseinandersetzung mit dem Tatgeschehen und die Konfrontation des Täters mit dem Opfer - und des Opfers mit dem Täter - kann einen Prozess der Versöhnung und des psychosozialen Ausgleichs auslösen, der Rechtsfrieden stiften kann. Die Feindschaft zwischen Täter und Opfer kann sich mildern, der Täter wird der Konsequenzen seines Handelns eher ansichtig - die er nur zu oft ausblendet - und das Opfer der Menschlichkeit des Täters.“[42] Diese Formulierung erinnert stark an die für den TOA vorgebrachten Argumente. Auch im Rahmen des TOA kommt es zu einer gemeinsamen Verarbeitung des durch die Straftat entstandenen Konflikts und so zur Wiederherstellung des sozialen Friedens.[43]

Ob in der Rechtswirklichkeit die Genugtuung des Opfers durch die Nebenklage wirklich gelingt, erscheint dagegen zweifelhaft.[44] Denn wie bei der Privatklage stellen sich für den Verletzten auch im Bereich der Nebenklage gravierende Probleme. So ermöglicht das Gesetz nur einem ohne nähere Konzeption bestimmten Personenkreis die Möglichkeit der Nebenklage[45], was empirischen Untersuchungen zufolge nicht zuletzt die Ursache für ihren unbefriedigenden Einsatz in der Rechtswirklichkeit ist.[46] Diese Situation wird durch die Regelung der Nebenklägerbefugnisse noch verschärft, die auch nach den Änderungen im Zuge des Opferschutzgesetzes weiterhin in erster Linie der Durchsetzung von Strafsanktionen dient. Wiedergutmachungsleistungen können dagegen nicht bzw. allenfalls mittelbar durch die Verbesserung der Ausgangssituation für eventuelle spätere Zivilverfahren erlangt werden.[47] Auch findet die Nebenklage im Ermittlungsverfahren keine Anwendung, §§ 395 I, 396 I 2 StPO, was jedoch angesichts effektiver Wiedergutmachungsbemühungen durchaus zu empfehlen wäre.

Der TOA dagegen hat im Ermittlungsverfahren, zumindest im Bereich kleiner bis mittlerer Kriminalität, seinen Hauptanwendungsbereich.[48] Auch stehen ihm, abgesehen von berechtigten Interessen der Beteiligten (§ 155a S. 3 StPO; Verteidigungsfreiheit des Beschuldigten), kaum Hindernisse entgegen, insbesonde-

---

[41] Vgl. *Rüth*, JR 1982, S. 266.
[42] Fabricius, NStZ 1994, S. 260.
[43] Vgl. *Rössner/Wulf*, Opferbezogene Strafrechtspflege, Vorbemerkung III.
[44] Vgl. *Frühauf*, Wiedergutmachung, S. 89.
[45] Vgl. *Schöch*, NStZ 1984, S. 388; *Rieß*, Gutachten C für den 55. DJT, S. 84; *Frühauf*, aaO, S. 91 m.w.N.
[46] Vgl. *Rieß*, aaO, S. 32 f, 84.
[47] Vgl. *Frühauf*, aaO, S. 97.
[48] Vgl. L/R-*Beulke*, § 153a Rn. 3.

re ist er grundsätzlich allen Delikten und Personen zugänglich.[49] Die Wiedergutmachungsinteressen des Verletzten lassen sich daher durch einen TOA schneller, einfacher und effektiver durchsetzen als im Wege der Nebenklage.[50] Die Forderung nach der Abschaffung der Nebenklage kann somit in der Tat erhoben werden, wenn man alleine auf ihre ursprünglichen Zielsetzungen abstellt. Denn zu deren Durchsetzung erweist sich der TOA als wesentlich besser geeignetes Instrumentarium.

2.2.2. Wandel im Verständnis der Nebenklage

Seit den achtziger Jahren[51] hat sich aber nach und nach ein Wandel im Verständnis der Nebenklage dahingehend vollzogen, dass der Gedanke des Opferschutzes mehr und mehr in den Vordergrund tritt.[52] Diese Entwicklung fußt auf der Erkenntnis, dass sich aus der Täter-Opfer-Beziehung neben Kontroll- und Genugtuungsbedürfnissen auch das Bedürfnis nach Opferschutz - insbesondere vor Schuldzuweisungen und Angriffen - ergibt.[53] Dementsprechend trat am 01.04.1987 das Opferschutzgesetz[54] mit dem Ziel in Kraft, die Rechtsstellung des Verletzten im Strafverfahren umfassend zu verbessern[55], wozu nicht zuletzt zahlreiche Änderungen im Bereich der Nebenklage dienen sollten. Denn durch die Nebenklage erhalten bestimmte Verletzte die Möglichkeit, sich am Verfahren zu beteiligen und auf dessen Ergebnis einzuwirken.[56] Zur Verbesserung dieser Einflussmöglichkeit wurden durch Art. 1 Nr. 7 OSchG der Katalog der Anschlussberechtigten[57] und durch Art. 1 Nr. 9 OSchG die Befugnisse des Nebenklägers in Bezug auf die spezifischen Interessen des Verletzten[58] geändert. Die Nebenklage berücksichtigt seitdem in verstärktem Maße den Opferschutzaspekt, was angesichts der Tatsache, dass sich der Opferschutz als eine Aufgabe des Strafrechts darstellt und z.T. sogar als neuer Verfahrensgrundsatz angesehen wird[59], einen hohen Stellenwert hat.

---

[49] Vgl. dazu bereits ausführlich oben 2. Kapitel, II. 2.1. (S. 39 ff).
[50] Vgl. auch *Frühauf*, Wiedergutmachung, S. 97, 291 ff, 295.
[51] Vgl. *Schöch*, NStZ 1984, S. 388; *Rieß*, Gutachten C für den 55. DJT, S. 31 m.w.N.
[52] Vgl. dazu ausführlich *Heidemeier*, Sinn und Zweck der Nebenklage, S. 49 ff, 105 ff.
[53] Vgl. *Heidemeier*, aaO, S. 137 ff; *Rieß*, aaO, S. 83.
[54] 1. Gesetz zur Verbesserung der Stellung des Verletzten im Strafverfahren (Opferschutzgesetz) vom 18.12.1986, BGBl. I, S. 2496 ff.
[55] Vgl. BT-Dr. 10/5305, S. 1.
[56] Vgl. BT-Dr. 10/5305, S. 11.
[57] Vgl. BT-Dr. 10/5305, S. 10 ff; ausführlich *Sacherer*, Das Opferschutzgesetz, S. 21 ff; *Frühauf*, aaO, S. 93 f.
[58] Vgl. BT-Dr. 10/5305, S. 13; vgl. zu den Änderungen ausführlich *Sacherer*, aaO, S. 23 f; *Frühauf*, aaO, S. 94.
[59] Vgl. *Sacherer*, Das Opferschutzgesetz, S. 133.

Gegen die Anerkennung des Verständniswandels wird jedoch z.T. eingewendet, dass die Nebenklage auf diese Weise prozessuale Funktionen einnehme, die ihr nicht zukämen[60], wodurch der Strafprozess zulasten des Beschuldigten oder anderer potentieller Täter in eine Schieflage gebracht werde.[61] Insbesondere könne der Verletzte versuchen - zulasten des angeklagten Täters - eine Verurteilung des Angeklagten zum Zwecke der Selbstentlastung zu erreichen, sog. angreifende Nebenklage[62], oder zulasten eines potentiellen, (noch) nicht angeklagten Täters einen Freispruch des Angeklagten zwecks Belastung eben dieses Dritten anstreben, sog. verteidigende Nebenklage.[63] Die Befürchtungen einer Schieflage des Strafverfahrens sind indes bereits deshalb unbegründet, weil die Möglichkeit des Opfers, sich gegen die Leugnung oder Verharmlosung seiner Verletzung zu wehren, lediglich ein Korrelat zur Möglichkeit des Angeklagten darstellt, sich gegen den Vorwurf der Täterschaft zu verteidigen.[64]

2.2.3. Ergebnis und Würdigung zu 2.2.

Aufgrund der geänderten Funktionen der Nebenklage erscheint die Forderung nach ihrer Abschaffung nicht gerechtfertigt. Denn so würde man den Verletzten in den Fällen schutzlos stellen, in denen der TOA scheitert bzw. gänzlich unterbleiben muss. Das würde wie die Abschaffung der Privatklage[65] einen Verstoß gegen § 155a S. 3 StPO darstellen, da dem Verletzten bei einer Entscheidung gegen den TOA keine Möglichkeit zur Wahrung seiner Interessen verbleiben würde. Vor allem aber wird den Opferbedürfnissen durch die Nebenklage in stärkerem Maße bzw. auf völlig andere Weise als durch den TOA Rechnung getragen.[66] Denn wie die Privatklage[67] löst die Nebenklage den Konflikt nicht abgespalten vom eigentlichen Strafverfahren mit lediglich mittelbaren Einflussmöglichkeiten auf den Prozess, sondern gibt dem Verletzten unmittelbare Einwirkungsmöglichkeiten durch das Recht, „sich aktiv am Verfahren zu beteiligen und durch Erklärungen, Fragen, Anträge und ggfs. Rechtsmittel auf das Verfahrensergebnis einzuwirken“[68]. Das kann - wie gesehen - insbesondere notwendig werden, wenn sich der Verletzte im Strafverfahren dem Vorwurf der Mitverantwortung an der Straftat ausgesetzt sieht. Dass diese Gefahr nicht unrealistisch ist, zeigt sich bereits darin, dass sie vom Gesetzgeber in

---

[60] Vgl. OLG Schleswig NStZ-RR 2000, S. 272.
[61] Vgl. *Maeffert*, StV 1998, S. 466; *Schork*, Jura 2003, S. 310 m.w.N.
[62] Vgl. dazu *Klug*, ZRP 1999, S. 291; *Schneider*, StV 1998, S. 456 ff unter anderer Terminologie.
[63] Vgl. *Altenhain*, JZ 2001, S. 791.
[64] Ebda.
[65] Vgl. dazu bereits oben 2.1. (S. 112).
[66] Vgl. *Altenhain*, JZ 2001, S. 796.
[67] Vgl. dazu bereits oben 2.1. (S. 112).
[68] BT-Dr. 10/5305, S. 11.

seiner Begründung zum OSchG zugrunde gelegt wurde[69] und dem Verletzten gerade zur Ausräumung solcher Verantwortungszuweisungen „eine gesicherte Beteiligungsbefugnis“[70] verschafft werden sollte.

Dennoch ist nicht zu verkennen, dass die Nebenklage ursprünglich geschaffen wurde, um die Privilegien des Privatklägers auch im Falle der Übernahme der Strafverfolgung durch die Staatsanwaltschaft, § 377 II StPO, zu erhalten. Eine Anpassung an den genannten Verständniswandel setzt grundlegende Funktionsveränderungen voraus. Nur durch tiefgreifende Reformen lässt sich die Nebenklage zu einem Instrument umfassender Verletztenbeteiligung umgestalten.[71] Die erforderlichen Regelungen ergeben sich dabei aus dem Schutzzweck der Nebenklage, der sich nach der strafverfahrensrechtlichen Verankerung des TOA auf den Opferschutz beschränken, Genugtuungsinteressen dagegen ausklammern sollte. Entsprechend diesem Schutzzweck sind vor allem Änderungen des Kreises der Berechtigten, des Zeitraums der Anschlussberechtigung und der konkreten Nebenklägerbefugnisse erforderlich.

Der Kreis der Anschlussberechtigten ist entweder auf alle Opfer, zumindest aber auf die besonders schutzwürdigen, insbesondere die Opfer von Aggressionsdelikten, zu erweitern, da der derzeitig normierte Kreis konzeptionslos und unzureichend ist, so dass ein ausreichender Opferschutz nicht gewährleistet werden kann.[72] Einen Schritt in die richtige Richtung stellt insofern die Konzeption des zurzeit vorliegenden Entwurfes für ein Opferrechtsreformgesetz (ORRG)[73] dar, der in Art. 1 Nr. 12 versucht, sich an der ratio der Nebenklage zu orientieren und danach den Katalog des § 395 StPO zu bestimmen.[74] Recht zu geben ist dem Entwurf insbesondere bezüglich des Versuchs, dem Verletzten die Möglichkeit zu gewähren, Schuldzuweisungen entgegentreten zu können und verfahrensmäßig abgesicherten Schutz und Beistand zu erlangen.[75]

Für den Zeitraum der Anschlussberechtigung ist zu beachten, dass das Ermittlungsverfahren nicht ausgeklammert werden sollte. Das zeigen vor allem die dort mit dem TOA gemachten positiven Erfahrungen. So würde der Opferschutz bereits im Ermittlungsverfahren durch zwei unterschiedliche Beteili-

---

69 Vgl. BT-Dr. 10/5305, S. 2, 8 ff, 11.
70 BT-Dr. 10/5305, S. 10.
71 Vgl. *Rieß*, Gutachten C für den 55. DJT, S. 83, 85.
72 Vgl. *Rieß*, Gutachten C für den 55. DJT, S. 84.
73 Entwurf eines Gesetzes zur Verbesserung der Rechte von Verletzten im Strafverfahren (Opferrechtsreformgesetz), BT-Dr. 15/1976.
74 Ebenfalls grundsätzlich zustimmend, vom Umfang des Kataloges der Nebenklagedelikte aber weiter: Beschlussempfehlung und Bericht des Rechtsausschusses (6. Ausschuss) des Deutschen Bundestages (vgl. BT-Dr. 15/2609, S. 27); Stellungnahme des Bundesrates (vgl. BT-Dr. 15/2536, S. 10).
75 Vgl. BT-Dr. 15/1976, S. 13 f.

gungsformen umfassend gewährleistet: der Opferschutz im weiteren Sinne - d.h. TOA und Wiedergutmachung - durch das TOA-Verfahren, der Opferschutz im engeren Sinne durch die bereits in diesem Stadium für den Verletzten bestehenden Nebenklägerbefugnisse.

Insbesondere die Nebenklägerbefugnisse sind neu festzulegen und an den Bedürfnissen des Verletzten auszurichten, wozu insbesondere Benachrichtigungspflichten sowie Anwesenheits- und Fragerechte zählen. Auch hierzu enthält der Entwurf zum ORRG einen Schritt in die richtige Richtung, indem er die Benachrichtigung der Nebenklageberechtigten über den Hauptverhandlungstermin sicherstellt.[76] Daneben ist auf eine einleuchtende Kostenregelung und eine möglichst geringe Verfahrensbelastung zu achten. Eine ausführliche Ausarbeitung entsprechender Reformvorschläge muss allerdings nach Art und Umfang einer gesonderten Arbeit vorbehalten bleiben.

2.3. Auswirkungen des TOA auf das Adhäsionsverfahren

Vor Einführung der § 155a, b, 153a I 2 Nr. 5 StPO konnte der Gedanke der Wiedergutmachung zwar im Rahmen des § 153a I 2 Nr. 1 StPO berücksichtigt werden, seine eigentliche Bedeutung hatte er jedoch im Adhäsionsverfahren, §§ 403 - 406c StPO.[77] Dieses bietet dem Verletzten die Möglichkeit, aufgrund eines einfachen Antrags (§ 404 StPO) durch die Straftat entstehende zivilrechtliche Ersatzansprüche bereits anlässlich des Strafverfahrens geltend zu machen und so ein zusätzliches, gem. §§ 13, 23, 71 GVG vor den Zivilabteilungen der Amts- oder Landgerichte durchzuführendes Verfahren zu vermeiden.[78] Straf- und Zivilverfahren werden so zu einer Einheit verknüpft, die grundsätzlich nach den Vorschriften der StPO zu behandeln ist.[79] Dadurch erhält der Verletzte zwei entscheidende Beweiserleichterungen: den Amtsermittlungsgrundsatz[80] der StPO sowie die Möglichkeit, vor Gericht als Zeuge aufzutreten.[81] Zur Untersuchung des Verhältnisses des TOA zum Adhäsionsverfahren in seiner heutigen Form gibt folgende Feststellung Anlass:

Neben prozessökonomischen Gründen[82] wurde in den die Einführung des Adhäsionsverfahrens vorbereitenden Entwürfen und Diskussionen[83] vor allem auf dessen Geeignetheit zur Verbesserung der durch die Straftat gestörten Bezie-

[76] Vgl. Art. 1 Nr. 8 ORRG, BT-Dr. 15/1976, S. 3.
[77] Vgl. *Frühauf*, Wiedergutmachung, S. 81.
[78] Vgl. *Meyer-Goßner*, vor § 403 Rn. 1; *Glaremin/Becker*, JA 1988, S. 602 m.w.N. in Fn. 1.
[79] Vgl. *Beulke*, Strafprozessrecht, Rn. 599.
[80] Vgl. KK-*Engelhardt*, § 404 Rn. 11; *Glaremin/Becker*, aaO m.w.N. in Fn. 3.
[81] Vgl. *Glaremin/Becker*, aaO.
[82] Vgl. die Aufzählung bei *Frühauf*, Wiedergutmachung, S. 82.
[83] Vgl. dazu *Jescheck*, JZ 1958, S. 592.

hungen zwischen Täter und Opfer hingewiesen, da durch den Ersatz des Opferschadens zur Versöhnung beigetragen werde.[84] Des Weiteren könne es beim Täter durch die zu erbringende Entschädigung zu einer Änderung seiner Einstellung kommen. Die gleichen Effekte werden auch dem TOA zugeschrieben. Dieser erweist sich zur Verbesserung der durch die Straftat gestörten Beziehungen zwischen Täter und Opfer ebenfalls als besonders geeignet, da es zu einer gemeinsamen Verarbeitung des durch die Straftat entstandenen Konflikts und so zur Wiederherstellung des sozialen Friedens kommt. Denn die manchmal auch für das Opfer erforderliche Resozialisierung[85] lässt sich am besten durch den Ausgleich der Tatfolgen erreichen.[86] Auch die Resozialisierung des Täters wird durch den TOA gefördert, da in dessen Rahmen der Lernprozess des Täters nicht durch das passive Erdulden einer Sanktion gehemmt wird.[87] Der Täter wird vielmehr zur Übernahme von Verantwortung für die Folgen seiner Straftat veranlasst.[88] Beide Rechtsinstitute verfolgen somit die gleichen Ziele. Zu untersuchen ist deshalb, ob einem der Institute Vorrang zukommen muss.

Trotz der Tatsache, dass das Adhäsionsverfahren auf theoretischer Ebene wertvoll erscheint, kommt ihm in der Praxis seit jeher nur geringe Bedeutung zu[89], woran sich trotz zahlreicher wissenschaftlicher Diskurse[90] und gesetzgeberischer Bemühungen[91] entgegen mancher Erwartung[92] nichts geändert hat.[93] Da das Adhäsionsverfahren somit trotz entsprechender Zielsetzungen wenig zur Wiedergutmachungsidee beiträgt und sich dieser Beitrag aufgrund der Ähnlichkeit mit den Zielsetzungen des TOA noch weiter zu verringern droht, könnte man über eine Abschaffung des Adhäsionsverfahrens nachdenken. Denn auch die dem Adhäsionsverfahren zugeschriebene[94], jedoch nicht einmal

---

84 Vgl. *Amelunxen*, Die Entschädigung des durch eine Straftat Verletzten, S. 460; *Peters*, Strafprozess, S. 558; *Müller-Dietz*, Täter-Opfer-Ausgleich, S. 69.

85 Vgl. *Schneider*, Das Verbrechensopfer, S. 627 ff; ders., Viktimologie, S. 410; ausführlich bei *Reemtsma*, Das Recht des Opfers auf die Bestrafung des Täters; diesbezüglich kritisch *Lüderssen*, FS Hirsch, S. 879 ff.

86 Vgl. *Rössner/Wulf*, Opferbezogene Strafrechtspflege, Vorbemerkung III.

87 Vgl. *Bannenberg/Uhlmann*, Die Konzeption des Täter-Opfer-Ausgleichs, S. 26.

88 Vgl. BT-Dr 12/6853, S. 21; dazu kritisch *Schaffstein*, FS Roxin, S. 1069.

89 Vgl. L/R-*Hilger*, § 403 Rn. 8; vgl. ausführlich zu den Ursachen *Frühauf*, Wiedergutmachung, S. 83 ff.

90 Vgl. dazu ausführlich *Köckerbauer*, Das Adhäsionsverfahren, S. 727.

91 So insbesondere Änderungen durch das 1. Gesetz zur Verbesserung der Stellung des Verletzten im Strafverfahren (Opferschutzgesetz) vom 18.12.1986, BGBl. I, S. 2496 ff, BT-Dr. 10/5305, S. 15.

92 Vgl. *Scholz*, JZ 1972, S. 727; *Jung*, ZStW 93 (1981), S. 1170; *Kühler*, ZStW 71 (1959), S. 628; *Rüping*, Das Strafverfahren, S. 239 m.w.N.

93 Vgl. *Schork*, Jura 2003, S. 308; *Frühauf*, aaO, S. 87.

94 Vgl. *Kühne*, Strafprozessrecht, Rn. 1136; *Scholz*, aaO.

selbstverständliche[95], justizentlastende Wirkung würde durch den TOA erreicht.

Jedoch ist zu bedenken, dass der Ausgleich des Opferschadens im TOA- und Adhäsionsverfahren durch verschiedenartige Leistungen erfolgt[96] und sich die Verfahren auch sonst in diversen Punkten unterscheiden. So wird insbesondere im Adhäsionsverfahren - anders als beim TOA - rechtskräftig über die in Frage stehenden Ansprüche entschieden. Des Weiteren enthalten die derzeit im Gesetzgebungsverfahren diskutierten Justiz- und Opferreformgesetze zahlreiche Vorschläge über den Ausbau des Adhäsionsverfahrens, wodurch dessen praktische Relevanz gerade gestärkt werden soll. Dem dienen insbesondere die empfohlene Einführung eines Wiedergutmachungsvergleichs[97], Änderungen bezüglich der Verweisung auf die zivilrechtlichen Vollstreckungsvorschriften[98] sowie die Aufhebung[99] bzw. Umkehrung[100] der Tatsache, dass gem. § 405 StPO eine Entscheidung über den Antrag des Verletzten im Ermessen des Strafgerichts liegt. Durch die so verstärkte Berücksichtigung des berechtigten Interesses des Verletzten an einer möglichst schnellen Durchsetzung auch seiner zivilrechtlichen Ansprüche kommt es zu einer entscheidenden Verbesserung des Adhäsionsverfahrens bzw. der Verletztenposition im Strafprozess. Zwar bietet das TOA-Verfahren dem Verletzten ebenfalls die Möglichkeit zur Verfolgung seiner Wiedergutmachungsinteressen. Voraussetzung ist jedoch, dass der Täter zu einer freiwilligen Vereinbarung von Ersatz- und Ausgleichszahlungen bereit ist, was insbesondere in den Fällen ungewiss ist, in denen hohe Ausgleichssummen in Frage stehen. Es ist deshalb vorzugswürdig, das Adhäsionsverfahren unter Berücksichtigung der genannten Ausbaubestrebungen neben dem TOA bestehen zu lassen und dem Opfer somit die Entscheidung zu überlassen, ob - und wenn ja, in welchem Verfahren - es sich um die Durchsetzung seiner Entschädigung bemühen will. Dieses Ergebnis wird auch dem Rechtsgedanken des § 155a S. 3 StPO am besten gerecht.

TOA und Adhäsionsverfahren können somit nebeneinander bestehen bleiben.

---

[95] Vgl. *Rieß*, Gutachten C für den 55. DJT, S. 100.
[96] Vgl. dazu bereits oben 1. Kapitel, I. 3. (S. 9 ff) sowie 2. Kapitel, II. 10.2.2. (S. 81 f).
[97] Vgl. Art. 2 Nr. 39 JuBeschlG (BT-Dr. 15/999, S. 6, 29); Art. 1 Nr. 11 2. OSchG (BT-Dr. 15/814, S. 4, 9); Art. 1 Nr. 16 ORRG (BT-Dr. 15/1976, S. 4, 15 f; BT-Dr. 15/2536, S. 11).
[98] Vgl. Art. 2 Nr. 41 JuBeschlG (BT-Dr. 15/999, S. 6, 7, 30); Art. 1 Nr. 13 2. OSchG (BT-Dr. 15/814, S. 5, 9); Art. 1 Nr. 17 b) ORRG (BT-Dr. 15/1976, S. 4, 17).
[99] Vgl. Art. 2 Nr. 40 JuBeschlG (BT-Dr. 15/999, S. 6, 29 f); Art. 1 Nr. 12 2. OSchG (BT-Dr. 15/814, S. 5, 9).
[100] Vgl. Art. 1 Nr. 17 a) ORRG (BT-Dr. 15/1976, S. 4, S. 16 f; BT-Dr. 15/2536, S. 11; BT-Dr. 15/2609, S. 27).

Viertes Kapitel
Die Berücksichtigung des TOA als Verfahrensgrundsatz?

I. Allgemeine Möglichkeit der Herausbildung neuer Verfahrensgrundsätze

„Bei den Prozessmaximen handelt es sich um Prozessrechtsgrundsätze, die in jahrhundertelanger Tradition herausgebildet wurden und die in ihrem Zusammenwirken die Rechtsstaatlichkeit des tief in die Bürgerrechte eingreifenden Strafverfahrens garantieren."[1] Es handelt sich somit grundsätzlich um historisch entwickelte[2] und fundierte Grundsätze.

Bei isolierter Betrachtung dieser Aussage fragt man sich, ob die Berücksichtigung einer gerade erst in die StPO aufgenommenen Vorschrift (§ 155a StPO) bzw. einer Institution (TOA) als Verfahrensgrundsatz überhaupt möglich ist. Aber selbst wenn man davon absieht, dass auch die Konfliktbeseitigung durch private Bußleistung des Täters aus historischer Perspektive keinesfalls einen neuen Gedanken darstellt[3], kommt man schnell zu dem Ergebnis, dass in einem dynamisch angelegten, „offenen" Rechtssystem die Fortbildung überkommenen Rechts zur Anpassung an geänderte Verhältnisse prinzipiell nicht zweifelhaft sein kann. In der Tat werden - meist unter Berufung auf Grundentscheidungen unserer Verfassung - immer wieder neue Verfahrensgrundsätze hergeleitet, wie z.B. der Grundsatz der Fürsorgepflicht der Gerichte[4], der Grundsatz der Waffengleichheit[5] oder der fair-trial-Grundsatz.[6]

Das wird umso verständlicher, wenn man sich näher mit Sinn und Bedeutung der Prozessgrundsätze auseinandersetzt. Diese müssen sich am Ziel des Strafprozesses ausrichten, denn sie sind nichts anderes als Wege zur Erreichung des Prozessziels.[7] Letzteres gibt den entscheidenden Maßstab für die inhaltliche Ausgestaltung des Verfahrensrechts ab. Die Auffassungen darüber, welche Wege zur Erreichung des Prozessziels erforderlich sind, werden jedoch durch variierende Faktoren bestimmt, wie z.B. psychologische Erkenntnisse und Erfahrungen, vor allem aber auch politische und weltanschauliche Einstellungen. Veränderungen der sozialen Struktur und demgemäß des Verfassungszustandes, Verschiebungen im Verhältnis staatlicher Macht zum Einzelnen, Wandelungen in Bezug auf das Rechts- und Lebensgefühl der Menschen und Neuorientierungen des politischen Denkens wirken sich auf die Formen und Struktu-

---

[1] *Beulke*, Strafprozessrecht, Rn. 15.
[2] Vgl. *Schmidt*, Lehrkommentar I, S. 191.
[3] Vgl. ausführlich oben 1. Kapitel, II. (S. 15 ff).
[4] Vgl. *Kumlehn*, Die gerichtliche Fürsorgepflicht im Strafverfahren.
[5] Vgl. *Sandermann*, Waffengleichheit im Strafprozess.
[6] Vgl. *Heubel*, Der „fair trial" - ein Grundsatz des Strafverfahrens?.
[7] Vgl. *Schmidhäuser*, FS Schmidt, 1961, S. 511.

ren des Strafprozesses aus, d.h. der Strafprozess ist eine Angelegenheit von politischer Natur. Die Prozessgrundsätze folgen somit nicht aus dem Wesen des Prozesses, sondern lassen uns die vom Gesetzgeber aufgrund von Erfahrungen und politischer Einstellung gewählten Gesichtspunkte erkennen, die für seine Methode der Gestaltung des Strafprozesses maßgebend waren.[8] Es handelt sich nicht um logische, sondern um rechtspolitische Erwägungen. Sie wechseln daher im geschichtlichen Ablauf ständig. So weist denn auch die Geschichte des deutschen Strafprozesses ein in ständiger Veränderung befindliches Bild der strafprozessualen Formen und Methoden auf.[9]

Somit kann man festhalten, dass die Maximen des Strafprozesses nicht begriffsnotwendig Rechtssatzcharakter besitzen, sondern vielmehr Leitbilder sind, die auf rechtspolitischen Erwägungen basieren und uns im Strafverfahrensrecht als Orientierungspunkte dienen.[10] Da sich ein Verfahrensmodell den Wandelungen der Strafrechtspolitik anzupassen hat[11], erscheint die Herausbildung neuer Verfahrensgrundsätze möglich, ja sogar notwendig bzw. dem Strafprozess immanent. Auch verfassungsrechtlich bestehen insoweit keine Bedenken, da das Grundgesetz das Recht gewährt, die Ausgestaltung des Strafverfahrens zu beeinflussen.[12]

Bei der Begründung neuer Prozessmaximen sind jedoch die verschiedensten Interessensgesichtspunkte zu berücksichtigen. Dem Interesse, das zur Anerkennung eines Prozessprinzips drängt, stellen sich nämlich zahlreiche Gegeninteressen entgegen.[13] Dadurch legt sich ein Verfahrensgrundsatz durch den anderen fest und erhält zugleich durch ihn seine Bedeutung. Das lässt sich an einem einfachen Beispiel verdeutlichen: Das Recht auf den gesetzlichen Richter, Art. 101 I 2 GG, ist zwar absolut formuliert, muss jedoch im Zusammenhang mit dem rechtsstaatlichen Gebot der Verfahrensbeschleunigung gesehen werden. Prozessgrundsätze, auch in ihren verfassungsrechtlich fundierten Grundannahmen, sind also nicht für sich, sondern nur in ihren wechselseitigen Relationen zu verstehen, was zu mannigfachen Zielkonflikten führt und dazu zwingt, jedes noch so wichtige Postulat in seiner relativen Geltung zu erkennen.[14] Ein Prozessgrundsatz lässt sich nicht auf seine eigene Ratio festlegen. Jede Prozessregel ist Funktion anderer Verfahrenssätze. Prozessgrundsätze lassen sich nur im Hinblick auf andere Grundannahmen verstehen und operationalisieren.[15]

---

[8] Vgl. *Geerds*, SchlHA 1962, S. 182; *Schmidt*, Lehrkommentar I, S. 191.
[9] Vgl. *Deu*, FS Roxin, S. 1230; *Schmidt*, aaO.
[10] Vgl. *Beulke*, Strafprozessrecht, Rn. 15; *Geerds*, aaO, S. 181; *Schmidt*, aaO.
[11] Vgl. *Rieß*, FS Schäfer, S. 171.
[12] Vgl. *Deu*, aaO.
[13] Vgl. *Schmidt*, Lehrkommentar I, S. 191.
[14] Vgl. *Krauß*, Zur Funktion der Prozessdogmatik, S. 1 f.
[15] Ebda.

II. TOA als Verfahrensgrundsatz?

Im Folgenden ist zu untersuchen, ob TOA und Wiedergutmachung solch einen neuen Verfahrensgrundsatz darstellen. Da Prozessgrundsätze nichts anderes sind als Wege zur *Erreichung des Prozessziels*[16], müssten TOA und Wiedergutmachung zunächst eine dementsprechende Eignung aufweisen. Des Weiteren ist zu berücksichtigen, dass sich die Berechtigung eines Prinzips danach bemisst, ob ihm im Rahmen des Strafverfahrens eine erkennbare Funktion zukommt.[17] Die Beweislast dafür obliegt demjenigen, der sich auf den der StPO bis dato unbekannten Verfahrensgrundsatz beruft. Der Beweis wäre dann geführt, wenn dem TOA Inhalte unterlegt werden könnten, die seine *Eigenständigkeit im Gesamtgefüge des Strafverfahrensrechts* auszuweisen vermögen.

1. Ziel des Strafprozesses

Über das Ziel des Strafverfahrens wird seit jeher kontrovers diskutiert, ohne dass sich letztlich eine Ansicht durchgesetzt hat.[18] Eine komplette Darstellung der - vor allem seit Beginn des vorigen Jahrhunderts besonders lebhaft geführten - Kontroverse erscheint hier jedoch nicht angebracht, dient die Beantwortung der Frage nach dem Ziel des Strafprozesses doch nur als Ausgangsbasis für die vorliegende Untersuchung. Andererseits kann angesichts dieser Relevanz auf eine Auseinandersetzung mit der Problematik nicht gänzlich verzichtet werden. Eine Systematisierung der zahlreichen vertretenen Ansichten lässt sich durch eine Einteilung in drei Hauptgruppen vornehmen:

Die erste Gruppe[19] geht von einer strikten Trennung von materiellem Recht und Prozessrecht aus und bestimmt das Ziel des Strafverfahrens durch eine spezifisch prozessuale Betrachtungsweise, während sich eine zweite Ansicht[20] der Frage von dem Grundgedanken aus nähert, materielles Recht und Prozessrecht würden durch den Prozess in eine Einheit gebracht. Beide Ansichten können jedoch nicht überzeugen und werden dementsprechend kaum noch vertreten.[21] Vielmehr versucht die heute ganz herrschende Meinung, die selbständigen Materien „materielles Recht“ und „Prozessrecht“ über das Ziel des Prozesses miteinander zu verbinden[22], wobei sich die meisten hierzu vertretenen Positionen

---

[16] Vgl. *Schmidhäuser*, FS Schmidt, S. 511.
[17] Vgl. *Geerds*, SchlHA, 1962, S. 181 ff.
[18] Vgl. dazu ausführlich *Limbach*, Der drohende Tod als Strafverfahrenshindernis, S. 13 ff.
[19] Vgl. *Goldschmidt*, Der Prozess als Rechtslage, S. 151 ff, 211 ff; *Schmidt*, Lehrkommentar I, Rn. 32 ff.
[20] Vgl. *Bülow*, Gesetz und Richteramt, S. 3, 7, 45 ff.
[21] Vgl. ausführlich *Limbach*, aaO, S. 32 ff.
[22] Vgl. dazu ausführlich *Limbach*, aaO, S. 34 ff.

nur in Nuancen unterscheiden, deren Darstellung nicht Aufgabe der vorliegenden Untersuchung ist. Zwei Ansichten erfordern indes eine nähere Betrachtung:

Die erste - früher herrschende[23] - Ansicht sieht das Ziel des Strafverfahrens in der *Durchsetzung des staatlichen Strafanspruchs* mit justizförmigen Mitteln. Ihr begegnet man zwar auch noch im neueren[24] und neuesten[25] Schrifttum, jedoch ist der lange Zeit fast unbestrittene Konsens brüchig geworden.[26] Die Konstruktion eines staatlichen Anspruchs soll nämlich auf Parallelen zwischen Straf- und Privatrecht hindeuten[27], welche jedoch aus zwei Gründen zweifelhaft sind: Zum einen würde der Strafanspruch bereits mit Begehung der Straftat entstehen, was im Hinblick auf Strafantragserfordernis und das Institut der Privatklage zweifelhaft ist.[28] Zum anderen wäre der Angeklagte dann mit der Rolle des Anspruchs- gegners bzw. Beklagten und der Staat, vertreten durch die Staatsanwaltschaft, mit der Rolle des Anspruchsinhabers bzw. Klägers zu vergleichen. Ein solcher Vergleich ist jedoch nicht möglich, denn der Kläger im Zivilprozess verfolgt seine eigenen, subjektiven Interessen, während der Staatsanwalt gem. § 160 II StPO zur Objektivität verpflichtet ist. Die Lehre vom staatlichen Strafanspruch ist somit abzulehnen und wurde demnach auch zu Recht von einem Großteil der Literatur aufgegeben.[29]

Dieser Lehre nicht fern ist die Ansicht, das Strafverfahren diene der *Verwirklichung bzw. der Durchsetzung des materiellen Strafrechts*. Zu berücksichtigen ist jedoch, dass Strafverfahren nicht zwangsweise mit der Verhängung von Strafen oder ggf. Maßregeln enden müssen. Vielmehr kann am Ende auch ein Freispruch oder die Einstellung aus unterschiedlichsten Gründen stehen. Auch hat eventuell mangels hinreichenden Tatverdachts bereits die Erhebung der Klage zu unterbleiben. Die Begriffe Verwirklichung und Durchsetzung implizieren aber die Verurteilung eines durch das Strafverfahren überführten Täters.[30] Der o.g. Zweck könnte daher ein Strafverfahren nur legitimieren, wenn der Angeklagte am Ende verurteilt wird. Dann ist jedoch richtig, dass es zur Durchsetzung des materiellen Strafrechts des Strafverfahrens bedarf. Somit bleibt festzuhalten, dass zwar das Strafverfahren die Möglichkeit der Durchsetzung und Verwirklichung des materiellen Strafrechts eröffnen und fördern soll, darin jedoch nicht dessen alleiniges Ziel liegt. Mit der überwiegenden Ansicht

---

[23] Vgl.*Klose*, ZStW 86 (1974), S. 42 f, 45 m.w.N.
[24] Vgl. L/R-*Schäfer*, 24. Aufl, Einl. Kap. 6 Rn. 27.
[25] Vgl. *Kilchling*, NStZ 2002, S. 63.
[26] Vgl. *Rieß*, FS Schäfer, S. 168, 170.
[27] Vgl. *Klose*, ZStW 86 (1974), S. 42 f, 45 m.w.N.
[28] Vgl. *Weigend*, Deliktsopfer und Strafverfahren, S. 192, Fn. 65.
[29] Vgl. *Klose*, aaO.
[30] Vgl. *Limbach*, Der drohende Tod als Strafverfahrenshindernis, S. 38.

in der Literatur ist dieses vielmehr in der *Schaffung und Sicherung des Rechtsfriedens* zu sehen.[31]

Dabei handelt es sich jedoch um eine komplexe Verfahrenszielbestimmung, die eine Bezeichnung derjenigen Bedingungen und Grundlagen erfordert, unter denen Rechtsfrieden hergestellt wird.[32] Dazu gehört vor allem, dass der Prozess an Wahrheit, Gerechtigkeit und der Verwirklichung des materiellen Strafrechts orientiert bleibt.[33] Die Verwirklichung des materiellen Strafrechts erfordert ihrerseits die Erfüllung der Strafzwecke, Gerechtigkeit ist vor allem durch einen gerechten Ausgang des Strafverfahrens bedingt, der nur dann gegeben ist, wenn er „richtig“ ist, d.h. sich an den Aufgaben des Kriminalrechts orientiert. Der Begriff des Kriminalrechts umfasst sämtliche Normen, die in Zusammenhang mit kriminalrechtlichen Sanktionen stehen, und berücksichtigt, dass im staatlichen Sanktionensystem die Strafe zwar die häufigste, nicht jedoch die einzige Sanktionsform darstellt.[34] Da das Sanktionensystem und die Auslegung seiner Kategorien von kriminalpolitischen Wertungen getragen werden[35], ist der Ausgang des Strafverfahrens dann als gerecht anzusehen, wenn die aktuellen kriminalpolitischen Gegebenheiten ausreichend berücksichtigt wurden.

1.1. Erfüllung der Strafzwecke

Ein Einbau der Wiedergutmachung in das System der Strafzwecke erscheint aufgrund der bereits angesprochenen Auseinanderentwicklung von Straf- und Zivilrecht nicht einfach.[36] Hier bieten sich zwei Möglichkeiten: Man kann versuchen, den TOA auf die geltenden Strafzwecke zu stützen, zum anderen aber auch fragen, ob nicht die Berücksichtigung der Wiedergutmachung als selbständiger Strafzweck erforderlich ist.

1.1.1. Vereinbarkeit mit den geltenden Strafzwecken

Die Frage nach der Vereinbarkeit mit den geltenden Strafzwecken führt zu der jahrhundertealten Diskussion nach dem Zweck des staatlichen Strafens, zu der hier nur mit einem Verweis auf die herrschende Vereinigungslehre Stellung

---

[31] Vgl. *Beulke*, Strafprozessrecht, Rn. 6; L/R-*Rieß*, Einl. Abschnitt B, R. 5; *Schmidhäuser*, FS Schmidt, S. 511 ff; *Volk*, Prozessvoraussetzungen, S. 183 ff; *Weigend*, aaO, S. 195 ff; KK-*Pfeiffer*, Einleitung Rn. 1; *Rieß*, FS Schäfer, S. 170 ff; *Roxin*, Strafverfahrensrecht, § 1 Rn. 3 ff; *Kaiser*, Kriminologie, S. 1090.

[32] Vgl. L/R-*Rieß*, Einl. Abschnitt B Rn. 4.

[33] Vgl. *Rieß*, FS Schäfer, S. 168, 170.

[34] Vgl. zum Begriff des Kriminalrechts auch *Walther*, Vom Rechtsbruch zum Realkonflikt, S. 164; *Baumann* u.a., AE-WGM, S. 22 ff.

[35] Vgl. *Roxin*, Strafrecht AT 1, § 7 Rn. 69.

[36] Vgl. zu der folglich vorgebrachten Kritik auch *Roxin*, Die Wiedergutmachung im System der Strafzwecke, S. 40, 41.

genommen werden kann.[37] Denn insoweit besteht heute ein weitgehender internationaler Konsens, dass die Aufgaben der Strafe in Prävention[38] und Schuldausgleich[39] bestehen, wobei sich der Präventionsaspekt in Spezial- und Generalprävention unterteilt.

Das Ziel der Spezialprävention besteht in der Resozialisierung des Täters (positive Spezialprävention) und der damit korrespondierenden Sicherung der Allgemeinheit (negative Spezialprävention). Diese Ziele lassen sich durch den TOA gut erreichen, denn er ist der Resozialisierung dadurch förderlich, dass der Täter aktiv in den Prozess der Wiedergutmachung eingebunden wird und so einen autonomen Gegenakt zur Straftat erbringen kann. Dadurch wird sein Lernprozess nicht durch das passive Erdulden einer Sanktion gehemmt[40], der Täter wird vielmehr zur Übernahme von Verantwortung für die Folgen seiner Straftat veranlasst.[41] Basierend auf diesen Erkenntnissen und den ernüchternden Ergebnissen der früheren, euphorisch praktizierten Konzepte, die den Täter durch eine geeignete Behandlung zu einem rechtstreuen Bürger erziehen sollten, knüpft man heute spezialpräventive Erwägungen hoffnungsvoll an die Wiedergutmachung.[42]

Mindestens die gleiche Bedeutung wird deren generalpräventiver Funktion zugeschrieben. Auch hier lässt sich zwischen negativen und positiven Aspekten unterscheiden, wobei die negative Generalprävention die Abschreckung der Allgemeinheit zum Ziel hat, während der wesentliche Gesichtspunkt der positiven Generalprävention darin besteht, dem Bürger durch Strafgesetz und Strafjustiz eine positive Einstellung zur Rechtsordnung zu vermitteln. Da jedoch der Nutzen der Wiedergutmachung zur Abschreckung der Allgemeinheit nach überwiegender Ansicht[43] als gering einzustufen ist[44], bestimmt vor allem der Aspekt der positiven Generalprävention die gegenwärtige Diskussion.[45] Deren Wirkungen lassen sich in Lern-, Vertrauens- und Befriedigungseffekt unterteilen.[46] Der Lerneffekt ergibt sich daraus, dass das Strafrecht die sozialen Grundregeln aufzählt, deren Verletzung nicht hingenommen werden kann, Vertrauen entsteht aus der Einsicht des Bürgers in die Durchsetzungskraft des Rechts.

---

[37] Vgl. dazu ausführlich *Wessels/Beulke*, Strafrecht AT, Rn. 12a; *Roxin*, Strafrecht AT I, § 3 Rn. 33 ff; *Krey*, Strafrecht AT 1, Rn. 134 ff; *Tröndle/Fischer*, § 46 Rn. 2, jeweils m.w.N.

[38] Vgl. *Roxin*, FS Lerche, S. 303.

[39] Vgl. *Walther*, Vom Rechtsbruch zum Realkonflikt, S. 115.

[40] Vgl. *Bannenberg/Uhlmann*, Die Konzeption des Täter-Opfer-Ausgleichs, S. 26.

[41] Vgl. BT-Dr 12/6853, S. 21; *Schöch*, 50 Jahre BGH, S. 315; diesbezüglich kritisch *Schaffstein*, FS Roxin, S. 1069.

[42] Vgl. *Roxin*, FS Lerche, S. 303.

[43] AA *Schaffstein*, aaO, S. 1069 f.

[44] Vgl. *Roxin*, Die Wiedergutmachung im System der Strafzwecke, S. 47.

[45] Vgl. *Walther*, aaO, S. 122.

[46] Vgl. *Roxin*, FS Lerche, S. 304.

Beides lässt sich durch die in der Schadenswiedergutmachung zum Ausdruck kommende Übernahme der Verantwortung für die Leiden Opfers ebenso gut erreichen wie durch die herkömmlichen Sanktionen.[47] Das entscheidende Einfallstor für die Wiedergutmachung in das Strafrecht stellt jedoch der Befriedigungseffekt dar. Dieser stellt sich ein, wenn die Allgemeinheit die durch die Straftat eingetretene Störung als beseitigt ansieht und der Rechtsfrieden wiederhergestellt ist. Hierzu erweist sich die Wiedergutmachung sogar als besser geeignet, als die herkömmliche Strafe, da trotz letzterer die soziale Störung nicht als beseitigt angesehen werden kann, solange die Schädigung des Opfers bestehen bleibt. Wird die Schädigung jedoch durch Wiedergutmachungsleistungen behoben, wird das Vertrauen der Allgemeinheit in die Rechtsordnung gestärkt und der durch die Tat gestörte Rechtsfrieden wiederhergestellt. Der Befriedigungseffekt eröffnet demnach die Möglichkeit, Wiedergutmachung und TOA auch unter generalpräventiven Aspekten zu rechtfertigen.

Der verbleibende Strafzweck des Schuldausgleichs wird durch den in der Auferlegung der Wiedergutmachung (z.B. § 153a I 2 Nr. 5 StPO) bestehenden Sanktionsakt und durch die Anreicherung der Wiedergutmachungsverpflichtung mit belastenden oder Übel zufügenden Elementen erreicht.[48]

Somit kann festgehalten werden, dass sich der TOA mit den geltenden Strafzwecken der Spezial-[49] und Generalprävention[50] sowie des Schuldausgleichs[51] als vereinbar erweist. Dennoch wird z.T. die theoretische Fundierung der Wiedergutmachung auf der Ebene der Strafzwecke abgelehnt und stattdessen ein von den Strafzwecken losgelöstes, eigenständiges Konzept gefordert[52], was in erster Linie darauf gestützt wird, dass das gesetzliche Rechtsfolgensystem mit der Einstellung von Strafverfahren und mit den auf sozialen Schutz zielenden Maßregeln der Besserung und Sicherung in doppelter Weise über die traditionelle Reaktion der Strafe hinausgreife. Beide Wege würden sich zwar widerspruchsfrei in den Präventionsgedanken einordnen, aber weder sozialethischen Tadel noch das Element der Schuldvergeltung enthalten, die nach herkömmli-

---

[47] Vgl. *Müller-Dietz*, Täter-Opfer-Ausgleich aus der Sicht des Strafrichters, S. 66; *Havekost*, ZRP 1980, S. 308 ff; *Sessar/Beurskens/Boers*, KrimJ 1986, S. 86.

[48] Vgl. *Walther*, Vom Rechtsbruch zum Realkonflikt, S. 131; *Weigend*, Deliktsopfer und Strafverfahren, S. 535; *Sessar*, FS Leferenz, S. 153 ff.

[49] Vgl. *Meier*, JuS 1996, S. 438 ff; ders., GA 1999, S. 15; *Meyer*, FS Triffterer, S. 632; *Baumann* u.a., AE-WGM, S. 26; *Roxin*, aaO, S. 303 ff; *Frehsee*, Schadenswiedergutmachung, S. 87 ff.

[50] Vgl. *Baurmann*, GA 1994, S. 383; *Meier* GA 1999, S. 14; *Roxin*, aaO, S. 303 ff; *Meyer*, aaO; *Frehsee*, aaO.

[51] Vgl. *Weigend*, aaO; *Sessar*, aaO.

[52] Vgl. *Walther*, ZRP 97, S. 395; dies., Vom Rechtsbruch zum Realkonflikt; *Baumann* u.a, AE-WGM.

cher Auffassung das Wesen der Strafe ausmachen.[53] Auch wenn man den Begriff der Strafe weit verstehe[54], sei das Kriminalrecht nicht beschränkt auf die Erfüllung der Strafzwecke, sondern etwas völlig anderes. Weil sich das Kriminalrecht somit nicht einfach mit dem Anwendungsbereich der Strafe gleichsetzen lasse, sei die Möglichkeit, mit Wiedergutmachung auf Straftaten zu reagieren, unabhängig von der Frage, ob auch diese ihrem Wesen nach Strafe sei.[55]

Das mag alles richtig sein, jedoch ist die daraus gezogene Konsequenz der Forderung eines eigenständigen, von den Strafzwecken losgelösten Wiedergutmachungskonzeptes unnötig. Denn zum einen führt es die Diskussion um den TOA in keinem wesentlichen Punkt weiter. Zum anderen besteht die Möglichkeit der theoretischen Fundierung des TOA auf der Ebene der Strafzwecke unabhängig von der Frage, ob man die Wiedergutmachung als Strafe im engeren Sinne ansieht[56], oder nicht. Denn keinesfalls kann man ihr den Charakter einer Sanktion absprechen. Der Sanktionscharakter ergibt sich bereits daraus, dass sich der Gesetzgeber bei der Einführung des TOA in die StPO für das diversionsorientierte Sanktionsmodell[57] entschieden hat, d.h. es soll zur Vermeidung eines förmlichen Verfahrens (Diversion) oder im Falle seines Fortgangs zu einer Einschränkung der sanktionsrechtlichen Folgen kommen.[58] Dabei wird dem Täter die Leistung qua Sanktion abverlangt.[59] Dieses Ergebnis wird auch durch einen Vergleich mit der entsprechenden Regelung des § 15 JGG bestätigt, bei welcher der Sanktionscharakter unstreitig bejaht wird.[60] Das verkennt Kilchling[61], wenn er behauptet, der TOA sei gerade keine von der Strafjustiz innerhalb des Strafverfahrens zu vollziehende Sanktion.

---

[53] Vgl. *Baumann* u.a., AE-WGM, S. 22 ff.

[54] So z.B. *Limbach*, Der drohende Tod als Strafverfahrenshindernis, S. 38: Zum Begriff der Strafe zählen auch die Verwarnung mit Strafvorbehalt sowie die Einstellung z.B. nach § 153a StPO oder § 154 StPO.

[55] Vgl. *Baumann* u.a., AE-WGM, S. 23 ;*Walther*, Vom Rechtsbruch zum Realkonflikt, S. 133 ff.

[56] Das wird vor allem mit der vielfach zu findenden Formulierung, TOA solle die Strafe ersetzen, verneint, vgl. *Schöch*, FS Roxin, S. 1045 m.w.N.; *Schaffstein*, FS Roxin, S. 1070. Denn Strafe kann nur *ersetzen*, was nicht selbst Strafe ist, vgl. *Walther*, aaO, S. 132.

[57] Vgl. dazu bereits oben 1. Kapitel, I. 2.1. (S. 5 ff).

[58] Vgl. *Schüler-Springorum*, FS Roxin, S. 1034.

[59] Vgl. *Meier*, GA 1999, S. 16 ff; *Tolmein*, ZRP 1999, S. 409; *Schaffstein*, FS Roxin, S. 1068; *Meyer-Goßner*, § 153a Rn. 2, vgl. auch oben 1. Kapitel, I. 2.1. (S. 5 ff).

[60] Vgl. *Schöch*, TOA im Jugendstrafrecht, S. 143; kritisch dazu *Loos*, ZRP 1993, 51; *Miehe*, ZStW 103 (1991), S. 458.

[61] Vgl. *Kilchling*, TOA-Infodienst Nr. 12, S. 27.

1.1.2. Wiedergutmachung als selbständiger Strafzweck

Aus der Vereinbarkeit des TOA mit den geltenden Strafzwecken wird teilweise die Konsequenz gezogen, Wiedergutmachung sei kein selbständiger Strafzweck[62] bzw. als „neuer" Strafzweck nicht vonnöten.[63] Dem kann jedoch nicht gefolgt werden.

a) Wandelungen der Strafzwecklehre

Die Strafzwecklehre befindet sich in einem ständigen Wandel. So wird der in der Nachkriegszeit dominierende Strafzweck der Spezialprävention heute weitgehend diskreditiert, da die durch ihn erwarteten Resozialisierungserfolge weitgehend ausblieben. Die Ursache liegt jedoch darin, dass man sich entsprechende Erfolge in erster Linie von Freiheitsstrafen versprochen hat, einem Mittel, das gerade mit resozialisierungsfeindlichen Begleitumständen wie gesellschaftlicher Isolierung oder beruflichem Scheitern verbunden ist.[64] Kriminalpolitisch richtig erscheint es deshalb, die mangelnden Resozialisierungserfolge nicht als („nothing works"-)Argument gegen die grundsätzlich nicht unrichtigen spezialpräventiven Zwecksetzungen selbst anzuführen, sondern nach alternativen spezialpräventiven Ansätzen zu suchen. Dementsprechend knüpfen heute sowohl die Literatur[65] als auch der Gesetzgeber[66] spezialpräventive Erwägungen an die Wiedergutmachung. Das lässt sich nur als ein Wandel der Strafzwecklehre beurteilen.[67] Dem gleichen Wandel unterliegt der Strafzweck der Generalprävention. Der erste Schritt bestand in der weitgehenden Abkehr von der von Feuerbach geprägten negativen hin zur positiven Generalprävention. Letztere wird vom BVerfG mit der Aufgabe umschrieben, „die Unverbrüchlichkeit der Rechtsordnung vor der Rechtsgemeinschaft zu erweisen und so die Rechtstreue der Bevölkerung zu stärken."[68] Über den dazu erforderlichen Befriedigungseffekt[69] eröffnete sich dann die Möglichkeit, auch Wiedergutmachung und TOA unter generalpräventiven Aspekten zu rechtfertigen.

Es wäre jedoch falsch, die fortschreitende Wandelung der Strafzwecklehre dadurch stagnieren zu lassen, dass man auf die Entwicklung eigener, opferbezogener Strafbegründungen verzichtet.[70]

---

[62] Vgl. *Roxin*, FS Lerche, S. 305.
[63] Vgl. *Roxin*, Die Wiedergutmachung im System der Strafzwecke, S. 47.
[64] Vgl. *Roxin*, FS Müller-Dietz, S. 705.
[65] Vgl. dazu bereits oben 1.1.1. (S. 126).
[66] Vgl. dazu bereits oben 1. Kapitel, I. 2.1. (S. 6 f), II. (S. 17 ff).
[67] Vgl. *Roxin*, FS Müller-Dietz, S. 706.
[68] Vgl. BVerfGE 45, S. 256.
[69] Vgl. bereits oben 1.1.1. (S. 126 f).
[70] So aber *Roxin*, FS Lerche, S. 305; ders., Die Wiedergutmachung im System der Strafzwecke, S. 47.

b) Schwächen der geltenden Strafzwecke in Bezug auf das Opfer

Eine eigene, opferorientierte Strafbegründung erscheint in vieler Hinsicht sinnvoller, als Wiedergutmachung und TOA lediglich mit den bestehenden Strafzwecken für vereinbar zu erklären, da sich bei letzterem Vorgehen der Opferschutz lediglich als Reflex dieser anders begründeten Strafzwecke darstellt und das Opfer nur am Rande mitbedacht wird.[71] Das zeigt sich bereits daran, dass trotz lebhaft geführter kriminalpolitischer Diskussion die empirisch belegten[72] Opferinteressen sowohl von der Strafrechtstheorie als auch von der Rechtspolitik nach wie vor lediglich selektiv zur Kenntnis genommen werden.[73] Noch im Abschlussbericht der vom BMJ eingesetzten Kommission zur Reform des strafrechtlichen Sanktionensystems aus dem Jahr 2000 heißt es, „Kernaufgabe der Strafrechtspflege ist es, dem verfassungsrechtlich verankerten Gebot effektiver Strafverfolgung zu entsprechen, d.h. Straftaten aufzuklären und den Täter der gerechten Strafe zuzuführen. Deshalb kann das Strafrecht nicht in erster Linie Schadenswiedergutmachung und Täter-Opfer-Ausgleich zum Ziel haben."[74] Dieser Zustand erscheint zum einen als Konsequenz der genannten[75] historischen Entwicklung, durch welche sich das Opfer als personale Kategorie völlig in dem Abstraktum der Rechtsgutsverletzung auflöste.[76] Zum anderen ist er notwendige Folge der Präventionstheorie, denn wenn es wahlweise nur darauf ankommt, von Straftaten abzuschrecken, Straftäter in die Gesellschaft einzugliedern bzw. letztere vor weiteren Straftaten zu schützen oder Normen zu stabilisieren, gerät das Individuum notwendigerweise aus dem Blick.[77] Man muss sich jedoch die Frage stellen, ob an dem von der Kommission im o.g.[78] Abschlussbericht zum Ausdruck gebrachten einseitigen Verständnis von Tat und Strafe auch in Zukunft noch festgehalten werden sollte[79], eine Frage, die in einer Schlussfolgerung der vorangegangenen Darstellungen nur verneint werden kann.

Andernfalls würde nämlich übersehen, dass durch eine Straftat nicht nur die Rechtsordnung des Staates, sondern auch ein konkretes Opfer verletzt wird. Ein Strafrechtsverständnis im Sinne der Kommission würde zu letzterem aber eine

---

[71] Vgl. *Kilchling*, NStZ 2002, S. 58, 59 m.w.N.

[72] Vgl. *Schneider*, GA 2001, S. 48; *Kaiser*, Kriminologie, S. 531 ff; *Weigend*, Zukunftsperspektiven der Opferforschung, S. 43 ff; *Meyer*, FS Triffterer, S. 629.

[73] Vgl. *Kilchling*, aaO, S. 58.

[74] Abschlussbericht der Kommission zur Reform des strafrechtlichen Sanktionensystems 2000, S. 72 (abrufbar im Internet unter www.bmj.bund.de/images/10365.pdf).

[75] Vgl. dazu bereits oben 1. Kapitel, I. 3. (S. 9 f).

[76] Vgl. *Rössner/Wulf*, Opferbezogene Strafrechtspflege, S. 4; *Kilchling*, NStZ 2002, S. 58.

[77] Vgl.*Hassemer*, Einführung in die Grundlagen des Strafrechts, S. 72; *Albrecht*, Kriminologie, S. 393.

[78] Vgl. oben Fn. 74

[79] Vgl. *Krauß*, FS Lüderssen, S. 275.

„allzu formale Distanz“[80] einnehmen, da so als eigentlicher Rechtsgutsträger der verschiedenen Strafnormen nach wie vor nur das potentielle Opfer betrachtet[81], das tatsächliche Opfer dagegen der anonymisierten Allgemeinheit zugeordnet würde.[82] Das kann angesichts der durch die Straftat eingetretenen Konkretisierung nicht ausreichend sein. Denn damit blieben zum einen die mit der Strafverfolgung verbundenen Belastungen sowohl für die direkten[83] als auch für die mitbetroffenen indirekten[84] Opfer unberücksichtigt. Die Leiden der Opfer würden ignoriert, unter Umständen sogar vervielfältigt.[85] Hier sind insbesondere die häufig mit der Zeugenrolle des Opfers verbundenen Gefahren sekundärer Viktimisierung zu nennen.[86] Deren Ursachen können zwar nicht pauschal in den Verfahrensstrukturen des Strafprozesses gesehen werden, durch die das Opfer zum Zwecke der Effektivität der Strafrechtspflege funktionalisiert wird. Denn neuere empirische Studien[87] belegen, dass die mit dem Strafverfahren verbundenen Belastungen in aller Regel gut verarbeitet werden können.[88] Ein gänzlicher Ausschluss der Viktimisierungsgefahr lässt sich daraus allerdings nicht ableiten,[89] vor allem deshalb, weil das Strafverfahren nicht die alleinige Ursache für die genannten Gefahren darstellt. Dazu zählen vielmehr auch zahlreiche Einzelumstände, insbesondere aus dem sozialen Umfeld des Täters.[90] Zum anderen bedarf manchmal auch das Opfer der Resozialisierung.[91] Diese lässt sich am besten durch einen Ausgleich der Tatfolgen erreichen.[92]

---

80 *Albrecht*, aaO.

81 Vgl. *Seelmann*, JZ 1989, 670 ff; *Kilchling*, aaO; *Prittwitz*, Opferlose Straftheorien, S. 60.

82 Vgl. *Kilchling*, aaO.

83 Ebda.

84 *Schneider*, Viktimologie, S. 406 spricht sehr anschaulich von den Angehörigen als „Mitopfer“.

85 Vgl. *Albrecht*, aaO.

86 Vgl. *Schneider*, Viktimologie, S. 406; *Baurmann/Schädler*, Das Opfer nach der Straftat, S. 19 ff m.w.N.; *Kilchling*, Opferinteressen und Strafverfolgung, S. 67 ff m.w.N.

87 Vgl. *Busse/Volbert/Steller*, Belastungserleben, S. 196.

88 Vgl. *Beulke*, ZStW 113 (2001), S. 733, 735.

89 Vgl. *Beulke*, aaO, S. 733; *Pfäfflin*, StV 1997, S. 97.

90 Vgl. *Schneider*, JZ 2000, S. 393; *Kunz*, Probleme der Opferentschädigung, S. 18, *Pfäfflin*, aaO.

91 Vgl. *Schneider*, Das Verbrechensopfer, S. 627 ff; ders., Viktimologie, S. 410; ausführlich bei *Reemtsma*, Das Recht des Opfers auf die Bestrafung des Täters; diesbezüglich kritisch *Lüderssen*, FS Hirsch, S. 879 ff.

92 Vgl. *Rössner/Wulf*, Opferbezogene Strafrechtspflege, Vorbemerkung III.

Umsetzungsversuche hierzu sind jedoch trotz begrüßenswerter Intention nicht ausreichend gewesen:

aa) Staatliche Opferentschädigung

Zunächst entstanden zahlreiche Ansätze, die sich mit den unterschiedlichsten Begründungen für eine staatliche Opferentschädigung aussprachen. So wurde eine Opferentschädigungspflicht einerseits als notwendiges Korrelat zu einer zu stark täterorientierten Kriminalpolitik[93] angesehen. Andere[94] stellten als Grundlage auf die in der Verfassung verankerte objektive Pflicht des Staates ab, Freiheitsbereiche vor Eingriffen zu schützen.[95] Die Vertragsbruchtheorie[96] ging davon aus, durch die Monopolisierung der Strafrechtspflege sei eine Art Garantievertrag entstanden, der den Staat zum Schutz seiner Bürger verpflichte. Komme es zu einer Straftat, werde der Vertrag gebrochen, was zu einem Entschädigungsanspruch des Bürgers führe. Nach der Theorie der Befriedigungsvereitelung[97] hat der Staat das Opfer dagegen deswegen zu entschädigen, weil er durch die Monopolisierung der Strafe die selbständige Entschädigung durch das Opfer in der Regel verhindere.

Auch der Gesetzgeber hat den Gedanken der staatlichen Entschädigung aufgegriffen und 1976 das Opferentschädigungsgesetz[98] eingeführt. Dabei hat er festgestellt, dass „das überkommene Straf- und Strafverfahrensrecht die Position des Verletzten vernachlässigt und seine eigenständige Rolle im Strafprozess nicht hinreichend berücksichtigt“[99] habe und dieser deshalb „als selbständiger Prozessbeteiligter anerkannt“[100] werden müsse. Jedoch erscheint das Modell der staatlichen Opferentschädigung zur Lösung des durch die Straftat entstandenen Konfliktes ungeeignet, weil dadurch den Beteiligten die Verantwortung für das Geschehen abgenommen und „gesellschaftliche Distanzierung und Desintegration“[101] gefördert würden. Die gestörten Beziehungen werden so nicht

---

93 Vgl. *Weintraud*, Staatliche Entschädigung, S. 31 ff; *Schneider*, Opferschaden, Wiedergutmachung und Opferbehandlung, S. 366.

94 Vgl. *Ebert*, Hilfe für Verbrechensopfer, S. 21.

95 Vgl. BVerfG NJW 1980, S. 759 ff; NJW 1981, S. 1655 ff.

96 Vgl. *von Hippel*, ZRP 1971, S. 5 ff; *Zipf*, MschrKrim 1970, S. 1 ff; *Grebing*, ZStW 1975, S. 475.

97 Vgl. *Doering-Striening*, Die Versagung von Opferentschädigungsleistungen, S. 45 ff.

98 Gesetz über die Entschädigung für Opfer von Gewalttaten (OEG) vom 11.5.1976, BGBl. I, S. 1181; zu den Motiven des OEG-Gesetzgebers vgl. ausführlich *Kunz*, Probleme der Opferentschädigung, S. 70 ff.

99 BT-Dr. 10/5305, S. 8.

100 Ebda.

101 Vgl. *Frehsee*, Schadenswiedergutmachung, S. 191.

wiederhergestellt, im Gegenteil besteht die Gefahr, dass die Fronten zwischen Täter und Opfer nur weiter verhärten.[102]

bb) Sonstige Vorschläge

Auch die sonstigen Initiativen bezüglich eines Ausgleichs der Tatfolgen führen im Ergebnis für das Opfer zu keiner befriedigenden Lösung: Vorschläge, wonach ein gewisser Prozentsatz jeder Geldstrafe in eine Opferhilfeorganisation abzuführen wäre[103], weisen insoweit in die falsche Richtung, als das *individuelle* Opfer von der für die Organisation zweifellos hilfreichen Unterstützung in „seinem" eigenen Fall nicht - zumindest nicht direkt - profitiert. Näher am konkreten Opfer orientiert war schon der Entwurf für ein Gesetz zur Reform des strafrechtlichen Sanktionensystems aus dem Jahr 1996.[104] Auch der als Vorrangsicherung zu Gunsten der Wiedergutmachungsansprüche des Opfers angekündigte Vollstreckungsverzicht des Staates[105] erweist sich insoweit als zu eng, als dafür die Vollstreckung der Geldstrafe eine besondere persönliche Härte für den Täter bedeuten müsste (§ 459d II StPO-E). Dies bliebe sogar noch weit hinter dem von der Reformkommission des Bundestages vorgeschlagenen „Geldstrafen-Ersetzungsmodell"[106] zurück. Ein Manko aller genannten Vorschläge bleibt, dass sie sich zu sehr am „generalisierten Opferinteresse"[107] orientieren.

Insofern kann *Kilchling* nur Recht gegeben werden, wenn er es für notwendig hält, auch „die durch die Straftat betroffenen *tatsächlichen* Opfer in die Strafzielbestimmung mit einzubeziehen, anstatt sie definitorisch - falls überhaupt - (verdeckt) der Generalprävention - und damit der anonymisierten Allgemeinheit - zuzuordnen."[108] Schließlich ist das Opfer ganz anders von der Tat betroffen als die Allgemeinheit, deren Sicherheit und Normvertrauen ohne weiteres zur Strafbegründung herangezogen wird[109]; es ist gerade nicht „jedermann". Das zeigt sich zum einen an den unterschiedlichen Strafbedürfnissen der konkreten Opfer und der Allgemeinheit[110], zum anderen an der bereits angespro-

---

[102] Ebda.

[103] Vgl. § 40a StGB-E des Referentenentwurfes für ein Gesetz zur Reform des Sanktionenrechts vom 08.12.2000, NJ 2001, S. 134 ff.

[104] Vgl. Entwurf der SPD-Fraktion für ein Gesetz zur Reform des strafrechtlichen Sanktionensystems vom 24.04.1996 (BT-Dr. 13/4462).

[105] Vgl. dazu S. 2 u. 18 des Referentenentwurfes für ein Gesetz zur Reform des Sanktionenrechts vom 08.12.2000, NJ 2001, S. 134 ff.

[106] Abschlussbericht der Kommission zur Reform des strafrechtlichen Sanktionensystems 2000 (vgl. oben Fn. 74), S. 85 ff.

[107] Vgl. zu diesem Begriff *Hassemer*, Einführung in die Grundlagen des Strafrechts, S. 71.

[108] *Kilchling*, NStZ 2002, S. 58.

[109] Vgl. *Prittwitz*, Positive Generalprävention, S. 172.

[110] Vgl. *Kilchling*, aaO, S. 59.

chenen Individualisierung, die das Opfer zum konkreten Betroffenen werden lässt. Daher erscheint es nicht gerechtfertigt, Allgemeinheit und Opfer derselben Gruppe zuzuordnen.[111] Es ist demnach nach einer eigenen, opferorientierten Strafzielbestimmung zu suchen.

c) Eigene, opferorientierte Strafbegründung
aa) Bisherige Ansätze

Hierzu finden sich bereits einige Ansätze. So spricht zwar Jung[112] noch nicht explizit von der Herausbildung eines selbständigen Strafzwecks, beschreibt allerdings mit dem Begriff „opferorientierte Prävention“[113] bereits abstrakt die Tendenz, in der Diskussion um die Präventionstheorien auch die Situation des Opfers ins Blickfeld zu rücken und bringt damit die o.g.[114] Schwächen der geltenden Strafzwecke in Bezug auf das Opfer zum Ausdruck. Prittwitz[115] denkt dagegen bereits konkret an eine Art Theorie der positiven opferorientierten Spezialprävention, die als eigene Theorie neben den positiv täterorientierten Ansatz der Resozialisierung treten würde. Er baut dabei auf der Ansicht Reemtsmas[116] auf, wonach das Hauptbedürfnis des Opfers nach der Straftat die Abwendung weiteren Schadens sei. Ein solcher drohe dem Opfer in Form der „psychischen Folgen erlebter Orientierungslosigkeit auf Grund plötzlich erfahrener Rechtlosigkeit“[117]. Durch die Bestrafung des Täters habe der Staat die Möglichkeit, das Opfer darin zu bestärken, dass es seine Orientierung im sozialen Leben zurückerobern könne.[118] Diese positive Wirkung sei in die Strafzweckerwägungen mit einzubeziehen.[119] Für die vorliegende Untersuchung ist der Ansatz von Prittwitz allerdings deshalb wenig weiterführend, weil er gerade nicht an Wiedergutmachungsbedürfnisse anknüpft. Explizit Bezug auf letztere nehmen dagegen die Strafzweckerwägungen von Seelmann: Er geht dabei von der zutreffenden Erkenntnis aus, dass der Wiedergutmachungsgedanke nicht dem zivilrechtlichen Schadensersatzrecht vorbehalten ist[120], sondern vielmehr über die Vereinbarkeit mit den geltenden Strafzwecken[121] dem Strafrecht zugeordnet werden kann.[122] Daraus ergebe sich, dass sich das Strafrecht auch am Ausgleich des Täters mit Opfer und Gesellschaft orientiere, was es „*vielleicht*

---

[111] Vgl. *Meier*, GA 1999, S. 14; *Prittwitz*; Opferlose Straftheorien, S.60.
[112] Vgl. *Jung*, ZRP 2000, S. 162 f.
[113] *Jung*, ZRP 2000, S. 162.
[114] Vgl. oben b) (S. 130 ff).
[115] *Prittwitz*, Positive Generalprävention, S. 171 ff.
[116] Vgl. *Reemtsma*, Das Recht des Opfers auf die Bestrafung des Täters, S. 20 ff.
[117] *Reemtsma*, Das Recht des Opfers auf die Bestrafung des Täters, S. 26.
[118] Vgl. *Prittwitz*, Positive Generalprävention, S. 171.
[119] Vgl. *Prittwitz*, aaO, S. 172 f.
[120] Vgl. dazu bereits ausführlich oben 1. Kapitel, 3. (S. 9 ff).
[121] Vgl. dazu bereits ausführlich oben 1.1.1. (S. 125 ff).
[122] Vgl. *Seelmann*, ZEE 28 (1984), S. 52.

als gerechtfertigt erscheinen"[123] ließe, „Wiedergutmachung als besonderen Strafzweck zu bezeichnen"[124]. Allerdings zögert Seelmann damit, einen selbständigen Strafzweck endgültig zu bejahen. Dabei gründen sich seine Bedenken vor allem darauf, dass dann die Vergeltung doch mittelbar wieder zum Strafzweck würde, die Verfassung aber zukunftsorientierte Strafzwecke gebiete.[125] Einem selbständigen, restitutiven Strafzweck im Ergebnis bejahend gegenüber stehen dagegen Rössner/Wulf: Sie knüpfen dazu an die o.g.[126] Schwächen der geltenden Strafzwecke in Bezug auf das Opfer an. Diesen Schwächen müsse die Kriminalpolitik abhelfen, wolle sie nicht in eine „repressive Einbahnstraße gelangen"[127] Dazu sei nach einem Konfliktlösungsmodell zu suchen, welches die Interessen von Täter, Opfer und Gesellschaft berücksichtigt. Das setze voraus, dass Ausgleich und Versöhnung zumindest gleichrangig neben den Strafzwecken der Repression und Prävention stünden.[128] Letztere seien somit um ein Element der Restitution zu erweitern.[129]

bb) Eigener Vorschlag

In der Tat sprechen mehrere Faktoren dafür, Wiedergutmachung und TOA als selbständigen Strafzweck anzuerkennen.

(1) Berücksichtigung der Opferinteressen als Aufgabe des Strafrechts

Zunächst ist es Aufgabe eines generell menschenrechtsorientierten Strafrechts, Opfer bei der Bewältigung der Tatfolgen zu unterstützen.[130] Das ergibt sich vor allem aus einem Blick auf die historische Entwicklung. Denn im Laufe der Geschichte wurde das Recht des Opfers auf Bestrafung des Täters zur staatlichen Strafe[131], eine Entwicklung, die sich bis ins 20. Jahrhundert fortsetzte und zu einem völligen Wandel der Strafzwecke[132] hin zur heute herrschenden Vereinigungslehre führte. In deren Rahmen können die Interessen des konkreten Opfers jedoch nur am Rande mitbedacht werden.[133] Der geschichtliche Vergleich ergibt somit einen deutlichen Rechtsverlust des Opfers durch die staatliche Strafmonopolisierung. In deren Rahmen wurde aus dem archaischen Rechts-

---

[123] *Seelmann*, ZEE 28 (1984), S. 52 (Hervorhebung vom Verfasser).
[124] Ebda.
[125] Vgl. *Seelmann*, aaO, S. 54.
[126] Vgl. oben b) (S. 130 ff).
[127] *Rössner/Wulf*, Opferbezogene Strafrechtspflege, S. 5.
[128] Vgl. *Rössner/Wulf*, aaO, S. 6.
[129] Vgl. *Rössner/Wulf*, aaO, S. 83.
[130] Vgl. *Rössner*, FS Roxin, S. 986; *Altenhain*, JZ 2001, S. 795; *Schätzler*, ZStW 1974, S. 472 ff.
[131] Vgl. dazu bereits ausführlich oben 1. Kapitel, II. (S. 15 f).
[132] Vgl. zum Wandel der Strafwecklehre bereits oben a) (S. 129).
[133] Vgl. dazu bereits oben b) (S. 130 ff).

denken im Ergebnis nur die Vergeltungskomponente[134], nicht jedoch die der Wiedergutmachung übernommen. Das erscheint jedoch mit der Grundkonzeption eines modernen demokratischen Rechtsstaates nicht vereinbar. Zwar ist auch in einem solchen eine übergeordnete staatliche Strafjustiz unabdingbar, jedoch muss sie sich, anders als im Mittelalter, wo die Strafe das Hauptmittel gegen das Fehdeunwesen war, nicht mehr alleine auf das Prinzip der Strafe stützen.[135] Hinzu kommt, dass die Nichtübernahme der Wiedergutmachungskomponente keineswegs das Ziel der beschriebenen Entwicklung war. Vielmehr standen anfangs die Überwindung der mittelalterlichen Blutjustiz, später Erwägungen zur Stellung des Täters im Rahmen der staatlichen Strafverfolgung im Vordergrund, der durch ein faires und humanes Strafrecht vor einer Degradierung zum Objekt des Prozesses geschützt werden sollte. In der durch die hauptsächliche Konzentration auf solche Belange entstandenen Dynamik wurde die verfahrensmäßige Absicherung der Menschenwürde des Opfers lediglich vergessen.[136] Dadurch fällt diese Komponente aber noch nicht aus dem staatlichen Aufgabenbereich. Das wird auch bestätigt durch den am 15.03.2001 vom Rat der Europäischen Union angenommenen Rahmenbeschluss[137] über die Stellung des Opfers im Strafeverfahren, der die Mitgliedstaaten in Art. 2 verpflichtet, die persönliche Würde des Opfers zu gewährleisten und seine Rechte und berechtigten Interessen in jeder Lage des Verfahrens anzuerkennen.[138] Trotz der staatlichen Monopolisierung des Strafrechts muss demnach an den Bedürfnissen des durch die Straftat konkretisierten Opfers festgehalten werden. Das Opfer darf erwarten, dass seine Verletzung festgestellt, sein Status rehabilitierend anerkannt und es vor weiteren Verletzungen geschützt wird.[139] Als Konsequenz daraus ist es nur richtig, dass heute mit dem Strafverfolgungsmonopol des Staates der Justizgewährungsanspruch des Bürgers korrespondiert, dessen effektive Durchsetzung durch das Legalitätsprinzip abgesichert ist. Wenn und soweit es nämlich um strafrechtliche Rechtsgüter geht, die - wie Leib, Leben, Freiheit, Vermögen oder Ehre - zugleich auch grundrechtlich garantiert sind, sind sie bei jeder Ausübung staatlicher Gewalt und damit auch im Zuge der Strafjustiz gebührend zu berücksichtigen.[140] Das legitimiert die Forderung einer Reintegration der Wiedergutmachungskomponente in das System des Straf- und Strafverfahrensrechts, denn eine gebührende Berücksichtigung der Opferinteressen verlangt auch die Möglichkeit der Schadenswiedergutmachung.

---

[134] Zwar stehen heute die Gedanken der Resozialisierung im Vordergrund, jedoch ist die Übelszufügung immer noch charakteristisch für die Strafe, vgl. *Frühauf*, Wiedergutmachung, S. 61 f.

[135] Vgl. *Frühauf*, aaO, S. 60.

[136] Vgl. *Kunz*, Probleme der Opferentschädigung, S. 17.

[137] ABl. EG 2001, L 82, S. 1 ff; ABl. EG 2000, C 243, S. 4 ff.

[138] Vgl. ABl. EG 2000, C 243, S. 5.

[139] Vgl. *Rössner*, FS Roxin, S. 986.

[140] Vgl. *Eser*, ZStW 104 (1992), S. 381.

Dies wurde zu Recht von dem aufsteigenden Wissenschaftszweig der Viktimologie erkannt, der sich zwar zunächst nur auf die Erforschung des Opferverhaltens beschränkte, sich aber seit den siebziger Jahren auch der Frage des Opferschutzes und der Opferorientierung widmet. Jedoch führten die hierzu entstandenen Vorschläge - wie gesehen[141] - zu keinem befriedigenden Ergebnis. Zu einem solchen kann indes der TOA führen, der sich zur Lösung des durch die Straftat entstandenen Konfliktes bestens eignet, da er sowohl der Resozialisierung des Täters als auch dem Schutz des Opfers dient.[142] Mittlerweile haben auch Literatur und Gesetzgeber[143] ihr Verständnis der Opferorientierung in Richtung Wiedergutmachung geändert. Zunehmend dringt die Erkenntnis durch, dass sich der TOA zu einer Verstärkung der Stellung und Rechte des Opfers als bestens geeignet erweist. Er eignet sich gut zur Erfüllung der durch die staatliche Strafmonopolisierung entstandenen Aufgaben und kann somit selbst als staatliche Aufgabe angesehen werden.

(2) Ursachen der Störung des sozialen Friedens

TOA und Wiedergutmachung bewirken im Strafrecht weder eine vollständige Annäherung an das Zivilrecht noch einen Abschied vom Strafrecht[144], vielmehr lässt sich über die Vereinbarkeit mit den Strafzwecken[145] eine Zuordnung zum Strafrecht vornehmen. Dieses orientiert sich auch am Ziel des Ausgleichs zwischen Täter und Opfer bzw. Täter und Gesellschaft[146], was auch zwingend erforderlich ist, da sich nach und nach die Auffassung durchsetzt, das Strafrecht sei neben der Verbrechensverhütung und Täterresozialisierung vor allem auch zur Regulierung der durch die Straftat eingetretenen Störung des sozialen Friedens geeignet.[147] Dementsprechend reagiert das Strafrecht heute nicht mehr alleine auf die Tat, sondern vielmehr auf deren Auswirkungen, vor allem die genannte Störung des sozialen Friedens.[148] Deren Ursachen liegen jedoch keineswegs alleine beim Täter. So hat z.B. die Kriminalsoziologie gezeigt, dass abweichendes Verhalten[149] auch aus Reaktionen und Sanktionen der Gesellschaft

---

[141] Vgl. dazu bereits ausführlich oben b) (S. 132 ff).

[142] Vgl. *Rössner/Wulf*, Opferbezogene Strafrechtspflege, Vorbemerkung III.

[143] Vgl. zur Integration des TOA in das Straf- und Strafverfahrensrecht bereits ausführlich oben 1. Kapitel, I. 2. (S. 5 ff).

[144] Vgl. *Seelmann*, ZEE 28 (1984), S. 52; vgl. zum Verhältnis der strafrechtlichen Wiedergutmachung zum zivilrechtlichen Schadensersatz bereits ausführlich oben 1. Kapitel, I. 3. (S. 9 ff).

[145] Vgl. dazu bereits oben 1.1.1. (S. 125 ff).

[146] Vgl. dazu bereits ausführlich oben (1) (S. 135 ff).

[147] Vgl.*Stratenwerth*, Strafrecht AT, S. 11, 17; *Seelmann*, ZEE 28 (1984), S. 52.

[148] Vgl. *Stratenwerth*, aaO, S. 20; *Hassemer*, Strafrechtsdogmatik und Kriminalpolitik, S. 123 ff.

[149] Vgl. ausführlich zum Begriff des abweichenden Verhaltens *Eisenberg*, Kriminologie, S. 35 ff.

(„labeling approach“) entsteht.[150] Daneben - und für die Frage der Wiedergutmachung als selbständiger Strafzweck interessanter - besteht die verfestigte viktimologische Erkenntnis, dass die Störung des sozialen Friedens zwar nicht immer, aber doch des Öfteren aus einem zwischen Täter und Opfer bestehenden Interaktionsverhältnis resultiert.[151]

Liegen die Ursachen der Störung aber nicht allein beim Täter, kann auch in Bezug auf die Rechtsfolgen der Straftat nicht allein auf den Täter abgestellt werden. Vielmehr muss die Befriedigung der durch die Straftat entstehenden sozialen Beziehungen im Vordergrund stehen, ein Bedürfnis, das dementsprechend im Strafrecht zunehmend an Bedeutung gewinnt.[152] Im Zuge dieser Entwicklung muss auch die konventionelle, an Schuldausgleich und Prävention orientierte Sicht um den Gedanken einer friedensstiftenden Konfliktregelung erweitert werden.[153] Denn das Strafrecht darf als Teilsystem der gesamten sozialen Kontrolle[154] auch die Konflikte zwischen Täter und Opfer nicht außer Acht lassen. Eine Ausgrenzung des Opfers kann nicht ohne Schaden für das gesamte Strafrecht erfolgen, da die herkömmlichen repressiven Strafen die Bereitschaft beim Täter sinken lassen, zusätzlich auch noch für die Belange des Opfers aufzukommen - was aber für einen endgültigen sozialen Frieden erforderlich wäre. Gerade eine Ausgrenzung des Opfers wird durch TOA und Wiedergutmachung verhindert, die zur Wiederherstellung des sozialen Friedens beitragen, da es in ihrem Rahmen zu einer gemeinsamen Verarbeitung des durch die Straftat entstandenen Konflikts kommt.

(3) Bedeutungsverlust der geltenden Strafzwecke

Ein weiteres Argument für einen selbständigen, opferbezogenen Strafzweck kann aus dem europäischen Trend[155] zur „massenhaften Erledigung von Strafsachen durch Diversion“[156] gewonnen werden. So wurden 1998 deutschlandweit[157] 26,6 % der staatsanwaltschaftlichen Ermittlungsverfahren aus Opportunitätsgründen eingestellt, nur 26,1 % der Strafverfahren führten dagegen am Ende zu einer Verurteilung.[158] Von der dadurch entstehenden „faktischen Op-

---

[150] Vgl. dazu ausführlich *Eisenberg*, aaO, S. 70 ff; *Kunz*, ARSP 1975, S. 413 ff.

[151] Vgl. *Schneider*, Viktimologie, S. 586.

[152] Vgl. bereits oben 1. Kapitel, II. (S. 16 ff).

[153] So bereits im Ansatz *Rössner/Wulf*, Opferbezogene Strafrechtspflege, S. 82.

[154] Vgl. *Zipf*, Kriminalpolitik, S. 39.

[155] Vgl. *Jehle*, Entscheidungsstrukturen der Staatsanwaltschaft in Europa, S. 229 ff; *Heinz*, FS Kaiser, 1998, S. 85 ff.

[156] *Kilchling*, NStZ 2002, S. 60.

[157] Vgl. zu den regionalen Unterschieden der Diversionsraten *Heinz*, Die Abschlussentscheidung des Staatsanwalts, S. 187.

[158] Vgl. *Kilchling*, aaO m.w.N.

portunität"[159] zuungunsten der Opfer abgesehen, schwindet nämlich, je größer der Bedeutungsverlust der formellen Strafe ist, zwangsläufig auch immer mehr die Bedeutung der Strafzwecke im engeren Sinne.[160] Dadurch tritt das Bedürfnis nach einem neuen, selbständigen Strafzweck immer mehr in den Vordergrund. Es erscheint daher geboten, die Strafzwecke der Repression im Interesse der Gesellschaft und der Prävention im Interesse des Täters und der Gesellschaft um einen Strafzweck der Prävention und Restitution im Interesse des Opfers zu erweitern.

(4) Zukunftsorientierung der Wiedergutmachung

Dieses Bedürfnis nach einem neuen, selbständigen Strafzweck erkennt Seelmann[161] bereits im frühen Stadium der Entwicklung des Wiedergutmachungsgedankens, zögert jedoch mit dessen endgültiger Bejahung. Dabei gründen sich seine Bedenken vor allem darauf, dass dann die Vergeltung doch mittelbar wieder zum Strafzweck würde, die Verfassung aber zukunftsorientierte Strafzwecke gebiete.[162] Dabei verkennt er jedoch, dass letztlich jede Straftheorie einen gewissen Bezug zur Vergangenheit aufweist; das gilt selbst für die reine Spezialprävention, da die Tat sowohl aus Täter- als auch aus Opferperspektive historischer Bezugspunkt sowie inhaltlicher Maßstab für die präventiv notwendige Intervention ist.

Entscheidend für die Frage eines selbständigen Strafzwecks muss vielmehr sein, ob in der Wiedergutmachung auch zukunftsorientierte Aspekte gesehen werden können. Diese Frage kann nicht mit Hassemer[163] verneint werden, der meint, eine Berücksichtigung der Opferinteressen setzte zwingend eine Orientierung am vergangenen Geschehen voraus, da die Verletzung des Opfers als konkretes Ereignis in die Zweckbestimmung der Strafe eingestellt werden müsse.[164] Dabei verkennt er jedoch, dass der Ansatzpunkt für die Berücksichtigung der Wiedergutmachung als eigener Strafzweck gerade nicht in der Verletzung des Opfers als solche, sondern in dessen daraus resultierenden Bedürfnissen zu sehen ist. Zunächst müssen die mit der Strafverfolgung verbundenen Belastungen vermieden werden. Des Weiteren sind die Tatfolgen auszugleichen. Als Letztes muss das durch die Viktimisierung gestörte Normvertrauen wiederhergestellt werden, um einer durch Enttäuschung und Frustration bedingten potentiellen Opfer-Täter-Karriere, d.h. einem denkbaren Abrutschen von Opfern in

[159] *Dölling*, Polizei und Legalitätsprinzip, S. 60.
[160] Vgl. *Kilchling*, aaO, S. 61.
[161] Vgl. *Seelmann*, ZEE 28 (1984), S. 44 ff.
[162] Vgl. *Seelmann*, aaO, S. 54.
[163] Vgl. *Hassemer*, ZRP 1997, 316 ff.
[164] Vgl. *Hassemer*, aaO, S. 318.

die Straffälligkeit, vorzubeugen.[165] Eine solche reintegrationspräventive Berücksichtigung der Opfer erscheint aber ebenso zukunftsgerichtet wie die integrationspräventive Berücksichtigung des Täters[166], so dass die argumentative Verknüpfung der Opferbedürfnisse mit rückwärtsgewandten strafrechtsabsoluten Gedanken[167] nicht zutrifft.

Da die Wiedergutmachung somit auch zukunftsorientierte Aspekte aufweist, erscheint es gerechtfertigt, in ihr einen neuen, selbständigen Strafzweck zu sehen. Nur so kann verhindert werden, dass das konkrete Opfer lediglich am Rande mitbedacht wird. Das ist erforderlich, da den mittelbaren Gefahren der sekundären Viktimisierung vorgebeugt werden muss. Zudem trägt das Opfer den unmittelbaren Schaden der Straftat und erfährt so die Verletzbarkeit seiner Menschenwürde durch andere Menschen.

d) Ergebnis zu 1.1.2.

Somit ist festzuhalten, dass es sich bei der Wiedergutmachung um einen eigenen, opferbezogenen Strafzweck handelt. Kilchling[168] schlägt dazu vor, von Reintegrationsprävention zu sprechen. Das ist insofern eine begrüßenswerte Formulierung, als sie terminologisch bewusst an die Integrationsprävention[169] anknüpft, jedoch die erforderliche Abgrenzung vom Täterbezug hinreichend deutlich werden lässt. Denn das Opfer ist gerade selbständig zu berücksichtigen, da durch die Viktimisierung eine Individualisierung eingetreten ist.[170]

1.1.3. Zusammenfassung zu 1.1.

Der TOA erweist sich mit den geltenden Strafzwecken der Spezialprävention, Generalprävention und des Schuldausgleichs als vereinbar.[171] Jedoch kann der daraus gezogenen Konsequenz, Wiedergutmachung sei kein selbständiger Strafzweck[172] bzw. als „neuer" Strafzweck nicht vonnöten[173], nicht gefolgt werden, da das Opfer im Rahmen der geltenden Strafzwecke lediglich am Rande mitbedacht wird.[174] Dem lässt sich nur abhelfen, indem man die sich in ste-

[165] Vgl. *Kilchling*, NStZ 2002, S. 59.
[166] Vgl. *Kilchling*, aaO, S. 60.
[167] So z.B. *Lüderssen*, FS Hirsch, S. 879 ff.
[168] Vgl. *Kilchling*, NStZ 2002, S. 59.
[169] Vgl. zum Begriff der Integrationsprävention *Roxin*, FS Lerche, S. 304 m.w.N.; ders., FS Baumann, S. 244.
[170] Vgl. oben 1.1.2. b) (S. 130 f).
[171] Vgl. oben 1.1.1. (S. 125 ff).
[172] Vgl. *Roxin*, aaO, S. 305.
[173] Vgl. *Roxin*, Die Wiedergutmachung im System der Strafzwecke, S. 47.
[174] Vgl. oben 1.1.2. b) (S. 130 ff).

tigem Wandel befindliche[175] Strafzwecklehre um eine eigene, opferbezogene Strafbegründung erweitert. Dieses Bedürfnis tritt auch dadurch immer mehr in den Vordergrund, dass der starke Trend zur Erledigung von Strafsachen durch Diversion einen zunehmenden Verlust der Bedeutung der formellen Strafe und damit zwangsläufig auch der Strafzwecke im engeren Sinne zur Folge hat.[176] Zudem werden nach kriminalsoziologischen und viktimologischen Erkenntnissen die Ursachen der durch die Straftat eingetretenen Störung des sozialen Friedens heute nicht mehr allein beim Täter lokalisiert, sondern auch in der Gesellschaft oder beim Opfer.[177] Liegen die Ursachen der Störung aber nicht allein beim Täter, kann auch in Bezug auf die Rechtsfolgen der Straftat nicht allein auf den Täter abgestellt werden. Dafür, den somit erforderlichen opferorientierten Strafzweck in der Wiedergutmachung zu sehen, spricht, dass sich die Berücksichtigung der Opferinteressen als Aufgabe des Strafrechts darstellt, der durch TOA und Wiedergutmachung gut nachgekommen werden kann.[178] Da die Verfassung zukunftsorientierte Strafzwecke gebietet, hängt die Anerkennung als selbständiger Strafzweck davon ab, ob die Wiedergutmachung auch zukunftsorientierte Aspekte aufweist, eine Frage, die im Ergebnis bejaht werden muss.[179] Die Wiedergutmachung stellt somit auch einen selbständigen Strafzweck dar.

1.2. TOA als Aufgabe des Kriminalrechts

Die Schaffung und Sicherung des Rechtsfriedens setzt weiterhin einen kriminalpolitisch „richtigen", d.h. an den Aufgaben des Kriminalrechts orientierten Ausgang des Strafverfahrens voraus.[180] Diese Aufgaben stellen keine beständige Größe dar, vielmehr befindet sich die Kriminalpolitik in einem ständigen Wandel. In der momentanen Diskussion stehen in erster Linie die stärkere Berücksichtigung von Opferinteressen und der TOA als eine mögliche Reaktionsform auf Straftaten im Vordergrund.

1.2.1. Kriminalpolitische Tendenzen auf europäischer Ebene

Dabei ist die Diskussion keineswegs auf Deutschland beschränkt. Vielmehr ist die Verstärkung der Opferorientierung auch auf europäischer Ebene ein anerkanntes kriminalpolitisches Ziel. Es finden sich bereits umfassende Studien über die Stellung von Opfern von Straftaten in der EU[181] sowie über die staatli-

[175] Vgl. oben 1.1.2. a) (S. 129).
[176] Vgl. oben 1.1.2. c) bb) (3) (S. 138 f).
[177] Vgl. oben 1.1.2. c) bb) (2) (S. 137 f).
[178] Vgl. oben 1.1.2. c) bb) (1) (S. 135 ff).
[179] Vgl. oben 1.1.2. c) bb) (4) (S. 139 ff).
[180] Vgl. oben 1. (S. 125).
[181] *Wergens*, Crime victims in the European Union.

chen Entschädigungsregelungen der Mitgliedstaaten.[182] Auch weist der Amsterdamer Vertrag der EU die Aufgabe zu, sicherzustellen, dass das Recht auf Freizügigkeit in der Europäischen Union unter Bedingungen genutzt werden kann, die allen Personen zugänglich sind. Das setzt seinerseits den Aufbau eines entsprechenden Freiheitsraumes voraus, der die Notwendigkeit des Opferschutzes berücksichtigt.[183] Dementsprechend sieht der Wiener Aktionsplan des Rates und der Kommission[184] vor, dass binnen 5 Jahren nach Inkrafttreten des Amsterdamer Vertrages die Frage der Opferbetreuung durch eine vergleichende Untersuchung von Opferentschädigungsregeln zu behandeln und eine Bewertung der Durchführbarkeit von Maßnahmen auf europäischer Ebene zu erstellen ist. Neben diesem Aktionsplan, der sich in erster Linie mit der Frage der staatlichen Opferentschädigung auseinandersetzt, kam es in der Folgezeit auch zu allgemeinen, von dem Aspekt der staatlichen Opferentschädigung weitgehend unabhängigen Vorschlägen zur Verbesserung der Stellung des Opfers im Strafverfahren. Hiervon ist vor allem die Mitteilung der Kommission mit dem Titel „Opfer von Straftaten in der Europäischen Union - Überlegungen zu Grundsätzen und Maßnahmen" vom 14.07.1999[185] zu nennen, zu der das Europäische Parlament im Jahre 2001 eine entsprechende Entschließung billigte.[186] In den bezüglich der Kommissionsmitteilung ergangenen Schlussfolgerungen des Europäischen Rates in Tampere vom 15. und 16.10.1999[187] kam es zu der Forderung nach der Herausarbeitung von Mindeststandards in Bezug auf Opferschutz und entsprechenden einzelstaatlichen Regelungen. Basierend darauf legte die Europäische Kommission am 28.09.2001 ein Grünbuch zur Entschädigung für Opfer von Straftaten[188] vor. Das Grünbuch konzentriert sich jedoch, genau wie der darauf aufbauende Vorschlag der EG-Kommission für eine Richtlinie des

---

[182] *Mikaelson/Wergens*, State compensation to crime victims in the European Union.

[183] Vgl. Grünbuch der Kommission zur Entschädigung für Opfer von Straftaten vom 28.09. 2001, KOM (2001) 536, S. 6, 44.

[184] Aktionsplan des Rates und der Kommission zur bestmöglichen Umsetzung der Bestimmungen des Vertrages von Amsterdam vom 03.12.1998, ABl. EG 1999, C 19, S. 1, Nr. 51 c).

[185] Mitteilung der Kommission an den Rat, das Europäische Parlament und den Wirtschafts- und Sozialausschuss „Opfer von Straftaten in der Europäischen Union - Überlegungen zu Grundsätzen und Maßnahmen" vom 14.07.1999, KOM (1999) 349 endg.

[186] Entschließung des Europäischen Parlaments zu der Mitteilung der Kommission an den Rat, das Europäische Parlament und den Wirtschafts- und Sozialausschuss „Opfer von Straftaten in der Europäischen Union - Überlegungen zu Grundsätzen und Maßnahmen", ABl. EU 2001, C 67, S. 304.

[187] Schlussfolgerungen des Europäischen Rates in Tampere vom 15. und 16.10.1999, Schlussfolgerungen des Vorsitzes, Ziff. 32; im Internet abrufbar unter http://www.europarl. eu. int/summits/tam_de.htm.

[188] Grünbuch der Kommission zur Entschädigung für Opfer von Straftaten vom 28.09.2001, KOM (2001), 536.

Rates zur Entschädigung für Opfer von Straftaten[189], wieder auf die Frage der staatlichen Opferentschädigung. Jedoch hat im Zuge dieser Entwicklung der Rat der Europäischen Union, gestützt auf den Vertrag über die Europäische Union, insb. Art. 31e, Art. 34 II b) EUV, am 15.03.2001 einen Rahmenbeschluss über die Stellung des Opfers im Strafverfahren angenommen[190], der deutliche Tendenzen in Richtung TOA erkennen lässt. Denn er verpflichtet die Mitgliedstaaten u.a. zu dem Bemühen, eine angemessene Entschädigung des Opfers durch den Täter sicherzustellen. Dabei sollen insbesondere die Opferbedürfnisse auf integrierte und umfassende Weise im Strafprozess berücksichtigt und den Gefahren sekundärer Viktimisierung vorgebeugt werden.[191] Zu diesem Zweck haben die Mitgliedstaaten gem. Art. 2 die persönliche Würde des Opfers zu gewährleisten und seine Rechte und berechtigten Interessen in jeder Lage des Verfahrens anzuerkennen[192], über die er gem. Art 4 I auch so früh wie möglich zu informieren ist. Dabei ist das Opfer insbesondere auch auf die Art und Bedingungen möglicher Entschädigungen hinzuweisen.[193] Art. 9 II verpflichtet die Mitgliedstaaten, festzulegen, wie die Entschädigung als Sanktion oder strafrechtliche Maßnahme zum Einsatz gelangen kann, wobei besonders darauf geachtet werden soll, dass der Verurteilte sich der konkreten Folgen seines Handelns für das Leben des Opfers bewusst wird. Bei entsprechenden Überlegungen soll gem. Art 10 I für geeignete Fälle im Strafprozess auch die Möglichkeit zur Schlichtung gegeben sein. Gem. Art. 13 II b) soll die Mitwirkung von öffentlichen Stellen im Hinblick auf die Unterstützung des Opfers entsprechend seinen unmittelbaren Bedürfnissen gefördert werden, wozu auch entsprechende Ausbildungsmaßnahmen gehören.

Alle genannten Ziele lassen sich durch den TOA erreichen. Denn dieser stellt sich einerseits als Sanktion dar[194], andererseits fördert er die Schlichtung und Mediation im Strafverfahren. Er führt dem Täter die konkreten Folgen seines Handelns vor Augen und verhindert die sekundäre Viktimisierung des Opfers.[195] Der TOA kann somit als wesentlicher Bestandteil europäischer Kriminalpolitik angesehen werden. Das gilt insbesondere ungeachtet der von der

---

[189] Vorschlag der EG-Kommission für eine Richtlinie des Rates zur Entschädigung für Opfer von Straftaten, KOM (2002) 562.

[190] Rahmenbeschluss des Rates vom 15. März 2001 über die Stellung des Opfers im Strafverfahren, ABl. EG 2001, L 82, S. 1 ff.

[191] Vgl. ABl. EG 2001, L 82, S. 1 f.

[192] Vgl. Art. 2 des Rahmenbeschlusses, ABl. EG 2001, L 82, S. 2.

[193] Vgl. Art. 4 des Rahmenbeschlusses, ABl. EG 2001, L 82, S. 2.

[194] Vgl. *Meier*, GA 1999, S. 16 ff; *L/R-Beulke*, § 153a Rn. 8, 9; *Meyer-Goßner*, § 153a Rn. 12; *Weigend*, ZStW 109 (1997), S. 106; *Fezer*, ZStW 106 (1994), S. 32.

[195] Vgl. dazu bereits oben 1.1.2. c) bb) (1) (S. 137).

Kommission an der Umsetzung des Rahmenbeschlusses geübten Kritik.[196] Denn zum einen ändert sich durch eine mangelhafte Umsetzung nichts an der deutlichen Tendenz des Rahmenbeschlusses in Richtung TOA, zum anderen befindet sich der am 16.01.2004 veröffentlichte Bericht der Kommission auf dem Stand des 25.03.2003 und berücksichtigt dementsprechend nicht die zwischenzeitlich auf nationaler Ebene ergangenen Umsetzungsvorschläge.[197]

1.2.2. Kriminalpolitische Tendenzen auf nationaler Ebene

Auch auf nationaler Ebene kann man den TOA bzw. die Wiedergutmachung heute als Aufgabe des Kriminalrechts bezeichnen.[198]

Das ergibt sich bereits aus dem Prozessziel der Wiederherstellung des Rechtsfriedens.[199] Dem konkreten Opfer ist nämlich nicht durch die Herstellung eines abstrakten Rechtsfriedens in der Gesamtrechtsordnung, sondern nur durch die Wiederherstellung des konkreten sozialen, durch die konkrete Straftat gestörten Friedens geholfen. Die herkömmliche, formalistische Deutung der Strafprozesslehre, die den Begriff des Rechtsfriedens mit der Rechtskraft verbindet, so dass mit deren Eintritt der Rechtsfrieden als wiederhergestellt gilt, erscheint als reine Fiktion. Denn so blieben die Opferbelange weithin unberücksichtigt, da die fortbestehenden Interessengegensätze ignoriert oder verschleiert würden.[200] Der sozialen Wirklichkeit würde keine Beachtung geschenkt. Eine moderne Kriminalpolitik hat jedoch die o.g. Gegebenheiten zu berücksichtigen, will sie nicht die soziale Wirklichkeit aus den Augen verlieren.[201]

Wie Hassemer jedoch richtig feststellt, kann man „vieles dem einen (dem Opfer) nicht geben, ohne es dem anderen (dem Täter) zu nehmen.“[202] Deshalb muss darauf geachtet werden, dass nicht - wie bereits vielfach befürchtet[203] - zugunsten des Opfers eine Schieflage des Strafverfahrens zulasten des Beschuldigten entsteht. Denn auch letzterem gegenüber obliegt dem Strafrecht die Aufgabe, einen gewissen Status an Rechten sowie die Bedingungen für ein faires Verfahren zu schaffen und zu erhalten.[204] Das hat Schünemann bereits vor

---

[196] Vgl. den Bericht der Kommission gem. Art. 18 des Rahmenbeschlusses des Rates vom 15.03.2001 über die Stellung des Opfers im Strafverfahren - Bericht der Kommission vom 16.02.2004, KOM (2004) 54 endg./2.

[197] Vgl. dazu sogleich, 1.2.2.

[198] Vgl. *Kilchling*, NStZ 96, S. 309 ff; *Walther*, ZRP 1997, S. 395; *Goll*, ZRP 1998, S. 14.

[199] Vgl. zum Ziel des Strafverfahrens bereits ausführlich oben 1. (S. 123 ff).

[200] Vgl. *Schünemann*, NStZ 1986, S. 197; *Kaiser*, Kriminologie, S. 1090.

[201] Vgl. *Rössner/Wulf*, Opferbezogene Strafrechtspflege, S. 5; *Schöch*, NStZ 1984, S. 391.

[202] *Hassemer*, Einführung in die Grundlagen des Strafrechts, S. 75.

[203] Vgl. *Schork*, Jura 2003, S. 310 m.w.N.; *Maeffert*, StV 1998, S. 466.

[204] Vgl. BVerfGE 38, S. 110; BGHSt 29, S. 111; 26, S. 4; KK-*Pfeiffer*, Einl. Rn. 28; *Pfeiffer*, StPO, Einl. Rn. 21; *Meyer-Goßner*, Einl. Rn. 19.

langer Zeit erkannt und dementsprechend gefordert, „die Stellung des Verletzten auch einmal auf Kosten des staatlichen Verfolgungsanspruchs anstatt des Beschuldigten zu verbessern."[205] Auch zulasten des Opfers darf selbstverständlich keine Schieflage des Strafverfahrens eintreten.

Zu einer entsprechenden Vorbeugung erweist sich der TOA als besonders geeignet. Denn dem Hauptziel der Konfliktregelung sind mehrere eigenständige Ziele untergeordnet, die sowohl den Interessen des Opfers als auch denen des Täters gerecht werden.[206] So dient der TOA nicht nur der Berücksichtigung der materiellen und immateriellen Opferinteressen, der Verdeutlichung des Tatunrechts und der Erweckung von Verantwortungsbewusstsein beim Täter; vielmehr beugt er durch aktive Wiedergutmachungsbemühungen und die Verhinderung desintegrierender Verfahren und Sanktionen auch einer Stigmatisierung des Täters vor.

Da der TOA somit zur Erfüllung der dem Staat gegenüber Täter und Opfer obliegenden Aufgaben beiträgt und ein geeignetes Korrektiv zur Verhinderung einer Schieflage des Strafverfahrens zulasten des Täters und des Opfers darstellt, kann er selbst als eine Aufgabe des Kriminalrechts angesehen werden. Das hat auch der Gesetzgeber erkannt. Er lässt daran, wie §§ 46a StGB, 155a StPO zeigen, keinen Zweifel.[207] Bei der Einführung dieser Normen ist der Gesetzgeber gerade aufgrund der kriminologischen Entwicklung tätig geworden. Mit den neuesten Initiativen für ein 2. Opferschutz-[208] und ein Opferrechtsreformgesetz[209] liegen erneut zwei Gesetzesvorschläge vor, die sich an den aktuellen kriminalpolitischen Gegebenheiten orientieren.[210]

2. Eigenständigkeit des TOA im strafverfahrensrechtlichen Gesamtsystem

Um den TOA als Verfahrensgrundsatz anerkennen zu können, müsste ihm weiterhin eine eigenständige Funktion im strafverfahrensrechtlichen Gesamtsystem zukommen.

---

205 *Schünemann*, NStZ 1986, S. 200.

206 Vgl. *Trenczek*, ZRP 1992, S. 131.

207 Vgl. *Kilchling*, NStZ 1996, S. 309 ff; *Walther*, ZRP 1997, S. 395; *Goll*, ZRP 1998, S. 14.

208 Entwurf eines Gesetzes zur Stärkung der Rechte des Opfers im Strafprozess (2. Opferschutzgesetz), BT-Dr. 15/814.

209 Entwurf eines Gesetzes zur Verbesserung der Rechte von Verletzten im Strafverfahren (Opferrechtsreformgesetz), vgl. BT-Dr. 15/1976.

210 Vgl. 2. OSchG, BT-Dr. 15/814, S. 1 f; ORRG, BT-Dr. 15/1976, S. 7 ff.

2.1. Verfassungsrechtliche Vorgaben

Die Verfassung gebietet eine Verstärkung privatorientierter Zielsetzungen im Straf- bzw. Strafverfahrensrecht. Sie verpflichtet die staatlichen Organe, sich schützend und fördernd vor die Grundrechte der Verletzten zu stellen und ihnen eine justizförmige Durchsetzung ihrer Interessen zu ermöglichen.[211] Denn der geschichtliche Vergleich zeigt einen deutlichen Rechtsverlust des Opfers durch die staatliche Strafmonopolisierung.[212] Indem das strafrechtliche Unrecht in Form der Rechtsgutsverletzung immer stärker vom generellen Rechtsschutzinteresse des Staates her verstanden wurde, hat sich die öffentliche Strafverfolgung immer mehr von den Opferinteressen gelöst, was zu einer unbefriedigenden Stellung des Verletzten führte.[213] Diesem Zustand muss durch eine moderne Kriminalpolitik entgegengewirkt werden, da trotz der staatlichen Monopolisierung des Strafrechts an den Bedürfnissen des durch die Straftat konkretisierten Opfers festgehalten werden muss. Der Übergang von archaischen Rechtsordnungen zur öffentlichen Strafe darf nicht unter Vernachlässigung der berechtigten Opferinteressen vonstatten gehen.[214]

Die der Verstärkung privatorientierter Zielsetzungen im Strafrecht zum Teil entgegengebrachte Skepsis[215], die vor allem von abolitionistischer Seite ausgeht[216], erscheint überzogen: Dem Vorwurf einer Vermischung von Straf- und Zivilrecht steht entgegen, dass die strafrechtliche Wiedergutmachung eine gewisse[217] Freiwilligkeit voraussetzt und sich in Art und Umfang vom zivilrechtlichen Schadensersatz unterscheidet.[218] Ein Verstoß gegen die Unschuldsvermutung liegt nicht vor, da dem Beschuldigten alle prozessualen Abwehrmöglichkeiten gegen den Tatvorwurf erhalten bleiben.[219] Einem unzulässigen Druck auf Beschuldigte und Opfer kann durch qualifiziertes, neutrales Personal vorgebeugt werden. Der Ungleichbehandlung finanzstarker und -schwacher Täter wird durch die Ausge- staltung der §§ 46a StGB, 153a I 2 Nr. 5 StPO entgegengewirkt, die vom Täter neben einer reparativen Ersatzleistung ein „persönliches" Element fordern.[220] So wird auch der Eindruck einer Freikaufmöglichkeit für den Täter vermieden. Der Gefahr einer zu großen Ausweitung sozialer Kon-

---

[211] Vgl. BVerfGE 39, S. 41; *Pieroth/Schlink*, Rn. 88 ff; *Benda/Maihofer/Vogel*, Handbuch des Verfassungsrechts, § 5 Rn. 50; BT-Dr. 15/2609, S. 2

[212] Vgl. dazu ausführlich oben 1. Kapitel, II. (S. 15 f).

[213] Vgl. *Kilchling*, NStZ 2002, S. 58; *Schünemann*, NStZ 1986, S. 193 f; *Eser*, ZStW 104 (1992), S. 377.

[214] Vgl. dazu bereits ausführlich oben 1.1.2. c) bb) (1) (S. 135 ff).

[215] Vgl. *Eser*, aaO, S. 381 m.w.N.; *Hirsch*, ZStW 102 (1990), S. 534.

[216] Vgl. *Bannenberg/Uhlmann*, Die Konzeption des Täter-Opfer-Ausgleichs, S. 44 ff.

[217] Vgl. dazu bereits ausführlich oben 2. Kapitel, II. 2.1.5. (S. 49 ff).

[218] Vgl. dazu ausführlich oben 1. Kapitel I. 3.2. (S. 11 f).

[219] Vgl. dazu bereits ausführlich oben 2. Kapitel, II. 5.2. (S. 66 f).

[220] Vgl. dazu bereits ausführlich oben 2. Kapitel, II. 1.2.2. b) aa) (S. 35 f).

trolle in der Weise, dass in Fällen, in denen sonst folgenlos eingestellt worden wäre, allzu schnell eine Wiedergutmachung angeordnet wird, wird bereits durch den Verhältnismäßigkeitsgrundsatz ausreichend begegnet. Denn danach soll in Fällen, in denen eine Non-Intervention geboten erscheint, von der Auferlegung von Wiedergutmachungsleistungen abgesehen werden.[221] Die Forderung nach einer Verstärkung privatorientierter Zielsetzungen im Straf- und Strafverfahrensrecht kann somit bedenkenlos aufrechterhalten werden. Ihr kann durch die Begründung der Eigenständigkeit des TOA im strafverfahrensrechtlichen Gesamtsystem nachgekommen werden, da damit eine verstärkte Berücksichtigung der Opferinteressen einhergehen würde.

Die für die Begründung einer solchen Eigenständigkeit notwendige Legitimation liefert das Rechtsstaats- bzw. das aus dem rechtsstaatlichen Verhältnismäßigkeitsgrundsatz abgeleitete Subsidiaritätsprinzip. So, wie die Maßregeln der Besserung und Sicherung die Strafe ersetzen oder ergänzen, wo sie wegen des Schuldprinzips den spezialpräventiven Notwendigkeiten nicht oder nur eingeschränkt gerecht werden kann, fordert das Subsidiaritätsprinzip die Ersetzung oder ergänzende Milderung der Strafe durch Wiedergutmachung, wo diese den Strafzwecken und den Bedürfnissen des Opfers ebenso gut oder besser gerecht wird als die ungemilderte Strafe.[222] Denn letztere darf aufgrund der Stärke ihres Grundrechtseingriffes als „ultima ratio“[223] nur dann verhängt werden, wenn mildere Mittel nicht ausreichend bzw. entsprechend geeignet sind. Im Verhältnis zur Strafe stellt der TOA jedoch gerade solch ein entsprechend geeignetes, milderes Mittel dar.[224]

2.2. Funktion des TOA im strafverfahrensrechtlichen Gesamtsystem
2.2.1. Wortlautauslegung des § 155a StPO

Für die Eigenständigkeit des TOA im strafverfahrensrechtlichen Gesamtsystem könnte bereits der Wortlaut des § 155a StPO sprechen, der von der Berücksichtigung des TOA in „jedem“ Verfahrensstadium ausgeht. Damit hebt er sich einerseits bereits in seiner Gestaltung von den auf konkrete Situationen zugeschnittenen Normen der StPO ab, zum anderen zeichnen sich Verfahrensgrundsätze häufig gerade dadurch aus, dass sie nicht nur in einzelnen Verfahrensstadien gelten, sondern das gesamte Strafverfahren beherrschen (z.B. der aus Art 1 I GG und den allgemeinen Freiheitsgrundrechten abgeleitete fair-trial-Grundsatz, der Anspruch auf rechtliches Gehör, Art 103 I GG, der Anspruch auf den

[221] Vgl. dazu bereits oben 1. Kapitel, I. 4.1. (S. 13).
[222] Vgl. *Schüler-Springorum*, FS Roxin, S. 1034 ff; *Roxin*, Die Wiedergutmachung im System der Strafzwecke, S. 52.
[223] Vgl. zur diesbezüglichen Entwicklung seit der Nachkriegszeit *Walther*, Vom Rechtsbruch zum Realkonflikt, S. 163 f.
[224] Vgl. dazu bereits ausführlich oben 1. Kapitel, I. 4.1. (S. 13).

gesetzlichen Richter, Art 101 I 2 GG, oder die Unschuldsvermutung des Art 6 II EMRK). Problematisch erscheint dabei allerdings, dass der TOA nach der Gesetzesbegründung gerade doch nicht in „jedem" Verfahrensstadium Anwendung finden soll. Denn unter diese Formulierung lassen sich zweifellos auch Revisions- und Vollstreckungsverfahren subsumieren, Verfahren, für die die Möglichkeit eines TOA aber im Gesetzgebungsverfahren zu § 155a StPO letztlich verneint wurde.[225] Jedoch ist die Beherrschung des gesamten Strafverfahrens keine unabdingbare Voraussetzung für die Anerkennung eines Verfahrensgrundsatzes. So gelten z.B. Öffentlichkeits- (§§ 169 ff GVG) und Mündlichkeitsgrundsatz (§ 261 StPO) nur in der Hauptverhandlung. Zudem sehen aktuelle gesetzgeberische Bestrebungen eine Erweiterung der TOA-Möglichkeit auch auf das Revisionsverfahren vor.[226] Aber selbst ohne eine solche Erweiterung kann die Formulierung „jedem" immerhin unstreitig auf Ermittlungs-, Zwischen-, Haupt- und Berufungsverfahren bezogen werden. Diese verfahrensstadienübergreifende Ausgestaltung spricht klar für die eigenständige Bedeutung des TOA im Rahmen der strafverfahrensrechtlichen Gesamtordnung.

Dem kann auch nicht entgegengehalten werden, § 155a StPO, der immerhin die „prozessuale Grundnorm für die Anwendung des TOA im Strafverfahren"[227] darstellt, sei bewusst als Sollvorschrift ausgestaltet worden.[228] Denn zum einen geht der Gesetzgeber selbst in der Begründung zu § 155a StPO von einer „Pflicht zur Prüfung und zum Hinwirken"[229] aus und macht Staatsanwaltschaft und Gerichten den TOA bzw. die Prüfung seiner Möglichkeit zur „Aufgabe"[230]. Dadurch soll die Strafjustiz die Durchführung des TOA nicht nur honorieren, sondern selbst initiativ tätig werden können. Zum anderen verfolgt die Ausgestaltung als Sollvorschrift den Zweck, einer flexiblen und dem Einzelfall angemessenen Erledigungspraxis, insbesondere bei offensichtlich ungeeigneten Fällen, nicht entgegenzuwirken.[231] Genau das ist aber wünschenswert, besinnt man sich auf das oben zur Eigenschaft der Prozessgrundsätze Gesagte. Diese sind nur in ihren wechselseitigen Relationen zu verstehen, was zu mannigfachen Zielkonflikten führt, da sich dem Interesse, das zur Anerkennung eines Prozessprinzips drängt, zahlreiche Gegeninteressen entgegenstellen.[232] Eine flexible Ausgestaltung ist somit schon wegen des notwendigen Ausgleichs mit Gegeninteressen angebracht.

---

[225] Vgl. BT-Dr. 14 2258, S. 8 ff.
[226] Vgl. dazu bereits oben 2. Kapitel, II. 2.2. (S. 51 f).
[227] BT-Dr. 14/1928, S. 6.
[228] Vgl. L/R-*Beulke*, § 155a Rn. 1; *Pfeiffer*, StPO, § 155a Rn. 2; KK-*Schoreit*, § 155a Rn. 13, 15.
[229] BT-Dr. 14/1928, S. 8.
[230] BT-Dr. 14/1928, S. 6.
[231] Vgl. BT-Dr. 14/1928, S. 8.
[232] Vgl. dazu bereits oben I. (S. 122).

Die Ausgestaltung als Soll-Vorschrift steht somit der Charakterisierung als Verfahrensgrundsatz nicht entgegen. Die Formulierung „in *jedem* Stadium des Verfahrens“ enthält vielmehr einen deutlichen Hinweis auf die Eigenständigkeit des TOA im strafverfahrensrechtlichen Gesamtgefüge.

2.2.2. Auswirkungen des TOA auf die StPO und die Stellung des Verletzten im Strafverfahren

Vor allem aber resultiert die Eigenständigkeit aus den Auswirkungen, die sich der obigen[233] Untersuchung zufolge durch die verfahrensrechtliche Verankerung des TOA auf die StPO ergeben.

a) Umfassende Anwendung des TOA

Der TOA besitzt ein enorm weites Anwendungsspektrum, da bei der Frage nach den für einen Ausgleich geeigneten Delikten nur wenige Einschränkungen zu machen sind.[234] Insbesondere sind auch Delikte aus dem Bereich der Schwerkriminalität[235] oder der sog. opferlosen Delikte[236] einem TOA zugänglich. Als Geschädigte kommen für ein Ausgleichsverfahren neben natürlichen Personen auch Firmen bzw. juristische Personen, Behörden sowie Staat und Gesellschaft in Betracht.[237] Dieser umfassende sachliche Anwendungsbereich besteht unabhängig von der Art des Verfahrens. Im Strafbefehlsverfahren als dem wichtigsten Verfahrenstyp für die Erledigung einfach gelagerter Fälle der kleinen und mittleren Kriminalität findet der TOA Anwendung.[238] Gegenüber dem beschleunigten Verfahren ist der TOA regelmäßig vorrangig, da er ebenfalls zur Justizentlastung beiträgt, im Unterschied zum beschleunigten Verfahren aber gerade keine Gefahr für ein rechtsstaatliches Strafverfahren, insbesondere für die Wahrheitsfindung und die Garantie von Beschuldigtenrechten, darstellt.[239]

Auch in zeitlicher Hinsicht sind dem TOA wenig Grenzen gesetzt. Denn gem. § 155a StPO hat eine Berücksichtigung des TOA in „jedem“ Stadium des Verfahrens zu erfolgen. Zwar ist gem. § 153a II StPO eine vorläufige Einstellung des Verfahrens nach § 153a I 2 Nr. 5 StPO explizit nur bis zum Ende des Beru-

---

233 Vgl. oben 2. Kapitel (S. 21 ff).
234 Vgl. dazu ausführlich oben 2. Kapitel, II. 2. (S. 39 ff).
235 Vgl. oben 2. Kapitel, II. 2.1.3. a) (S. 45 f).
236 Vgl. oben 2. Kapitel, II. 2.1.3. b) (S. 46 ff).
237 Vgl. oben 2. Kapitel, II. 2.1.1. (S. 40 ff).
238 Vgl. oben 2. Kapitel, III. 3.1. (S. 104 f).
239 Vgl. oben 2. Kapitel, III. 3.2. (S. 106 f).

fungsverfahrens möglich, jedoch erscheint de lege ferenda die Möglichkeit einer TOA-Anordnung auch in der Revisionsinstanz geboten.[240]

Korrespondierend mit dem weiten Anwendungsbereich ist die frühzeitige Kenntnisnahme der Beteiligten von den entsprechenden TOA-Möglichkeiten gesichert. Denn sowohl für Staatsanwaltschaften und Gerichte als auch für die Polizei[241] bestehen gem. § 155a S. 2 StPO umfassende Hinwirkungspflichten.[242] Danach sind sowohl dem Beschuldigten als auch dem Verletzten Ziele und Rechtsfolgen des TOA zu erläutern, sofern diese noch unbekannt sind und es an anderen Aufklärungsmöglichkeiten - wie z.B. einem Anwalt - fehlt.[243] Die Hinwirkung kann auch noch in der Hauptverhandlung durch das Gericht nachgeholt werden bzw. dort erstmalig erfolgen.[244] Daneben haben die Strafverfolgungsorgane die Möglichkeit, selbst zwischen dem Beschuldigten und dem Verletzten zu vermitteln oder eine Ausgleichsstelle mit der Durchführung des TOA zu beauftragen.[245]

Die Beachtung der Hinwirkungspflicht wiederum wird dadurch gewährleistet, dass sich ein Verstoß gegen § 155a S. 2 StPO als revisibel erweist.[246] Ein entsprechender Verstoß stellt nämlich eine Gesetzesverletzung i.S.d. § 337 StPO dar[247], auf der ein ergangenes Urteil hinsichtlich des Strafmaßes[248] auch beruht.[249] Die gleichen revisionsrechtlichen Konsequenzen gelten für den Fall der unzureichenden Berücksichtigung des TOA im Rahmen des § 46a StGB[250] bzw. der fälschlichen Fortsetzung des Strafverfahrens trotz vollständiger Erfüllung der Auflagen und Weisungen des § 153a I 2 Nr. 5 StPO.[251]

b) Erfolgversprechende Anwendung des TOA

Kommt es zu einem Ausgleichsverfahren, genießen sowohl die Institution des TOA selbst als auch die an ihm beteiligten Personen einen hohen Vertraulichkeitsschutz, durch den Funktionsfähigkeit und Erfolg des Ausgleichsverfahrens gesichert und gefördert werden.

---

[240] Vgl. oben 2. Kapitel, II. 2.2. (S. 51 f).
[241] Vgl. oben 2. Kapitel, II. 3.2.1. (S. 55 ff).
[242] Vgl. oben 2. Kapitel, II. 3.1. (S. 53 ff).
[243] Vgl. oben 2. Kapitel, II. 3.1.1. (S. 53 f).
[244] Vgl. oben 2. Kapitel, II. 3.2.2. (S. 58 f).
[245] Vgl. oben 2. Kapitel, II. 3.1.1. (S. 53 f).
[246] Vgl. oben 2. Kapitel, II. 1.1. (S. 22 ff).
[247] Vgl. oben 2. Kapitel, II. 1.1.1. (S. 22).
[248] Vgl. oben 2. Kapitel, II. 1.1.3. (S. 25 f).
[249] Vgl. oben 2. Kapitel, II. 1.1.2. (S. 22 ff).
[250] Vgl. oben 2. Kapitel, II. 1.2.2. (S. 33 ff).
[251] Vgl. oben 2. Kapitel, II. 1.2.1. a) bb) (5) (S. 32).

Die bisher - insbesondere bei der Überweisung des TOA-Verfahrens an eine Schlichtungsstelle - gegen das Ausgleichsverfahren bestehenden datenschutzrechtlichen Bedenken sind durch die Einführung des § 155b StPO ausgeräumt worden.[252] § 155b I StPO erlaubt nun explizit die Übermittlung personenbezogener Daten an die mit dem TOA beauftragte Ausgleichsstelle.[253] Nichtöffentliche Stellen sind dabei darauf hinzuweisen, dass sie die ihnen übermittelten Informationen nur für Zwecke des TOA oder der Schadenswiedergutmachung verwenden dürfen, § 155b I 2 StPO. Eine Nutzung oder Verarbeitung der übermittelten Daten ist nur zulässig, soweit es für die Durchführung des TOA oder der Schadenswiedergutmachung erforderlich ist und schutzwürdige Interessen des Betroffenen nicht entgegenstehen, § 155b II 1 StPO. Eine selbständige Erhebung personenbezogener Daten bzw. deren Nutzung ist durch die Ausgleichsstelle sogar nur mit Einwilligung des Betroffenen möglich, § 155b II 2 StPO, die im Fall der Datenerhebung bei Dritten zudem gem. § 4 I 3 BDSG der Schriftform bedarf.[254] Durch die so bestehende Sicherheit über das Schicksal personenbezogener Daten wird eindeutig die Bereitschaft zur Offenbarung und damit der Erfolg des TOA gefördert.

Zudem muss der Beschuldigte keine Bedenken haben, dass seine Äußerungen im Rahmen des Ausgleichsverfahrens in einem späteren Gerichtsverfahren als Beweismittel eingeführt werden könnten, z.B. durch Vernehmung von Vermittler oder Opfer als Zeugen. Denn für den Vermittler besteht in (zulässiger) Analogie zu § 53 Nr. 1 - 3b StPO ein Zeugnisverweigerungsrecht[255], das ihm ermöglicht, dem Beschuldigten die vertrauliche Behandlung preisgegebener Informationen zu garantieren. Zwar hat der Beschuldigte auf die Ausübung des Zeugnisverweigerungsrechts und somit auf die Abgabe einer entsprechenden Vertraulichkeitszusage keinen Anspruch. Aber auch ohne Vertraulichkeitszusage ist der Beschuldigte dadurch umfassend geschützt, dass für im TOA-Verfahren getätigte, den Täter belastende Äußerungen ein selbständiges Beweisverwertungsverbot besteht.[256] Dieses folgt aus Wertentscheidungen der Verfassung. Aus der Sicht des Opfers deswegen, weil dessen grundrechtlich garantierte Rechtsgüter auch im Zuge der Strafjustiz gebührend zu berücksichtigen sind, aus der Sicht des Beschuldigten, weil dessen Schutz durch Art. 1 I, 2 I GG dahin geht, nicht mehr befürchten zu müssen, das Gesagte könne im Fall des Scheiterns der TOA-Verhandlungen gegen ihn verwendet werden. Dahinter müssen die staatlichen Interessen an der Strafverfolgung bzw. der Funktionsfähigkeit der Strafrechtspflege zurücktreten. Das vor allem deshalb, weil auch an

---

[252] Vgl. oben 2. Kapitel, II. 7. (S. 68 ff), 8. (S. 70 ff).
[253] Vgl. oben 2. Kapitel, II. 7.1. (S. 68).
[254] Vgl. oben 2. Kapitel, II. 8.2. (S. 71 ff).
[255] Vgl. oben 2. Kapitel, III. 1.3. (S. 85 ff).
[256] Vgl. oben 2. Kapitel, III. 2.1. (S. 99 ff).

einer verstärkten Anwendung des TOA im Strafverfahren ein erhebliches staatliches Interesse besteht.[257]

c) Verbesserung der verfahrensrechtlichen Stellung des Verletzten

Durch die Einführung des TOA in die StPO ist für den Verletzten eine neue Beteiligungsmöglichkeit entstanden, die eine optimale Ergänzung zu seinen anderen Rechten darstellt. Durch das Nebeneinander von TOA, Adhäsionsverfahren, Privat- und Nebenklage kann der Verletzte unterschiedlichste Interessen auf verschiedene Art und Weise durchsetzen.

Im Wege des TOA kann er seine Wiedergutmachungs- und Genugtuungsinteressen effektiv verfolgen.[258] Sollte ein TOA scheitern oder - insbesondere aufgrund § 155a S. 3 StPO oder der Verteidigungsfreiheit des Beschuldigten - gar nicht erst stattfinden können, steht dem Täter zur Durchsetzung seiner Wiedergutmachungsinteressen nach wie vor das Adhäsionsverfahren zur Verfügung.[259] Dieses kann neben dem TOA auch insofern von Bedeutung sein, als es sich in der Art der Durchsetzung der Ansprüche vom TOA unterscheidet. Z.B. erfolgt der Ausgleich des Opferschadens im TOA- und Adhäsionsverfahren durch verschiedenartige Leistungen.[260] Zudem wird im Adhäsionsverfahren, anders als beim TOA, rechtskräftig über die in Frage stehenden Ansprüche entschieden etc.[261]

Zur Verfolgung seiner sonstigen Interessen kann der Verletzte auf Privat- und Nebenklage zurückgreifen. Auf die Privatklage insbesondere dann, wenn er den Täter einer Verurteilung zuführen will[262], auf die Nebenklage, um Schuldzuweisungen und Angriffen von Seiten des Angeklagten entgegenzutreten.[263]

Aufgrund der verfahrensrechtlichen Verankerung des TOA und dessen Verhältnis zu den übrigen Verletztenrechten kann der Verletzte somit seine Wiedergutmachungsinteressen wesentlich besser verfolgen als bisher, sich aber auch ohne Nachteile gegen einen TOA entscheiden. Daraus resultiert eine wesentliche Verbesserung der Stellung des Verletzten im Strafverfahren.

---

[257] Vgl. oben 2. Kapitel, III. 2.1.2. c) (S. 101 f).
[258] Vgl. oben 1. Kapitel, I. 1.1.(S. 4 f).
[259] Vgl. oben 3. Kapitel, 2.3. (S. 118 ff).
[260] Vgl. oben 1. Kapitel, I. 3. (S. 9 ff) sowie 3. Kapitel, 2.3. (S. 120).
[261] Vgl. oben 3. Kapitel, 2.3. (S. 120).
[262] Vgl. oben 3. Kapitel 2.1. (S. 112).
[263] Vgl. oben 3. Kapitel, 2.2.3. (S. 116 f).

d) Wahrung der Rechte des Beschuldigten

Die starke Verbesserung der verfahrensrechtlichen Stellung des Verletzten führt nicht zu einer Verschlechterung der Stellung des Beschuldigten. Im Gegenteil werden auch dessen Interessen stärker berücksichtigt, denn durch die aktive Einbeziehung des Beschuldigten in den Ausgleich der Tatfolgen und die Verhinderung desintegrierender Verfahren und Sanktionen beugt der TOA einer Stigmatisierung des Täters vor.[264] Daneben gelten für den Beschuldigten seine üblichen Verfahrensgarantien. Durch die TOA-Anordnung selbst bzw. durch die Überweisung des Falles an eine Ausgleichsstelle werden weder der nemo-tenetur-Grundsatz noch die Unschuldsvermutung verletzt. Ersteres deswegen, weil für die Annahme eines erfolgreichen TOA ein Geständnis nicht verlangt werden kann[265], letzteres, weil mit der Einstellung nach § 153a I 2 Nr. 5 StPO gerade keine Schuldfeststellung verbunden ist, da ein förmlicher Schuldnachweis durch ein Gericht nicht vorliegt.[266] Im anschließenden Ausgleichsverfahren steht es dem Beschuldigten frei, sich zur Sache zu äußern, worüber er analog §§ 136 I 2, 163a III 2 StPO zu belehren ist.[267] Die Belehrungspflicht gilt unabhängig davon, ob die Vermittlung durch öffentliche oder nicht-öffentliche Stellen[268] erfolgt und ob der Beschuldigte - wie es regelmäßig der Fall sein wird - während des Ermittlungsverfahrens bereits von den zuständigen Organen belehrt wurde. Denn dem Beschuldigten müssen die ihm in seiner konkreten Situation zustehenden Handlungsmöglichkeiten vor Augen geführt werden.[269] Gegenüber dritten Personen, von denen die Ausgleichsstelle Informationen erfragt, ist eine Belehrung analog § 163a V StPO erforderlich.[270] Ein Verstoß gegen die Belehrungspflichten hat im Verfahren gegen den Beschuldigten ein Beweisverwertungsverbot für im Rahmen des TOA-Verfahrens zu Ungunsten des Beschuldigten getätigte Äußerungen zur Folge. Ebenfalls analog §§ 136 I 2, 163a III 2 StPO zu belehren ist der Beschuldigte über sein Recht, jederzeit einen von ihm gewählten Verteidiger zu befragen. Daneben gelten auch im TOA-Verfahren die Grundsätze der notwendigen Verteidigung, §§ 140 ff StPO.[271] Im Übrigen kann für das Ausgleichsverfahren der fair-trial-Grundsatz als Leitbild herangezogen werden.[272]

---

264 Vgl. oben 1.2.2. (S. 145).
265 Vgl. oben 2. Kapitel, II. 5.1. (S. 65).
266 Vgl. oben 2. Kapitel, II. 5.2. (S. 66 f).
267 Vgl. oben 2. Kapitel, II. 9.1.1. (S. 74 ff).
268 Vgl. oben 2. Kapitel, II. 9.2. (S. 79).
269 Vgl. oben 2. Kapitel, II. 9.1.2. (S. 78).
270 Vgl. oben 2. Kapitel, II. 9.1.2. (S. 76 ff).
271 Vgl. oben 2. Kapitel, II. 10.1. (S. 79 f).
272 Vgl. oben 2. Kapitel, II. 6. (S. 67).

e) Schlussfolgerung

Die starke Stellung des TOA im Rahmen der StPO rechtfertigt den Schluss, dass ihm eine eigenständige Funktion im strafverfahrensrechtlichen Gesamtsystem zukommt.

3. Zusammenfassung und Ergebnis zu II.

Seine Charakterisierung als Verfahrensgrundsatz setzt voraus, dass der TOA zur Erreichung des Prozesszieles geeignet ist und ihm eine eigenständige Funktion im Gesamtgefüge des Strafverfahrensrechts zukommt. Mit der überwiegenden Ansicht ist das Ziel des Strafprozesses in der Schaffung und Sicherung des Rechtsfriedens zu sehen, was wiederum die Erfüllung der Strafzwecke und ein an den Aufgaben des Kriminalrechts orientiertes Strafverfahren erfordert. Diesen Aufgaben wird durch den TOA bestens Rechnung getragen, da er einerseits zur Erfüllung der geltenden Strafzwecke beiträgt[273], ja sogar als selbständiger Strafzweck angesehen werden muss[274], und andererseits aufgrund der aktuellen kriminalpolitischen Tendenzen zu den Aufgaben des Kriminalrechts zu zählen ist.[275] Durch den TOA wird der Rechtsfrieden nachhaltig gefördert. Zudem kommt dem TOA eine eigenständige Funktion im strafverfahrensrechtlichen Gesamtsystem zu, die zum einen durch den Wortlaut des § 155a StPO, der die Berücksichtigung des TOA in *jedem* Verfahrensstadium verlangt, zum anderen durch die Auswirkungen der §§ 153a I 2 Nr. 5, 155a, b StPO auf die Strafprozessordnung begründet wird.[276]

Der Täter-Opfer-Ausgleich ist somit als Verfahrensgrundsatz zu berücksichtigen.

Prozessgrundsätze sind jedoch nur in ihren wechselseitigen Relationen zu verstehen, was zu mannigfachen Zielkonflikten führt und dazu zwingt, jedes noch so wichtige Postulat in seiner relativen Geltung zu erkennen.[277] Insofern ist Eser Recht zu geben, wenn er behauptet, eine gesetzliche Verankerung des TOA bzw. des Wiedergutmachungsgedankens sei nicht ohne gewisse Modifizierungen überkommener Prozessmaximen möglich.[278] Die folgenden Ausführungen (*fünftes Kapitel*) beschäftigen sich mit der Konkretisierung dieser pauschalen Aussage.

---

[273] Vgl. oben 1.1.1. (S. 125 ff).
[274] Vgl. oben 1.1.2. (S. 129 ff).
[275] Vgl. oben 1.2. (S. 141 ff).
[276] Vgl. oben 2.2. (S. 147 ff).
[277] Vgl. oben I. (S. 121 f).
[278] Vgl. *Eser*, ZStW 104 (1992), S. 375.

Fünftes Kapitel: Auswirkungen des TOA auf andere Verfahrensgrundsätze

1. Beschleunigungsgrundsatz

Die Geeignetheit einer Straftat für ein TOA-Verfahren erfordert einen hinreichend geklärten Sachverhalt.[1] Daher muss die Schuld des Täters in der Regel geklärt sein, was eine Berücksichtigung des TOA - mit Ausnahme des Hinweises auf dessen Möglichkeit, der schon früher erfolgen kann - erst nach Abschluss der Ermittlungen zulässt. Wenn der Täter dann auf einen TOA hinwirken will, um die Möglichkeit einer Verfahrenseinstellung gem. §§ 153a, b StPO zu nutzen und einer Anklageerhebung oder der Eröffnung des Hauptverfahrens vorzubeugen bzw. nach dessen Eröffnung Einstellung durch das Gericht, § 153a II StPO, zu erreichen, kommt es zum Konflikt mit dem Beschleunigungsgrundsatz, da die Vereinbarung eines TOA bzw. ein entsprechendes Bemühen des Täters den Abschluss des Ermittlungs- oder Strafverfahrens verzögert.

Der Beschleunigungsgrundsatz folgt aus der allgemeinen Fürsorgepflicht des Staates[2] und ist in Art 6 I 1 EMRK festgelegt. In der StPO hat er zwar keine explizite Regelung erfahren, liegt jedoch verschiedenen Vorschriften[3] erkennbar zugrunde. In diesem Zusammenhang ergeben sich insbesondere Probleme, wenn sich der einen TOA anstrebende Beschuldigte momentan in Untersuchungshaft befindet. Aufgrund des Art. 5 III 2 EMRK und des aus Art. 2 II 2 GG hergeleiteten Verhältnismäßigkeitgrundsatzes, die den Beschleunigungsgrundsatz für Haftsachen noch verstärken,[4] hat der Beschuldigte nämlich einen Anspruch auf beschleunigte Aburteilung.[5] Dabei darf gem. § 121 I StPO die zulässige Hafthöchstdauer bis zum Urteil 6 Monate grundsätzlich nicht überschreiten. Ausnahmen sind insoweit nur zuzulassen, wenn ein wichtiger Grund die Fortdauer der Haft rechtfertigt, § 121 I StPO.

Fraglich ist, ob ein solcher angenommen werden kann, wenn der Beschuldigte beantragt, zum Zwecke der Durchführung des TOA-Verfahrens eine Anklageerhebung bzw. eine Haftprüfung zeitlich hinauszuschieben. Das wäre nur dann ohne weiteres der Fall, wenn der Täter über den Beschleunigungsgrundsatz disponieren könnte. Dafür spricht zunächst, dass der Beschleunigungsgrundsatz in erster Linie dem Schutz des Beschuldigten dient[6], da ihn Wartezeiten und ein

---

[1] Vgl. dazu bereits ausführlich oben 2. Kapitel, II. 2.1.4. (S. 49).
[2] Vgl. BGHSt 26, S. 4.
[3] Z.B. §§ 115, 121, 122, 128 ff, 163 II 1 StPO.
[4] Vgl. BVerfGE 20, S. 48 f.
[5] Vgl. BVerfGE 53, S. 158 ff; Meyer-Goßner, § 121 Rn. 1.
[6] Vgl. KK-Pfeiffer, Einl. Rn. 11; Meyer-Goßner, Einl. Rn. 160.

ungewisser Verfahrensausgang belasten. Jedoch dienen rasche Ermittlungen in gleicher Weise dem Opferschutz, da auch das Opfer von Wartezeiten und einem ungewissen Verfahrensausgang nicht profitiert. Zudem können Verzögerungen bei der Ermittlung dazu führen, dass das Opfer in der Hauptverhandlung vernommen wird, diese aber bereits in einen Zeitpunkt fällt, in dem das Opfer die Tat zu weiten Teilen überwunden hat und darüber, um alte Wunden nicht wieder aufzureißen zu lassen, nicht mehr sprechen möchte. Des Weiteren dient der Beschleunigungsgrundsatz auch dem öffentlichen Interesse an der wahrheitsgemäßen Sachverhaltsermittlung als einer zentralen Aufgabe des Strafverfahrens. Denn mit fortlaufender Dauer verlieren manche Beweismittel, insbesondere der Zeugenbeweis, an Wirkung (sog. „Wahrheitssichernde Funktion“[7] des Beschleunigungsgrundsatzes).

Verzichtet der Täter durch Stellung eines TOA-Antrags auf „seinen Teil“ des Beschleunigungsgrundsatzes, besteht somit immer noch Schutzbedürfnis hinsichtlich der öffentlichen Interessen des Opferschutzes und der Beweisqualität. Diese verbleibenden Bestandteile des Beschleunigungsgrundsatzes müssen mit dem konkurrierenden Verfahrensgrundsatz des TOA abgewogen werden. Dabei muss dem TOA auf jeden Fall für gewisse Zeit der Vorrang zukommen. Denn § 121 StPO stellt eine besondere Ausprägung des Beschleunigungsgebots in Haftsachen dar, welches dahingehend konkretisiert werden kann, dass ein wichtiger Grund für die Fortdauer der Untersuchungshaft dann nicht vorliegt, wenn im Verfahren entstandene Verzögerungen vermeidbar gewesen wären.[8] Das Beschleunigungsgebot ist jedoch relativ, d.h. die Verfahrensdauer variiert mit Schwierigkeitsgrad und Umfang des Verfahrens. Es ist somit erst dann eine Vermeidbarkeit der Verzögerung gegeben, wenn die bei einem pflichtgemäßen Verhalten der Strafverfolgungsbehörden angemessenen Grenzen überschritten sind.[9] Da sich der TOA jedoch als neuer Verfahrensgrundsatz darstellt und ihm somit größtmögliche Geltung verschafft werden muss, gehört dessen Berücksichtigung in jedem Fall zum pflichtgemäßen Verhalten der Strafverfolgungsorgane.

Dennoch ist einleuchtend, dass es der Beschuldigte - obwohl der Beschleunigungsgrundsatz dessen aktive Kooperation nicht verlangt[10] - nicht in der Hand haben kann, das Verfahren mit dem Argument des TOA ewig hinauszuzögern.[11] Eine konkrete Zeitspanne, in welcher der Beschuldigte seine TOA-Interessen verfolgen kann, lässt sich jedoch nicht pauschal festlegen. Sie ergibt

---

[7] BVerfG NJW 1981, S. 1723.
[8] Vgl. Hoffmann, NStZ 2002, S. 566 m.w.N.
[9] Vgl. KK-Pfeiffer, Einl. Rn. 11.
[10] Vgl. ausführlich zur Rspr. bezüglich der mit dem Beschleunigungsgebot zu vereinbaren den Verfahrensdauer *Kühne*, StV 2001, S. 529 f.
[11] Vgl. *Weimer*, NStZ 2002, S. 352.

sich vielmehr im Einzelfall aus einer Abwägung der miteinander kollidierenden Verfahrensgrundsätze. Als Abwägungskriterien können dabei die bisherige Haft- und Verfahrensdauer, die Zeit, die für einen TOA bereits zur Verfügung gestanden hätte sowie allgemein sämtliche Interessen sowohl des Beschuldigten als auch des Verletzten berücksichtigt werden.

2. Konzentrationsprinzip

Eng mit dem Beschleunigungsgebot verknüpft ist der Verfahrensgrundsatz der Konzentration. Er besagt, dass die Durchführung der Hauptverhandlung möglichst in einem Zug zu erfolgen hat, womit im Wesentlichen die gleichen Intentionen wie mit dem Beschleunigungsgrundsatz verfolgt werden.[12] Es stellt sich die Frage, ob damit eine Unterbrechung oder Aussetzung der Hauptverhandlung zum Zwecke der Durchführung eines TOA zu vereinbaren ist. Die Abgrenzung zwischen Aussetzung und Unterbrechung richtet sich nach der tatsächlichen Dauer, für die das Verfahren abgebrochen wird.[13] Wird der gem. § 229 I, II StPO zulässige Höchstzeitraum überschritten, spricht man von Aussetzung, anderenfalls von Unterbrechung.[14]

2.1. Unterbrechung der Hauptverhandlung

Zum Schutz des Konzentrationsprinzips beträgt die maximale Unterbrechungsdauer nach der aktuellen Fassung des § 229 StPO 10 Tage, soll jedoch nach den Vorschlägen der zurzeit im Gesetzgebungsverfahren diskutierten Justizreformgesetze auf drei Wochen bis einen Monat erhöht werden.[15]

Hier stellt sich die Frage, ob § 229 StPO teleologisch dahingehend reduziert werden kann, dass eine längere Unterbrechung möglich ist. Dafür ließe sich anführen, dass § 229 StPO in erster Linie dem Schutz des Konzentrationsprinzips dient.[16] Eine teleologische Reduktion wäre somit dann möglich, wenn ein solcher Schutz entbehrlich ist bzw. das Konzentrationsprinzip hinter anderen Verfahrensgrundsätzen zurückstehen muss. Das könnte im Fall des TOA deshalb gegeben sein, weil der Schutz des § 229 StPO nicht besonders umfassend ausgestaltet ist. § 229 StPO beschränkt nämlich lediglich die Dauer einer einzelnen Unterbrechung, nicht jedoch die Anzahl der während einer Verhandlung

---

[12] Vgl. KK-*Pfeiffer*, Einl. Rn. 10.
[13] Vgl. BGH NJW 1982, S. 248.
[14] Vgl. *Meyer-Goßner*, § 228 Rn. 2.
[15] Vgl. Art. 3 Nr. 9 JuModG (BR-Dr. 378/03, S. 11); Art. 2 Nr. 20 JuBeschlG (BT-Dr. 15/999, S. 5, 24).
[16] Vgl. *Meyer-Goßner*, § 229 Rn. 1.

möglichen Unterbrechungen. Diese sind vielmehr beliebig oft möglich[17], solange die zwischenzeitliche Fortsetzung der Hauptverhandlung nicht nur pro forma erfolgt, um die Frist des § 229 StPO protokollarisch einzuhalten (sog. Schiebetermine).[18] Gegen die Möglichkeit einer teleologischen Reduktion spricht allerdings, dass der Sinn des Konzentrationsprinzips in seiner wahrheitssichernden Funktion liegt.[19] Die Wahrheitsfindung ist jedoch mit zunehmender Unterbrechungsdauer gefährdet, da insbesondere das Erinnerungsvermögen der Beteiligten im Laufe der Zeit nachlassen kann. Zudem gibt es nach Ablauf der Fristen des § 229 I, II StPO nach der o.g. Abgrenzung die Möglichkeit der Aussetzung der Hauptverhandlung. Ein über die zeitlichen Grenzen des § 229 I, II StPO hinausgehender Abbruch der Hauptverhandlung ist daher nur i.R.d. für die Verfahrensaussetzung geltenden Grundsätze möglich.

2.2. Aussetzung der Hauptverhandlung

Zunächst ist festzuhalten, dass es sich bei den in der StPO explizit normierten Aussetzungsgründen[20] nicht um eine abschließende Aufzählung handelt.[21] Dennoch wird die Aussetzung der Hauptverhandlung großteils als Ausnahme bezeichnet.[22] Dem ist zuzugeben, dass die Verfahrensgrundsätze der Beschleunigung und der Konzentration gerade eine zu weite Ausdehnung der Aussetzungsgründe verhindern sollen. Besinnt man sich jedoch auf das bereits zur Eigenschaft der Prozessmaximen Gesagte, nämlich dass unter konkurrierenden Verfahrensgrundsätzen eine Lösung durch eine Abwägung zu suchen ist, die beiden Grundsätzen die größtmögliche Geltung verschafft, kommen Ausnahmen jedenfalls im Falle konkurrierender Verfahrensgrundsätze in Betracht. Dementsprechend sind Aussetzungsgründe bereits aus dem Untersuchungsgrundsatz[23], der Fürsorgepflicht der Gerichte[24] oder dem fair-trial-Grundsatz[25] hergeleitet worden.

Auch im vorliegenden Fall besteht ein Konkurrenzverhältnis, aufgrund dessen sich ein solcher Aussetzungsanspruch ergeben könnte. Konzentrations- und Beschleunigungsgebot sind nämlich erst verletzt, wenn die bei einem pflichtgemäßen Verhalten der Strafverfolgungsbehörden angemessenen Grenzen über-

---

[17] Vgl. L/R-*Gollwitzer*, § 229 Rn. 12.
[18] Vgl. dazu ausführlich *Fahl*, Rechtsmissbrauch im Strafprozess, S. 293 ff.
[19] Vgl. KK-*Pfeiffer*, Einl. Rn. 10.
[20] Vgl. z.B. § 145 II StPO, 246 II StPO; ausführliche Aufzählung bei KK-*Tolksdorf*, § 228 Rn. 4; *Meyer-Goßner*, § 228 Rn. 3.
[21] Vgl. L/R-*Gollwitzer*, § 228 Rn. 9.
[22] Vgl. KK-*Tolksdorf*, § 228 Rn. 3; *Weimer*, NStZ 2002, S. 353.
[23] Vgl. *Meyer-Goßner*, § 228 Rn. 3.
[24] Vgl. OLG Celle NJW 1961, S. 1319.
[25] Vgl. OLG Hamburg MDR 1964, S. 524; OLG Hamm VRS 41 (1971), S. 45.

schritten sind.[26] Zum pflichtgemäßen Verhalten gehört jedoch auch die Berücksichtigung des TOA als Verfahrensgrundsatz.[27] Daher kann dem Konzentrationsprinzip kein absoluter Vorrang zukommen. Es muss vielmehr auf jeden Fall für gewisse Zeit hinter dem TOA zurückstehen, notwendige Verzögerungen durch das Bemühen um einen TOA sind somit hinzunehmen. Im Folgenden ist zu untersuchen, ob eine über die Grenzen des § 229 I, II StPO hinausgehende Verzögerung noch als notwendig angesehen werden kann. Denn auf jeden Fall muss einer Prozessverschleppung[28] und einem Missbrauch des TOA vorgebeugt werden.

Für den Begriff des Rechtsmissbrauchs finden sich im Schrifttum zahlreiche Definitionen, die jedoch im Ergebnis alle dasselbe besagen: Ein Recht wird missbraucht, wenn es nicht zu der vom Gesetz gewollten Interessenbeförderung ausgeübt wird.[29] Es ist somit ein Vergleich des Gesetzeszwecks mit dem vom Prozessbeteiligten mit der Ausübung einer bestimmten Befugnis verfolgten Zweck erforderlich.[30] Das Gesetz will mit den §§ 46a StGB, 153a I 2 Nr. 5, 155a, b StPO den Straftätern die Möglichkeit des TOA eröffnen. Eine Aussetzung der Hauptverhandlung kann somit nur so lange gerechtfertigt sein, wie die Möglichkeit des TOA auch gegeben ist. Daher kann das Verfahren jedenfalls solange ausgesetzt werden, bis sich klären lässt, ob ein TOA ausreichende Chancen auf Erfolg hat. Sollte diese Frage zu bejahen sein, ist die Aussetzungsdauer entsprechend zu verlängern. Aber auch sonst ist zu beachten, dass gem. §§ 46a Nr. 1 StGB, 153a I 2 Nr. 5 StPO und z.T. auch für die Anwendung des § 46a Nr. 2 StGB ein entsprechendes ernsthaftes Bemühen des Täters ausreichend ist.[31] Dem Täter muss deshalb innerhalb der Grenzen des Rechtsmissbrauchs die für ein solches Bemühen erforderliche Zeit verschafft werden.

Damit ist jedoch noch nicht gesagt, ob der Angeklagte einen Anspruch auf die Aussetzung der Hauptverhandlung hat. Diese Frage muss jedoch entgegen der ganz h.M.[32] im vorliegenden Fall bejaht werden. Denn in jedem Fall kann der Angeklagte, was auch die h.M. anerkennt[33], eine Revision auf § 338 Nr. 8 StPO stützen, wenn seine Verteidigung durch die Ablehnung eines Aussetzungsan-

---

[26] Vgl. *Weimer*, aaO.

[27] Vgl. dazu bereits oben 1. (S. 156).

[28] Vgl. *Kröpil*, AnwBl. 1999, S. 15 ff.

[29] Vgl. grundlegend und ausführlich zum Ganzen *Fahl*, Rechtsmissbrauch im Strafprozess; vgl. auch *Niemöller*, StV 1996, S. 501; *Fischer*, NStZ 1997, S. 215; *Stankewitz*, FS Schlüchter, S. 29; *Kudlich*, FS Schlüchter, S. 20; *Weber*, GA 1975, S. 289; *Spiekermann*, Der Missbrauch des Beweisantragsrechts, S. 24 f; *Hassemer*, FS Meyer-Goßner S. 127 ff; *Kröpil*, JR 1997, S. 315 ff; *Weßlau*, FS Lüderssen, S. 787 ff.

[30] Vgl. *Weber*, aaO, S. 295.

[31] Vgl. dazu bereits ausführlich oben 2. Kapitel, II. 1.2.2. b) cc) (S. 37).

[32] Vgl. BGH NStZ 1996, S. 454; KK-*Tolksdorf*, § 228 Rn. 15; *Meyer-Goßner*, § 54 Rn. 29.

[33] Vgl. BGH aaO.

trags in einem für die Entscheidung wesentlichen Punkt unzulässig beschränkt wurde. Solch eine unzulässige Beschränkung ist mit der Ablehnung des Aussetzungsantrages zum Zwecke der Durchführung des TOA stets gegeben, da der TOA einen für die Entscheidung wesentlichen Punkt darstellt. Denn wie durch das Unterbleiben der gem. § 155a S. 2 StPO erforderlichen Hinwirkung, können auch so die Interessen des Angeklagten vereitelt werden. Für ihn kann der TOA nämlich erhebliche Bedeutung haben, etwa durch das Absehen von Strafe, § 46a StGB, oder die Einstellung des Verfahrens, §§ 153a, b StPO. Außerdem kann, wie oben bereits festgestellt[34], in manchen Fällen der TOA die einzige Möglichkeit sein, die Strafe des Angeklagten noch zur Bewährung auszusetzen.[35] Werden der Verteidigung diese Möglichkeiten genommen, ist sie in einem für die Entscheidung wesentlichen Punkt unzulässig eingeschränkt.

3. Legalitätsprinzip

Eine wesentliche Voraussetzung für einen erfolgreichen TOA ist die Freiwilligkeit der Teilnahme am Vermittlungsverfahren.[36] Der strafjustitielle Druck des aufgrund des Legalitätsprinzips grundsätzlich durchzuführenden Ermittlungsverfahrens könnte vom Täter jedoch als Zwang empfunden werden und so dem Konzept des TOA zuwiderlaufen. Dieser Druck entfällt auch nicht etwa deshalb, weil es sich bei einer Verfahrenseinstellung gem. § 153a I 2 Nr. 5 StPO um eine Einstellung nach Opportunitätsgrundsätzen handelt, die gerade eine Durchbrechung des Legalitätsprinzips darstellt.[37] Werden nämlich die Anordnungen oder Weisungen nicht vollständig erfüllt, sieht sich der Beschuldigte der Gefahr der Fortsetzung des Strafverfahrens ausgesetzt.[38] Dementsprechend wird Kritik dahingehend geäußert, dass, wenn sich der Täter nur deswegen auf die Wiedergutmachung einlasse, um den Konsequenzen des Scheiterns der TOA-Verhand-lungen zu entgehen, das ganze Verfahren in die Nähe von § 136a StPO rücken würde. Da auch Delikte im Bereich der schweren Kriminalität nicht von der TOA-Möglichkeit ausgeschlossen sind[39], vergrößere sich mit steigender Strafandrohung zwangsweise auch der Druck.[40]

Diese Kritik ist jedoch nicht überzeugend. Denn zum einen beweisen Forschungsergebnisse aus den Mediationsprogrammen der USA[41], dass gerade der Druck eines drohenden Strafverfahrens für den Erfolg des TOA förderlich sein

[34] Vgl. oben 2. Kapitel, II. 1.1.2. (S. 24).
[35] Vgl. etwa § 250 I oder II i.V.m. §§ 46a, 49 I Nr. 3, 56 II StGB.
[36] Vgl. dazu bereits ausführlich oben 2. Kapitel, II. 2.1.5. (S. 49 ff).
[37] Vgl. *Beulke*, Strafprozessrecht, Rn. 17, 333.
[38] Vgl. *Meyer-Goßner*, § 153a Rn. 46; *Beulke*, Strafprozessrecht, Rn. 337d.
[39] Vgl. dazu bereits ausführlich oben 2. Kapitel, II. 2.1.3. a) (S. 45 f).
[40] Vgl. *Loos*, ZRP 1993, S. 51 ff.
[41] Vgl. *Kaiser*, Kriminologie, S. 1087, 1088.

kann, Ergebnisse, die auch in Deutschland bereits teilweise nachgewiesen sind.[42] Vor allem aber decken sich die von den Kritikern geforderten Freiwilligkeitserfordernisse mit denjenigen, die an einen autonomen Rücktritt i.S.d. § 24 StGB zu stellen sind.[43] Letztere lassen sich jedoch gerade nicht auf den TOA übertragen. Das ergibt sich aus einer Gegenüberstellung mit vergleichbaren prozessualen Erklärungen, wie z.B. dem Geständnis oder der Zustimmung zur Einstellung nach § 153a StPO. Da dort das zweckrationale Kalkül im Vordergrund steht, kann die Freiwilligkeit nicht die gleiche sein wie im Rahmen eines autonomen Rücktritts gem. § 24 StGB.[44] Der Gesetzgeber geht also von der uneingeschränkten Entscheidungsfreiheit des von einem Strafverfahren betroffenen Beschuldigten aus.[45] Es gibt keinen Grund, den Fall der Wiedergutmachung anders zu beurteilen. Das zeigen auch Vorschriften wie §§ 35 ff BTMG; §§ 56b III, 56c IV StGB; § 265a StPO, allesamt Sanktionsentscheidungen, die ausdrücklich die Zu-stimmung des Verurteilten fordern.

Es bleibt daher festzuhalten, dass durch ein drohendes Strafverfahren kein Druck in dem Sinne entsteht, dass die für einen erfolgreichen TOA erforderliche Freiwilligkeit aufgehoben würde.[46] Da sich der TOA aber dennoch als Sanktion darstellt[47], müssen für den Täter die üblichen Verfahrensgarantien gelten. Denn auch die Schaffung eines institutionellen Rahmens innerhalb des kriminalrechtlichen Rechtsfolgensystems mit dem Ziel, eine Konfliktregelung durch die Beteiligten selbst zu ermöglichen und zu fördern, ist kriminalrechtliche Intervention, die den für staatliche Eingriffe geltenden rechtlichen Grundsätzen unterworfen bleibt.[48] Diese Grundsätze sind jedoch gewahrt, da die rechtsstaatlichen Prinzipien und der fair-trial-Grundsatz auch im Rahmen des TOA-Verfahrens bzw. bei der Überweisung eines Falles an die Ausgleichsstellen Anwendung finden.[49]

---

[42] Vgl. *Frehsee*, Schadenswiedergutmachung, S. 365.
[43] Vgl. nur *Loos*, ZRP 1993, S. 56.
[44] So aber die Hauptkritik von *Loos*, aaO.
[45] Vgl. *Schöch*, FS Roxin, S. 1056.
[46] Vgl. *Baumann* u.a., AE-WGM, S. 40, der insoweit von einem „sanktions- und verfahrensrechtlich modifizierten Freiwilligkeitsprinzip" spricht.
[47] Vgl. *Meier*, GA 1999, S. 16 ff; *Tolmein*, ZRP 1999, S. 409; *Schaffstein*, FS Roxin, S. 1068; *Meyer-Goßner*, § 153a Rn. 2, vgl. auch oben 1. Kapitel, I. 2.1. (S. 5 ff).
[48] Vgl. *Walther*, Vom Rechtsbruch zum Realkonflikt, S. 171.
[49] Vgl. dazu bereits ausführlich oben 1. Kapitel, I. 4. (S. 12 ff) sowie 2. Kapitel, II. 5. (S. 65 ff), 6. (S. 67).

4. Sonstige Prozessgrundsätze
4.1. Grundsätze, die das gesamte Strafverfahren beherrschen

Zu den Grundsätzen, von denen das gesamte Strafverfahren beherrscht wird, gehören der aus Art 1 I GG und den allgemeinen Freiheitsgrundrechten abgeleitete fair-trial-Grundsatz, der Anspruch auf rechtliches Gehör, Art 103 I GG, der Anspruch auf den gesetzlichen Richter, Art 101 I 2 GG, die Unschuldsvermutung, Art 6 II EMRK, und der Beschleunigungsgrundsatz. Mit all diesen Grund- sätzen erweist sich der TOA als vereinbar. Der fair-trial-Grundsatz und der TOA stehen in keinem echten Konkurrenzverhältnis, vielmehr enthält der Grundsatz des fairen Verfahrens diverse Verfahrensgarantien, an denen der Beschuldigte bzw. Angeklagte auch im TOA-Verfahren teilhat.[50] Der Grundsatz des rechtlichen Gehörs gibt dem Beschuldigten bzw. Angeklagten vor Erlass einer Entscheidung ein Äußerungsrecht in tatsächlicher und rechtlicher Hinsicht.[51] Dieses Recht wird durch den TOA in keinster Weise berührt, denn unabhängig vom Verfahrensstadium, in denen eine Entscheidung der Strafverfolgungsbehörden erfolgt, kann eine entsprechende Äußerung erfolgen. Da die rechtsstaatlichen Garantien auch im TOA-Verfahren gelten[52] und der Grundsatz des rechtlichen Gehörs eine ihrer Ausprägungen darstellt[53], gilt er grundsätzlich auch im TOA-Verfahren. Dort wird er allerdings insofern nicht zum Tragen kommen, weil im TOA-Verfahren selbst keine Entscheidung getroffen wird. Eine solche wird vielmehr erst nach dessen Beendigung aufgrund des dort gefundenen Ergebnisses im entsprechenden Verfahrensstadium von den zuständigen Strafverfolgungsbehörden getroffen. Auch der gesetzliche Richter bleibt dem Beschuldigten bzw. Angeklagten erhalten, da er aufgrund des Zusammenspiels von GVG und StPO bereits vor Anordnung des TOA feststeht und sich dadurch nicht ändert. Auch mit Unschuldsvermutung[54] und Beschleunigungsgrundsatz[55] erweist sich der TOA als vereinbar.

4.2. Grundsätze des Ermittlungsverfahrens

Zu den Grundsätzen des Ermittlungsverfahrens gehören Akkusationsprinzip, § 151 StPO, Offizialprinzip, § 152 I StPO, Legalitätsprinzip, § 152 II StPO, Opportunitätsprinzip, § 153 ff StPO, und der Untersuchungsgrundsatz, § 160 II StPO. Akkusations- und Offizialprinzip bleiben gewahrt, da die Eröffnung des Strafverfahrens nach wie vor von der Staatsanwaltschaft im Wege der Anklageerhebung erfolgt. Auch mit dem Legalitätsprinzip lässt sich der TAO verein-

---

[50] Vgl. dazu bereits oben 2. Kapitel, II. 6. (S. 67).
[51] St. Rspr., BVerfGE 69, S. 145, 148.
[52] Vgl. dazu bereits oben 2. Kapitel, II. 6. (S. 67).
[53] Vgl. *Pieroth/Schlink*, Rn. 1075.
[54] Vgl. dazu bereits ausführlich oben 2. Kapitel II. 5.2. (S. 66 f).
[55] Vgl. dazu bereits ausführlich oben 1. (S. 155 ff).

baren.[56] Im Rahmen des Opportunitätsprinzips hat der TOA mit § 153a I 2 Nr. 5 StPO sogar seine eigene explizite Normierung erfahren. Problematisch erscheint allerdings die Vereinbarkeit mit dem Untersuchungsgrundsatz. Denn anders als der Zivilprozess, ist das Strafverfahren auf die Wahrheitserforschung von Amts wegen angelegt. Die Wahrheitsermittlung wird aber von den als Folge der Vertraulichkeit des TOA begründeten Zeugnisverweigerungsrechten[57] und Beweisverwertungsverboten[58] eingeschränkt. In diesem Zusammenhang ist jedoch zu beachten, dass sich die Situation der Wahrheitsermittlung nicht anders darstellt als ohne die Durchführung eines TOA-Verfahrens. Nach der hier erarbeiteten Konzeption kommt es vielmehr bezüglich des Untersuchungsgrundsatzes[59] zu einer zulässigen Abspaltung vom Strafverfahren. Die Möglichkeit, den Beschuldigten bzw. Angeklagten *ent*lastende Beweise dennoch in den Prozess einzuführen, stellt sich somit als eine Erweiterung dar, das Verbot, *be*lastende Beweise einzuführen, dagegen nicht als unzulässige Einschränkung. Der TOA erweist sich somit auch als mit den Grundsätzen des Ermittlungsverfahrens vereinbar.

4.3. Grundsätze des Zwischenverfahrens

Für das Zwischenverfahren gelten keine speziellen Verfahrensgrundsätze, § 202 S. 1 StPO hebt lediglich den Untersuchungsgrundsatz hervor, mit dem sich der TOA als vereinbar erweist.[60]

4.4. Grundsätze des Hauptverfahrens

Im Hauptverfahren gelten Öffentlichkeitsgrundsatz, § 169 ff GVG, Untersuchungsgrundsatz, § 244 II StPO, Mündlichkeitsgrundsatz, § 261 StPO, sowie der formelle (§ 226 StPO) und materielle (§ 250 StPO) Unmittelbarkeitsgrundsatz. Bezüglich des Öffentlichkeitsgrundsatzes ergeben sich keine Probleme. Denn sollte der TOA im Ermittlungs- oder Zwischenverfahren durchgeführt werden, können die Grundsätze, die lediglich im Hauptverfahren Geltung beanspruchen, von vorneherein nicht einschränkend eingreifen. Zur Durchführung des TOA im Stadium der Hauptverhandlung wird diese unterbrochen[61] oder ausgesetzt[62] bzw. das Gericht stellt das Verfahren vorläufig ein.[63] Für den Zeit-

---

[56] Vgl. dazu bereits ausführlich oben 3. (S. 160 f).
[57] Vgl. dazu bereits ausführlich oben 2. Kapitel, III. 1. (S. 83 ff).
[58] Vgl. dazu bereits ausführlich oben 2. Kapitel, III. 2. (S. 98 ff).
[59] Ansonsten gelten die Verfahrensgarantien, insbesondere die der Rechtsstaatlichkeit auch im TOA-Verfahren, vgl. oben 1. Kapitel, I. 4. (S. 12 ff) sowie 2. Kapitel, II. 5. (S. 65 ff), 6. (S. 67).
[60] Vgl. dazu bereits oben 4.2. (S. 162 f).
[61] Vgl. dazu bereits ausführlich oben 2.1. (S. 157 f).
[62] Vgl. dazu bereits ausführlich oben 2.2. (S. 158 f).
[63] Vgl. dazu bereits ausführlich oben 2. Kapitel, II. 1.2.1. (S. 28 ff).

raum der Aussetzung der Hauptverhandlung bzw. nach vorläufiger Einstellung des Verfahrens findet der Öffentlichkeitsgrundsatz jedoch keine Anwendung. Er ist bereits dann hinreichend gewahrt, wenn die gem. § 261 StPO erforderliche[64] Einführung der TOA-Ergebnisse in den Prozess unter Anwesenheit der Öffentlichkeit erfolgt. Dadurch werden auch gleichzeitig Unmittelbarkeits- und Mündlichkeitsgrundsatz gewahrt. Zur Vereinbarkeit mit dem Untersuchungsgrundsatz kann auf die obigen Ausführungen verwiesen werden.[65]

[64] Dies gilt selbstverständlich nur dann, wenn das Verfahren nicht aufgrund eines erfolgreichen TOA endgültig eingestellt wird.

[65] Vgl. oben 4.2. (S. 162 f).

Zusammenfassung der Ergebnisse der Arbeit in Thesen

- Der TOA ist als neuer Verfahrensgrundsatz zu berücksichtigen.
- Der TOA ist mit den anderen Verfahrensgrundsätzen der StPO vereinbar. Insbesondere der Beschleunigungsgrundsatz und das Konzentrationsprinzip müssen zurückstehen.
- Der TOA ist mit den geltenden Strafzwecken vereinbar.
- Der TOA ist ein selbständiger, opferorientierter Strafzweck.
- Der TOA ist eine Aufgabe des Kriminalrechts.
- Gem. § 155a S. 2 StPO haben Staatsanwaltschaften und Gerichte in geeigneten Fällen auf einen TOA hinzuwirken. § 155a S. 2 StPO gilt analog für Beamte des Polizeidienstes, sofern diese im Auftrag oder auf Ersuchen der Staatsanwaltschaft tätig werden. Im Übrigen wird der Vorschlag des Art. 1 Nr. 4 ORRG, § 136 I S. 4 StPO dahingehend zu erweitern, dass der Beschuldigte in geeigneten Fällen auch auf die Möglichkeit eines TOA hingewiesen werden soll, nachdrücklich unterstützt. Über § 163a IV 2 StPO gilt die Hinwirkungspflicht dann für sämtliche Vernehmungen des Beschuldigten durch Polizeibeamte.
- Der erste Schritt zur Erfüllung der Hinwirkungspflicht des § 155a S. 2 StPO besteht grundsätzlich in der Erteilung eines entsprechenden Hinweises an die Beteiligten. Als weitere Möglichkeiten sind die unmittelbare Vermittlung zwischen Beschuldigtem und Verletztem oder die Einschaltung einer Ausgleichsstelle vorgesehen. Auf einen Ausgleich unter Anleitung eines Dritten muss nicht hingewirkt werden.
- Es ist ausreichend, wenn mit der Hinwirkung auf den TOA erst in der Hauptverhandlung begonnen wird.
- Ein Verstoß gegen die Hinwirkungspflicht des § 155a S. 2 StPO ist hinsichtlich der Rechtsfolgenseite des Urteils revisibel. Er ist mit der Verfahrensrüge geltend zu machen.
- Deliktsbezogene Einschränkungen der TOA-Geeignetheit eines Falles kommen grundsätzlich nicht in Betracht. Bagatelldelikte sind jedoch aus Gründen der Rechtsstaatlichkeit vom Anwendungsbereich des TOA auszunehmen.
- Neben natürlichen Personen sind auch Firmen bzw. juristische Personen, Behörden sowie Staat und Gesellschaft als Geschädigte für einen TOA geeignet.
- Täterbezogene Einschränkungen der TOA-Geeignetheit ergeben sich im Falle des die Tat bestreitenden Täters (Verteidigungsfreiheit) und bei einer Strafanzeige „gegen unbekannt“.
- Einschränkungen der TOA-Geeignetheit ergeben sich in den Fällen, in denen das Opfer keinen Strafantrag stellt und der Antrag nicht durch das besondere öffentliche Interesse an der Strafverfolgung ersetzbar ist.

- Der TOA erfordert aus rechtsstaatlichen Gründen einen derart geklärten Sachverhalt, dass er einer Anklageerhebung gem. § 170 I StPO standhalten würde.
- Die Anwendung des § 153a II StPO im Revisionsverfahren ist de lege lata nicht möglich, erscheint jedoch de lege ferenda wünschenswert. Das Vorhaben des Art. 2 Nr. 14 JuBeschlG, eine solche Anwendbarkeit in der Revisionsinstanz zu ermöglichen, wird daher unterstützt.
- Gegen den ausdrücklichen Willen des Verletzten darf die TOA-Geeignetheit nicht angenommen werden, § 155a S. 3 StPO. Für die Annahme eines ausdrücklichen entgegenstehenden Willens ist eine Erklärung in den Strafakten erforderlich. Auch dann steht es dem Täter allerdings offen, sich ernsthaft um einen TOA zu bemühen und so die Folgen der §§ 46a StGB, 153a I 2 Nr. 5, II, 153b StPO in Anspruch zu nehmen. Die Strafverfolgungsorgane dürfen den Täter auf diese Möglichkeit und darauf, was ein ernsthaftes Bemühen erfordert, hinweisen, ohne dass darin eine unzulässige Hinwirkung zu sehen ist.
- Ein Verstoß gegen § 155a S. 3 StPO ist nicht revisibel.
- Die Anwendung bzw. Nichtanwendung des § 153a I 2 Nr. 5 StPO kann mit einer Revision nur dahingehend erfolgreich gerügt werden, das Verfahren sei trotz eines - durch die Erfüllung der Auflage bzw. Weisung des § 153a I 2 Nr. 5 StPO entstandenen - endgültigen Verfahrenshindernisses fortgesetzt worden. In diesem Fall hat das Revisionsgericht das Verfahren einzustellen.
- Eine Einstellung des Verfahrens gem. § 153a I 2 Nr. 5 StPO ohne die Zustimmung des Angeklagten verletzt dessen verfahrensrechtliches Mitspracherecht und kann erfolgreich mit der einfachen Beschwerde, § 304 StPO, angegriffen werden.
- Geht ein Urteil auf die Möglichkeit des § 46a StGB nicht ein, obwohl nach den Urteilsfeststellungen Anlass dazu bestand, hat eine Revision zum Strafausspruch Erfolg. Gleiches gilt, wenn die tatgerichtliche, auf einer Gesamtwürdigung der strafzumessungsrelevanten Umstände beruhende Ermessensentscheidung rechtsfehlerhaft ist bzw. wenn fälschlicherweise angenommen wird, der Strafmilderungsgrund des § 46a StGB liege nicht vor.
- Die unzureichende Berücksichtigung des § 46a StGB kann nicht durch Berücksichtigung von TOA und Wiedergutmachung im Rahmen der allgemeinen Strafzumessungsnorm des § 46 II 2 StGB „geheilt" werden.
- In einer teleologischen Reduktion des § 155b I 1, 2 StPO ist die Aktenübermittlung an mit dem TOA beauftragte *öffentliche* Ausgleichsstellen stets als zulässig zu erachten.
- Die Einschränkung des § 155b II 1 StPO, dass die Verarbeitung oder Nutzung übermittelter personenbezogener Informationen nur zulässig ist, soweit schutzwürdige Interessen der Betroffenen nicht entgegenstehen, gilt auch für die Fälle des § 155b II 2 StPO.

- Die gem. § 155b II 2 StPO erforderliche Einwilligung des Beschuldigten bedarf im Fall der Datenerhebung bei Dritten gem. § 4 I 3 BDSG der Schriftform. Für den Fall der Datenerhebung beim Betroffenen selbst liegen dagegen „besondere Umstände" i.S.d. § 4a I 3 BDSG vor, die ein Absehen vom Schriftformerfordernis rechtfertigen.
- Das Vorhaben des Art. 1 Nr. 6, 7 ORRG, den Strafverfolgungsorganen durch Einführung der §§ 160a, 202a StPO im Ermittlungs- und Zwischenverfahren die Möglichkeit einer mündlichen Anhörung der Beteiligten zu eröffnen, wird unterstützt.
- Bei der TOA-Vermittlung sowohl durch öffentliche als auch durch nichtöffentliche Ausgleichsstellen trifft den Vermittler analog §§ 136 I 2, 163a IV 2 StPO die Pflicht, den Beschuldigten über sein Recht, auch im TOA-Verfahren die Aussage zu verweigern, zu belehren. Ein Verstoß gegen die Belehrungspflicht begründet ein Beweisverwertungsverbot.
- § 140 StPO ist im TOA-Verfahren analog anzuwenden. Eine Ausweitung der notwendigen Verteidigung auch auf die übrigen TOA-Verfahren ist de lege lata nicht möglich, erscheint de lege ferenda jedoch wünschenswert. Eine entsprechende praktische Umsetzung ist jedoch insbesondere im Hinblick auf die Kostenfrage problematisch.
- Dem TOA-Vermittler steht in (zulässiger) Analogie zu § 53 Nr. 1 - 3b StPO ein Zeugnisverweigerungsrecht bezüglich im TOA-Verfahren preisgegebener Informationen zu.
- Für den Opferzeugen besteht de lege lata kein Zeugnisverweigerungsrecht. De lege ferenda erscheint jedoch eine entsprechende Begründung wünschenswert.
- Für im TOA-Verfahren getätigte, den Täter *be*lastende Äußerungen besteht ein Beweisverwertungsverbot. Den Täter *ent*lastende Äußerungen sind dagegen voll verwertbar.
- Gegenüber dem beschleunigten Verfahren kommt dem TOA regelmäßig Vorrang zu. Im Übrigen bestehen im Rahmen der besonderen Verfahrensarten hinsichtlich des TOA keine Besonderheiten.
- Der TOA stellt eine optimale Ergänzung zu den bisherigen Verletztenrechten dar. Das Nebeneinander von TOA, Adhäsionsverfahren, Privat- und Nebenklage führt zu einer wesentlichen Verbesserung der Stellung des Verletzten im Strafverfahren.
- Das Nebenklageverfahren ist einer grundlegenden Reform zu unterziehen. Die erforderlichen Neuregelungen ergeben sich dabei aus dem Schutzzweck der Nebenklage, der sich nach der Einführung des TOA als Verfahrensgrundsatz auf den Opferschutz beschränken, Genugtuungs- und Wiedergutmachungsinteressen dagegen ausklammern sollte.
- Im Rahmen des TOA kommt es weder zu einer unzulässigen Privilegierung reicher Täter noch zu einer Schieflage des Strafverfahrens zulasten des Beschuldigten.

Ausblick

Da die Aufnahme in das materielle Strafrecht noch nicht dazu führte, dass die Praxis das Instrument des TOA in dem möglichen und wünschenswerten Maße nutzte, wofür als wesentlicher Grund vielfach das Fehlen einer verfahrensrechtlichen Verankerung in der StPO genannt wurde[1], hat der Gesetzgeber die §§ 153a I 2 Nr. 5, 155a, b StPO mit dem Ziel eingeführt, das vorhandene Anwendungspotential des TOA künftig stärker auszuschöpfen.[2] Im Folgenden ist durch eine wertende Betrachtung der in der vorliegenden Untersuchung gefundenen Ergebnisse festzustellen, ob dieses selbstproklamierte Ziel auch tatsächlich erreicht wurde.

Exakte Zahlen zu seiner Anwendungshäufigkeit existieren nicht, da der TOA weder von der Justiz- noch von der Staatsanwaltschaftstatistik erfasst wird.[3] Somit ist man auf empirische Begleitforschungen[4] bzw. die Zahlen angewiesen, die von den Landesjustizverwaltungen ermittelt oder von Modellprojekten vorgelegt werden. Danach lagen ein Jahr vor der Einführung der §§ 153a I 2 Nr. 5, 155a, b StPO[5] ca. 15000 Fälle vor, in denen ein TOA jedenfalls in Gang gesetzt wurde, von denen rund ein Drittel den Bereich des Erwachsenenstrafrechts betraf.[6] Da dem jedoch ca. 4,5 Millionen eingeleitete Ermittlungsverfahren gegenüberstanden[7], ist der prozentuale Anteil der begonnenen TOA-Verfahren noch als relativ gering einzustufen. Zwar steigt dieser Anteil kontinuierlich[8], jedoch kann von der erstrebten flächendeckenden Anwendung[9] noch keine Rede sein, was selbst die Befürworter des TOA erkennen.[10] Das liegt nicht zuletzt daran, dass sich die gesetzliche Konzeption des TOA selbst einen „Stolperstein" auf den zum angestrebten Ziel führenden Weg gelegt hat, indem die Regelung der §§ 155a, b StPO bewusst allgemein gehalten und „von detaillierten verfahrenstechnischen Vorgaben"[11] abgesehen wurde, um Raum für landesrechtliche Re-

---

1 Vgl. *Kaiser*, GS Zipf, S. 110; *Meier*, JuS 1996, S. 441; ders., GA 1999, S. 17 ff; *Kube*, DRiZ 1986, S. 122 spricht von einer „prozessrechtlich nahezu unzumutbaren Stellung".

2 Vgl. BT-Dr. 14/1928, S. 1, 6.

3 Vgl. *Tolmein*, ZRP 1999, S. 409.

4 Vgl. z.B. *Gutsche/Rössner*, Täter-Opfer-Ausgleich: Beiträge zur Theorie, Empirie und Praxis; *Hartmann*, Staatsanwalt und Täter-Opfer-Ausgleich; *Schimmel*, Täter-Opfer-Ausgleich als Alternative?.

5 Durch das Gesetz zur strafverfahrensrechtlichen Verankerung des TOA und des FAG vom 20.12.1999, BGBl. I, S. 2491 ff.

6 Vgl. *Stein*, NStZ 2000, S. 393 m.w.N.

7 (ohne Verfahren wegen Straßenverkehrsstraftaten); Quelle: Stat. Bundesamt, Staatsanwaltschaften 1997, 1998, Tab. 2.2.1.

8 Vgl. die aktuelle Übersicht bei *Bannenberg/Rössner*, FS Rolinski, S. 288 ff.

9 Vgl. BT-Dr 14/1928, S. 6.

10 Vgl. *Finger*, ZRP 2002, S. 515; skeptisch auch *Bannenberg/Rössner*, aaO, S. 299 f nach eingehender Analyse des vorliegenden Zahlenmaterials.

11 BT-Dr. 14/1928, S. 6.

gelungen zu lassen.[12] Zwar kann der Bund in der Tat den Ländern die Regelung von Einzelheiten überlassen, da Strafrecht und gerichtliches Verfahren gem. Art. 74 I Nr. 1 GG Gegenstand der konkurrierenden Gesetzgebung sind. Jedoch beschränken sich die landesrechtlichen Regelungen zum TOA - soweit solche überhaupt existieren[13] - darauf, ihrerseits auf §§ 155a, b StPO zurückzuverweisen[14], wodurch es nach wie vor an detaillierten Vorgaben und der beabsichtigten klaren gesetzlichen Grundlage[15] fehlt. Deshalb sowie aufgrund der Charakterisierung des TOA als Verfahrensgrundsatz und der Tatsache, dass er auch im Bereich mittlerer und schwerer Kriminalität Anwendung findet[16], sollte durch ein Bundesgesetz eine einheitliche Regelung geschaffen werden.

Auch die genannten Regelungen geben jedoch - jedenfalls in Verbindung mit der vorliegend erarbeiteten Konzeption - einen positiven Anstoß für eine stärkere Anwendung des TOA. Das lässt sich feststellen, indem man die Gründe für die noch relativ geringe Akzeptanz des Täter-Opfer-Ausgleichs in der Praxis durchleuchtet und fragt, ob sich daran durch die Einführung der §§ 153a I 2 Nr. 5, 155 a, b StPO bzw. durch die vorliegende Arbeit etwas geändert hat.

Zunächst stößt man in der strafverfahrensrechtlichen Praxis auf rein *tatsächliche* Probleme, wie z.B. ein fehlendes flächendeckendes Angebot an freien TOA-Stellen oder eine mangelnde Ausbildung der Richter und Staatsanwälte in Bezug auf den TOA.[17] Diese Probleme erscheinen jedoch ohne weiteres lösbar und stehen somit einer verstärkten Anwendung des TOA nicht entgegen. Im Rahmen entsprechender Abhilfemaßnahmen sollte zugleich das formale Ingangsetzungsverfahren bzw. die Einschaltung der Gerichtshilfe oder eines freien Trägers zur Durchführung eines TOA so ausgestaltet werden, dass nicht mehr Arbeit entsteht als durch den Antrag auf Erlass eines Strafbefehls. Interessanter erscheint indes die Begutachtung der *rechtlichen* Probleme, die bisher den TOA in seiner Wirksamkeit gehemmt haben:

Dazu zählen zunächst die datenschutzrechtlichen Bedenken, die bei der Überweisung des Verfahrens an die mit der Durchführung des TOA beauftragten Stellen auftraten. Diese sollten durch § 155b StPO ausgeräumt werden.[18] An einem Gelingen könnte deshalb gezweifelt werden, weil dessen datenschutz-

---

[12] Vgl. BR-Dr. 325/99, S. 6.

[13] Niedersachsen: Richtlinie für den Täter-Opfer-Ausgleich im allgemeinen Strafrecht (TOA-Richtlinie), NdsRpfl 2000, S. 95; Nordrhein-Westfalen: Förderung des Täter-Opfer-Ausgleichs bei Erwachsenen, JMBlNRW 2000, S. 158; weitere Nachweise bei *Tolmein*, ZRP 1999, S. 409; *Werner*, StraFO 1999, S. 190; *Busch*, NJW 2002, S. 1326.

[14] Vgl. *Tolmein*, aaO; *Busch*, aaO.

[15] Vgl. BR-Dr. 325/99, S. 6.

[16] Vgl. dazu oben 2. Kapitel, II. 2.1.3. a) (S. 45 f).

[17] Vgl. Stein, NStZ 2000, S. 394.

[18] Vgl. BT-Dr. 14/1928, S. 6; BR-Dr. 325/99, S. 5 f.

rechtliche Vorgaben einen zusätzlichen Aufwand bedeuten, die Praxis jedoch weniger aufwändige Erledigungsformen bevorzugt. Jedoch wird ein zusätzlicher Aufwand durch eine teleologische Reduktion des Anwendungsbereichs des § 155b I 1, 2 StPO auf ein Mindestmaß beschränkt[19], so dass faktisch keine praktischen Hindernisse entstehen. Solche werden auch nicht durch das Einwilligungserfordernis des § 155b II 2 StPO begründet, da an die Einwilligung der Betroffenen besondere Anforderungen nur für den Fall der Datenerhebung bei Dritten gestellt werden.[20]

Des Weiteren finden sich zahlreiche Kritikpunkte in Bezug auf §§ 153a I 2 Nr. 5, 155a StPO. Insbesondere letzterer sei für sich allein nicht geeignet, den erhofften Durchbruch zu bewirken.[21] Dem ist zuzugeben, dass § 155a StPO in der Tat in einer Zusammenschau mit den übrigen den TOA normierenden Vorschriften[22] gesehen werden muss. Jedoch gehen von ihm insofern immense Auswirkungen aus, als ein Verstoß gegen die in Satz 2 normierte Hinwirkungspflicht revisionsrechtliche Konsequenzen nach sich zieht.[23] Auch die Tatsache, dass in § 155a StPO offen bleibt, welche Fälle als ausgleichgeeignet angesehen werden können[24], stellt für den TOA kein Hindernis dar, da die vorliegende Arbeit hierzu konkrete Anhaltspunkte schafft.[25] Auch ist entgegen Stein[26] nicht unklar, aus welchem Grund die Erfüllung der TOA-Auflage geeignet ist, das öffentliche Interesse an der Strafverfolgung zu beseitigen. Denn die weitere Verfolgung der Tat unterbleibt deshalb, weil den Verdächtigen durch die Auflagenerfüllung ein der Strafe vergleichbares Übel trifft, das die Verhängung weiterer Sanktionen sowohl unter Schuld als auch unter Präventionsgesichtspunkten entbehrlich macht.[27] Gerade diese Voraussetzungen sind durch den TOA erfüllt. Denn auch der TOA stellt sich im Rahmen der Anordnung gem. § 153a I 2 Nr. 5 StPO als Übel zufügende Sanktion dar[28], die den strafrechtlichen Bedürfnissen des Schuldausgleichs und der Prävention gerecht wird.[29]

---

[19] Vgl. dazu ausführlich oben 2. Kapitel, II. 7.2. (S. 69 f).

[20] Vgl. dazu ausführlich oben 2. Kapitel, II. 8.2. (S. 73 f).

[21] Vgl. Stein, NStZ 2000, S. 394; insbesondere auch Tolmein, ZRP 1999, S. 409, der meint, § 155 a) StPO regele „tatsächlich nichts".

[22] Vgl. dazu ausführlich oben 1. Kapitel, I. 2.2. (S. 7 ff).

[23] Vgl. dazu ausführlich oben 2. Kapitel, II. 1.1. (S. 22 ff).

[24] Vgl. *Stein*, aaO.

[25] Vgl. dazu ausführlich oben 2. Kapitel, II. 2. (S. 39 ff).

[26] Vgl. *Stein*, NStZ 2000, S. 394.

[27] Vgl. L/R-*Beulke*, § 153a Rn. 2.

[28] Vgl. *Walther*, Vom Rechtsbruch zum Realkonflikt, S. 131; *Tolmein*, ZRP 1999, S. 409; *Schaffstein*, FS Roxin, S. 1068; *Meier*, GA 1999, S. 16 ff.

[29] Vgl. dazu ausführlich oben, 4. Kapitel, II. 1.1.1. (S. 125 ff).

Durch die Neufassung des § 153a StPO[30], die das Erfordernis der „geringen Schuld" durch die negative Fassung, die Schwere der Schuld dürfe nicht entgegenstehen, ablöste, wurde der Anwendungsbereich des § 153a I 2 Nr. 5 StPO auf die mittlere Kriminalität ausgedehnt.[31] Dadurch entstehen zwar vielfältige potentielle Überschneidungsmöglichkeiten mit anderen, ebenfalls in diesem Bereich angesiedelten Verfahrensarten, wie z.B. dem Strafbefehls- und dem beschleunigten Verfahren, dem TOA kommt dabei jedoch regelmäßig der Vorrang zu.[32] Auch die Änderung des § 153a StPO steht somit den vom Gesetzgeber proklamierten Zielen nicht entgegen. Das zeigt auch ein Blick auf die Praxis, in der sich die Vorschrift des § 153a StPO seither noch größerer Beliebtheit als vorher[33] erfreut.[34]

Somit lassen sich die meisten in Bezug auf den TOA geäußerten Kritikpunkte widerlegen. Dennoch ist der Eindruck, dass manchen Staatsanwälten der Täter-Opfer-Ausgleich bei Erwachsenen nicht leicht fällt, richtig und leicht zu beobachten. Die Ursachen liegen darin, dass die Grundaufgabe des Staatsanwaltes in einer effektiven Strafverfolgung liegt und diesbezüglich der TOA als Fremdkörper angesehen wird.[35] Das ist jedoch gerade nicht der Fall. Denn TOA und Wiedergutmachung erweisen sich mit den geltenden Strafzwecken als vereinbar und stellen sogar einen eigenen Strafzweck dar.[36] Dadurch kommt eine Zuordnung zum Strafrecht in Betracht, so dass sich TOA und Wiedergutmachung keineswegs als Fremdkörper im Strafrechtssystem darstellen.[37]

Demnach erscheinen die Maßnahmen des Gesetzgebers grundsätzlich geeignet, für eine verstärkte Anwendung des TOA zu sorgen. Ein entsprechender Erfolg erfordert allerdings zusätzlich die Bereitschaft der Justiz, ihre bisherige Arbeitsweise umzustellen, wozu aber insbesondere die revisionsrechtlichen Konsequenzen einer unzureichenden TOA-Hinwirkung beitragen werden. Im Ergebnis lässt sich somit festhalten, dass die Berücksichtigung des TOA als Verfahrensgrundsatz und die in der vorliegenden Untersuchung erarbeiteten An-

---

[30] Durch das Gesetz zur Entlastung der Rechtspflege vom 11.01.1993, BGBl. I, S. 50 ff.

[31] Vgl. BT-Dr. 12/1217, S. 34; *Beulke*, Strafprozessrecht, Rn. 337a; *Meyer-Goßner*, NJW 1993, S. 499; *Fezer*, ZStW 106 (1994), S. 31.

[32] Vgl. dazu oben 2. Kapitel, III. 3. (S. 104 ff).

[33] Vgl. *Bruns*, GS Kaufmann, S. 872, Fn. 27: Schon vorher legten die Gerichte die Vorschrift extensiv aus, um sonstige schwerfällige Hauptverfahren, namentlich der Wirtschaftskriminalität, zügig abzuschließen.

[34] Vgl. *Salditt*, FS Bemmann, S. 614, 616.

[35] Vgl. *Sessar*, Wiedergutmachen oder strafen, S. 204 ff; *Böttcher*, BewHi 1994, S. 48; *Hartmann*, Staatsanwaltschaft und Täter-Opfer-Ausgleich, S. 213; *Gutsche*, BewHi 1999, S. 91 ff; *Bannenberg*, Wiedergutmachung in der Strafrechtspraxis, S. 236; einschränkend *Kurz*, KrimZ 1997, S. 48 ff.

[36] Vgl. dazu ausführlich oben 4. Kapitel, II. 1.1. (S. 125 ff).

[37] Vgl. dazu auch oben 1. Kapitel, I. 3. (S. 9 ff).

haltspunkte für den Umgang mit dem TOA in der strafverfahrensrechtlichen Praxis erheblich dazu beitragen werden, dass der TOA in Zukunft eine häufigere und flächendeckendere Anwendung erfährt. Dazu ist jedoch zunächst erneut der Gesetzgeber gefordert, der in den vorliegend erörterten Bereichen für die gebotene Klarstellung zu sorgen hat.

Schlussendlich kann man festhalten, dass der TOA allen in der Strafrechtspflege Tätigen zu größerer Berufszufriedenheit und zu beruflicher Erfüllung verhelfen kann. Als neuer Verfahrensgrundsatz verleiht er der Strafrechtspflege ein konstruktives, weiterführendes Element.

Literaturverzeichnis:

Albrecht, Peter-Alexis, Kriminologie, 2. Auflage, München, 2002 (zit.: Albrecht, Kriminologie)

Altenhain, Karsten, Angreifende und verteidigende Nebenklage, JZ 2001, S. 791 - 801

Alternativ-Entwurf-Wiedergutmachung (AE-WGM), Entwurf eines Arbeitskreises deutscher, österreichischer und schweizerischer Strafrechtslehrer (Arbeitskreis AE), vorgelegt von *Jürgen Baumann, Anne-Eva Brauneck, Manfred Burgstaller, Albin Eser, Barbara Huber, Heike Jung, Ulrich Klug, Horst Luther, Werner Maihofer, Bernd-Dieter Meier, Peter Rieß, Frank Riklin, Dieter Rössner, Klaus Rolinski ,Claus Roxin, Heinz Schöch, Horst Schüler-Springorum, Thomas Weigend*, München, 1992 (zit.: Baumann u.a., AE-WGM)

Alternativkommentar zur Strafprozessordnung, Kommentar zur Strafprozess-ordnung in 3 Bänden, in der Reihe Alternativkommentar, herausgegeben von *Rudolf Wassermann*, Band 2/Teilband 1, §§ 94 - 212b, Neuwied u.a., 1992 (zit.: AK-Bearbeiter)

Amelunxen, Clemens, Die Entschädigung des durch eine Straftat Verletzten, ZStW 86 (1974), S. 457 - 470

Baier, Helmut, Verfassungsunmittelbare Zeugnisverweigerungsrechte bestimmter Berufsgruppen als Gebot des Persönlichkeitsschutzes?, JR 1999, S. 495 - 500

- Strafprozessuale Zeugnisverweigerungsrechte außerhalb der Strafprozessordnung als Ergänzung der §§ 52 ff StPO, Frankfurt a.M. u.a., 1996 (zit.: Baier, Zeugnisverweigerungsrechte)

Bannenberg, Britta, Wiedergutmachung in der Strafrechtspraxis. Eine empirisch-kriminologische Untersuchung von Täter-Opfer-Ausgleichsprojekten in der Bundesrepublik Deutschland, Bonn, 1993 (zit.: Bannenberg, Wiedergutmachung in der Strafrechtspraxis)

Bannenberg, Britta/*Uhlmann*, Petra, Die Konzeption des Täter-Opfer-Ausgleichs in Wissenschaft und Kriminalpolitik, in: *Dölling*, Dieter u.a, Täter-Opfer-Ausgleich in Deutschland, Bestandsaufnahme und Perspektiven, herausgegeben vom Bundesministerium der Justiz, 2., unveränderte Auflage, Bonn, 2000, S. 1 - 47 (zit.: Bannenberg/Uhlmann, Die Konzeption des Täter-Opfer-Ausgleichs)

Baurmann, Michael, Vorüberlegungen zu einer empirischen Theorie der positiven Generalprävention, GA 1994, S. 368 - 384

Baurmann, Michael C. /*Schädler*, Wolfram, Das Opfer nach der Straftat - seine Erwartungen und Perspektiven. Eine Befragung von Betroffenen zu Opferschutz und Opferunterstützung sowie ein Bericht über vergleichbare Untersuchungen. Mit weiteren Beiträgen von Margarete Mitscherlich sowie Rolf Guntermann und Inge Möbus, redaktionell korrigierter Nachdruck, Wiesbaden, 1999 (zit.: Baurmann/ Schädler, Das Opfer nach der Straftat)

Beling, Ernst von, Die Beweisverbote als Grenzen der Wahrheitsforschung im Strafprozess, Breslau, 1903 (zit.: Beling, Beweisverbote)

Benda, Ernst/*Maihofer*, Werner/*Vogel*, Hans-Jochen (Hrsg.), unter Mitwirkung von Konrad Hesse und Wolfgang Heyde, Handbuch des Verfassungsrechts der Bundesrepublik Deutschland, 2. Auflage, Berlin u.a., 1994 (zit.: Benda/ Maihofer/ Vogel, Handbuch des Verfassungsrechts)

Beschlüsse des 59. Deutschen Juristentages, Abteilung Strafrecht, NJW 1992, S. 3021 - 3023

Beulke, Werner, Strafprozessrecht, 6. Auflage, Heidelberg, 2003 (zit.: Beulke, Strafprozessrecht)

- Empirische und normative Probleme der Verwendung neuer Medien in der Hauptverhandlung, ZStW 113 (2001), S. 709 - 742

- Die Neuregelung der Nebenklage, DAR 1988, S. 114 - 120

Bialek, Anne, Das strafprozessuale Zeugnisverweigerungsrecht aus persönlichen Gründen unter besonderer Berücksichtigung von Schutzzweck und Enumerationsprinzip, Begrenzung und Ausdehnung des durch § 52 Absatz 1 StPO in seiner geltenden Fassung geschützten Personenkreises, Frankfurt a.M. u.a., 2000 (zit.: Bialek, Zeugnisverweigerungsrecht aus persönlichen Gründen)

Bianchi, Herman, Alternativen zur Strafjustiz, Biblische Gerechtigkeit, Freistätten, Täter-Opfer-Ausgleich, München u.a., 1988 (zit.: Bianchi, Alternativen zur Strafjustiz)

Bieri, Susann/*Ferel*, Alexa, Täter-Opfer-Ausgleich, Ansatz einer kriminalpolitischen Reform im Strafrecht, Bern u.a., 1994 (zit.: Bieri/Ferel, Täter-Opfer-Ausgleich)

Blau, Günter, Schrifttum, Peter-Alexis Albrecht, Informalisierung des Rechts. Empirische Untersuchungen zur Handhabung und zu den Grenzen der Opportunität im Jugendstrafrecht, GA 1992, S. 233 - 235

Blesinger, Karl, Zur Anwendung des Täter-Opfer-Ausgleichs nach § 46a StGB im Steuerstrafrecht, wistra 1996, S. 90 - 91

Bohnert, Joachim, Ordnungsvorschriften im Strafverfahren, NStZ 1982, S. 5 – 10

Böttcher, Reinhard, Täter-Opfer-Ausgleich, Eine kritische Zwischenbilanz bisheriger Praxiserfahrungen und Forschungsergebnisse, BewHi 41 (1994), S. 45 - 57

- Das neue Opferschutzgesetz, JR 1987, S. 133 - 141

Böttcher, Reinhard/*Weber*, Klaus, Erstes Gesetz zur Änderung des Jugendgerichtsgesetzes, NStZ 1990, S. 561 - 566

Bottke, Wilfried, Bemerkungen zur Gerichtshilfe für Erwachsene, MschrKrim 1981, S. 62 – 76

Brauns, Uwe, Die Wiedergutmachung der Folgen der Straftat durch den Täter: ein Beitrag zur Neubewertung eines Strafzumessungsfaktors de lege lata und de lege ferenda, Berlin, 1996 (zit.: Brauns, Wiedergutmachung)

- Zur Anwendbarkeit des § 46a StGB im Steuerstrafrecht, wistra 1996, S. 214 - 219

Briel, Olaf G. von, Anmerkung zu BayObLG, Beschl. v. 28.2.1996 - 4 St RR 33/96, NStZ 1997, S. 33 - 34

Bülow, Oskar, Gesetz und Richteramt, Leipzig, 1885 (zit.: Bülow, Gesetz und Richteramt)

Bundesministerium der Justiz (Hrsg.), Täter-Opfer-Ausgleich, Zwischenbilanz und Perspektiven, Symposium vom 19. - 21. Juni 1989 im Wissenschaftszentrum Bonn, veranstaltet von der Deutschen Bewährungshilfe e.V. (DBH) und dem Bundesministerium der Justiz, Bonn, (zit: BMJ (Hrsg.), Täter-Opfer-Ausgleich. Bonner Symposium, 1991)

Busch, Ralf, Datenschutz beim Täter-Opfer-Ausgleich - teleologische Reduktion einer hypertrophen Regelung (§ 155b StPO), JR 2003, S. 94 - 97

- Täter-Opfer-Ausgleich und Datenschutz, NJW 2002, S. 1326 - 1328

Busse, Detlef/*Volbert*, Renate/*Steller*, Max, Belastungserleben von Kindern in Hauptverhandlungen, Bonn, 1996 (zit.: Busse/Volbert/Steller, Belastungserleben)

Dähn, Gerd, Möglichkeiten einer verstärkten Anwendung des beschleunigten Verfahrens bei Bagatelldelikten, in: Festschrift für Jürgen Baumann zum 70. Geburtstag, Bielefeld, 1992, S. 349 - 360 (zit.: Dähn, FS Baumann)

Dahs, Hans, Das Verbrechensbekämpfungsgesetz vom 28.10.1994 - ein Produkt des Superwahljahres, NJW 1995, S. 553 - 557

Dahs, Hans/*Dahs*, Hans, Die Revision im Strafprozess, Bedeutung für die Praxis der Tatsacheninstanz, 5. Auflage, München, 1993 (zit.: Dahs/Dahs, Die Revision im Strafprozess)

Dencker, Friedrich, Verwertungsverbote im Strafprozess, ein Beitrag zur Lehre von den Beweisverboten, Köln u.a., 1977, (zit.: Verwertungsverbote im Strafprozess)

- Belehrung des Angeklagten über sein Schweigerecht und Vernehmung zur Person - Anmerkung zu BGH, MDR 1974, S. 765 ff - MDR 1975, S. 359 - 365

- Strafrechtsreform im Einführungsgesetz?, JZ 1973, S. 144 - 151

Detter, Klaus, Zum Strafzumessungs- und Maßregelrecht, NStZ 1992, S. 477 - 480

Deu, Teresa Armenta, Auf dem Weg zu einer Reform des Strafprozesses? - Unabdingbare Prinzipien und kriminalpolitische Wahlmöglichkeiten -, in: Festschrift für Claus Roxin zum 70. Geburtstag, Berlin u.a., 2001, S. 1229 - 1242 (zit.: Deu, FS Roxin)

Dirnaicher, Udo, Der nordamerikanische Diversionsansatz und rechtliche Grenzen seiner Rezeption im bundesdeutschen Jugendstrafrecht, Frankfurt a.M., 1990 (zit.: Dirnaicher, Rechtliche Grenzen der Diversion)

Dölling, Dieter, Polizei und Legalitätsprinzip - Empirische Befunde zur polizeilichen Ermittlungstätigkeit bei Anzeigedelikten, in: *Geisler*, Claudius (Hrsg.), Das Ermittlungsverhalten der Polizei und die Einstellungspraxis der Staatsanwaltschaften, Bestandsaufnahme, Erfahrungen und Perspektiven, Wiesbaden, 1999, S. 39 - 60 (zit.: Dölling, Polizei und Legalitätsprinzip)

- Probleme der Begleitforschung zum TOA, in: *Hering*, Rainer-Dieter/*Rössner*, Dieter (Hrsg.), Täter-Opfer-Ausgleich im allgemeinen Strafrecht, Theorie und Praxis konstruktiver Tatverarbeitung; Grundlagen, Modelle, Resultate und Perspektiven, S. 63-96, Bonn, 1993 (zit.: Dölling, Begleitforschung zum TOA)

- Der Täter-Opfer-Ausgleich, JZ 1992, S. 493 - 499

Doering-Striening, Gudrun, Die Versagung von Opferentschädigungsleistungen gem. § 2 I OEG, Frankfurt a.M., 1988 (zit.: Doering-Striening, Die Versagung von Opferentschädigungsleistungen)

Dreher, Eduard/*Tröndle*, Herbert, Strafgesetzbuch und Nebengesetze, 47. Auflage, München, 1995 (zit.: Dreher/Tröndle, 47. Auflage)

Driebold, Rolf, Täter-Opfer-Ausgleich - eine Alternative? Ergebnisse und Überlegungen zu einem Projekt in Oldenburg, BewHi 42 (1995), S. 82 - 93

Dünkel, Frieder/*Rössner*, Dieter, Täter-Opfer-Ausgleich in der Bundesrepublik Deutschland, Österreich und der Schweiz, ZStW 99 (1987), S. 845 - 872

Ebert, Frank, Hilfe für Verbrechensopfer - Die Bewältigung einer staatlichen Aufgabe mit dem Gesetz über die Entschädigung für Opfer von Gewalttaten, München, 1981 (zit.: Ebert, Hilfe für Verbrechensopfer)

Eckl, Peter, Neue Verfahrensweisen zur Behandlung der Kleinkriminalität, Bemerkungen zu § 248a StGB, 33 153, 153a StPO in der Fassung des Einführungsgesetzes zum Strafgesetzbuch, JR 1975, S. 99 - 102

Eder-Riederer, Maria A., Die Entwicklung des Opferschutzes als kriminalpolitisches Anliegen, in: Gedächtnisschrift für Heinz Zipf, Heidelberg, 1999, S. 35 - 54 (zit.: Eder-Riederer, GS Zipf)

Eisenberg, Ulrich, Kriminologie, 5. Auflage, München, 2000 (zit.: Eisenberg, Kriminologie)

- Beweisrecht der StPO, Spezialkommentar, 4. Auflage, München, 2002 (zit.: Eisenberg, Beweisrecht der StPO)

Eser, Albin, Funktionswandel strafrechtlicher Prozessmaximen: Auf dem Weg zur „Re-privatisierung" des Strafverfahrens, ZStW 104 (1992), S. 361 - 397

- Zur Renaissance des Opfers im Strafverfahren, Nationale und internationale Tendenzen, in: Gedächtnisschrift für Armin Kaufmann, Köln u.a., 1989, S. 723 - 747 (zit.: Eser, GS Kaufmann)

- Hundert Jahre deutscher Strafgesetzgebung, Rückblick und Tendenzen, in: Festschrift für Werner Maihofer zum 70. Geburtstag, Frankfurt a.M., 1988, S. 109 - 134 (zit.: Eser, FS Maihofer)

Eser, Albin/*Kaiser*, Günther/*Madlener*, Kurt (Hrsg.), Neue Wege der Wiedergutmachung im Strafrecht, Internationales strafrechtlich-kriminologisches Kolloquium in Freiburg i. Br., Freiburg i. Br., 1990 (zit.: Eser/Kaiser/Madlener, Neue Wege der Wiedergutmachung im Strafrecht)

Fabricius, Dirk, Die Stellung des Nebenklagevertreters, NStZ 1994, S. 257 - 263

Fahl, Christian, Rechtsmissbrauch im Strafprozess, Heidelberg, 2004 (zit.: Fahl, Rechtsmissbrauch im Strafprozess)

Fezer, Gerhard, Vereinfachte Verfahren im Strafprozess, ZStW 106 (1994), S. 1 - 59

- Anmerkung zu BGHSt 38, 214, JR 1992, S. 385 - 387

Fischer, Thomas, Rechtsmissbrauch und Überforderung der Strafjustiz, NStZ 1997, S. 212 - 217

Franke, Ulrich, Die Rechtsprechung des BGH zum Täter-Opfer-Ausgleich NStZ 2003, S. 410 - 415

Frehsee, Detlev, Schadenswiedergutmachung als Instrument strafrechtlicher Sozialkontrolle, Ein kriminalpolitischer Beitrag zur Suche nach alternativen Sanktionen, Kiel, 1987, (zit.: Frehsee, Schadenswiedergutmachung)

- Wiedergutmachungsauflage und Zivilrecht, NJW 1981, S. 1253 - 1254

Frühauf, Ludwig, Wiedergutmachung zwischen Täter und Opfer, Eine neue Alternative in der strafrechtlichen Sanktionspraxis, Gelsenkirchen, 1988 (zit.: Frühauf, Wiedergutmachung)

Geerds, Friedrich, „Maximen des Strafprozesses", Gedanken zur Funktion der Prozessgrundsätze im deutschen Strafverfahrensrecht, SchlHA 1962, S. 181 - 190

Gemmingen, Hans Dieter Freiherr von, Die Beteiligung des Verletzten am künftigen Strafverfahren, ZStW 56 (1936), S. 250 - 254

Geppert, Klaus, Der Zeugenbeweis, Jura 1991, S. 132 - 141

Glaremin, Friedhelm/*Becker*, Jörg, Das Adhäsionsverfahren und die gerichtliche Einstellung des Strafverfahrens gemäß § 153a StPO, JA 1988, S. 602 - 605

Gola, Peter/*Schomerus*, Rudolf, BDSG, Bundesdatenschutzgesetz, 7. Auflage, München, 2002 (zit.: Gola/Schomerus, BDSG)

Goldschmidt, James Paul, Der Prozess als Rechtslage, eine Kritik des prozessualen Denkens, Berlin, 1925 (zit.: Goldschmidt, Der Prozess als Rechtslage)

Gössel, Karl Heinz, Überlegungen zur Bedeutung des Legalitätsprinzips im rechtsstaatlichen Strafverfahren, in: Festschrift für Hanns Dünnebier zum 75. Geburtstag, Berlin u.a., 1982, S. 121 - 148 (zit.: Gössel, FS Dünnebier)

- Kritische Bemerkungen zum gegenwärtigen Stand der Lehre von den Beweisverboten im Strafverfahren, NJW 1981, S. 649 - 657

Grebing, Gerhardt, Tagungsbericht über den XI. Internationalen Strafrechtskongress der Association Internationale de Droit Pénal in Budapest vom 9. bis 15. September 1974: Die Verhandlungen der III. Sektion über das Thema „Die Entschädigung des durch eine Straftat Verletzten", ZStW 87 (1975) , S. 472 - 485

Groß, Karl-Heinz, Verteidiger, Abgeordnete und Journalisten als verbotene unfreiwillige Medien zur strafprozessualen Aufklärung, StV 1996, S. 559 - 566

Groß, Karl-Heinz/*Fünfsinn*, Helmut, Datenweitergabe im strafrechtlichen Ermittlungsverfahren, NStZ 1992, S. 105 – 112

Grünwald, Gerald, Das Beweisrecht der Strafprozessordnung, Baden-Baden, 1993 (zit.: Grünwald, Das Beweisrecht der Strafprozessordnung)

Hagemann, Hans-Rudolf, Basler Rechtsleben im Mittelalter, Bd. 1, Basel, 1981, (zit.: Hagemann, Rechtsleben im Mittelalter)

Hamm, Rainer, „Täter-Opfer-Ausgleich" im Strafrecht, StV 1995, S. 491 - 496

Hanack, Ernst-Walter, Anmerkung zu BayObLG, Urteil v. 8.11.1978 - Rreg. 3 St 267/ 78, JR 1980, S. 434 - 436

- Die Rechtsprechung des Bundesgerichtshofs zum Strafverfahren, JZ 1971, S. 168 - 171

Hartmann, Arthur, Die Entwicklung des Täter-Opfer-Ausgleichs nach der JGG-Novelle, DVJJ-Journal 1993, S. 330 - 339

Hartmann, Ute Ingrid, Staatsanwaltschaft und Täter-Opfer-Ausgleich: eine empirische Analyse zu Anspruch und Wirklichkeit, Baden-Baden, 1998 (zit.: Hartmann, Staatsanwaltschaft und Täter-Opfer-Ausgleich)

- Forschungsergebnisse zum Täter-Opfer-Ausgleich im allgemeinen Strafrecht, Eine rechtstatsächliche Untersuchung und Begleitforschung zum Modellprojekt „WAAGE Hannover e.V." auf der Grundlage staatsanwaltschaftlicher Ermittlungen in: Pfeiffer, Christian (Hrsg.), Täter-Opfer-Ausgleich im allgemeinen Strafrecht, Die Ergebnisse der Begleitforschung des WAAGE-Projekts Hannover, Baden-Baden, 1997, S. 129-215 (zit.: Hartmann, Forschungsergebnisse zum Täter-Opfer-Ausgleich)

Hassemer, Winfried, Über den Missbrauch von Rechten, in: Festschrift für Lutz Meyer-Goßner zum 65. Geburtstag, München, 2001, S. 127 - 143 (zit.: Hassemer, FS Meyer-Goßner)

- Warum und zu welchem Ende strafen wir?, ZRP 1997, S. 316 - 321

- Einführung in die Grundlagen des Strafrechts, 2. Auflage, München, 1990 (zit.: Hassemer, Einführung in die Grundlagen des Strafrechts)

- Die „Funktionstüchtigkeit der Strafrechtspflege" - ein neuer Rechtsbegriff?, StV 1982, S. 275 - 280

- Strafrechtsdogmatik und Kriminalpolitik, Reinbek bei Hamburg, 1974 (zit.: Hassemer, Strafrechtsdogmatik und Kriminalpolitik)

Haucke, Angelika, TOA aus der Sicht des Anwalts, in: Bundesministerium der Justiz (Hrsg.), Täter-Opfer-Ausgleich, Zwischenbilanz und Perspektiven, Symposium vom 19. - 21. Juni 1989 im Wissenschaftszentrum Bonn, veranstaltet von der Deutschen Bewährungshilfe e.V. (DBH) und dem Bundesministerium der Justiz, Bonn, 1991, S. 151 - 154 (zit.: Haucke, TOA aus der Sicht des Anwalts)

Havekost, Manfred, Die Wiedergutmachung des Schadens als Strafaufhebungsgrund im deutschen und österreichischen Strafrecht, ZRP 1980, S. 308 - 310

Heidemeier, Jochen, Sinn und Zweck der Nebenklage: ein Beitrag zu den Funktionen und den Folgerungen im geltenden Strafverfahrensrecht, Passau, 1985 (zit.: Heidemeier, Sinn und Zweck der Nebenklage)

Heinz, Wolfgang, Sanktionierungspraxis in der Bundesrepublik Deutschland im Spiegel der Rechtspflegestatistiken, ZStW 111 (1999), S. 461 - 503

- Die Abschlussentscheidung des Staatsanwalts aus rechtstatsächlicher Sicht, in: *Geisler*, Claudius (Hrsg.), Das Ermittlungsverhalten der Polizei und die Einstellungspraxis der Staatsanwaltschaften, Bestandsaufnahme, Erfahrungen und Perspektiven, Wiesbaden, 1999, S. 125 - 206 (zit.: Heinz, Die Abschlussentscheidung des Staatsanwalts)

- Diversion im Jugendstrafrecht und im allgemeinen Strafrecht, DVJJ-Journal 1998, S. 245 - 257

- Die Staatsanwaltschaft, Selektions- und Sanktionsinstanz im statistischen Graufeld, in: Festschrift für Günther Kaiser zum 70. Geburtstag, Berlin, 1998, S. 85 - 125 (zit.: Heinz, FS Kaiser)

Heinz, Wolfgang/*Storz*, Renate, Diversion im Jugendstrafverfahren der Bundesrepublik Deutschland, Forschungsvorhaben des Bundesministers der Justiz: „Erzieherische Maßnahmen im deutschen Jugendstrafrecht - Anschluss- und Vertiefungsuntersuchung“, Abschlussbericht, 3., unveränderte Auflage, Bonn, 1994 (zit.: Heinz/Storz, Diversion im Jugendstrafverfahren)

Herzler, Jürgen, Das Beschleunigte Strafverfahren - ein notwendiger Schritt auf dem richtigen Weg, NJ 2000, S. 399 - 406

Heubel, Horst, Der „fair trial“ - ein Grundsatz des Strafverfahrens? Zugleich ein Beitrag zum Problem der "verfassungskonformen" Rechtsfortbildung im Strafprozess, Berlin, 1981 (zit.: Heubel, Der „fair trial“ - ein Grundsatz des Strafverfahrens?)

Hirsch, Hans Joachim, Wiedergutmachung des Schadens im Rahmen des materiellen Strafrechts, ZStW 102 (1990), S. 534 - 562

- Zusammenfassung der Ergebnisse des Kolloquiums und Frage weiterer Forschungen, in: *Eser*, Albin/*Kaiser*, Günther/*Madlener*, Kurt (Hrsg.), Neue Wege der Wiedergutmachung im Strafrecht, Internationales strafrechtlich-kriminologisches Kolloquium in Freiburg i. Br., Freiburg i. Br., 1990, S. 377 - 393 (zit.: Hirsch, Neue Wege der Wiedergutmachung)

- Zur Stellung des Verletzten im Straf- und Strafverfahrensrecht, Über die Grenzen strafrechtlicher Aufgaben, in: Gedächtnisschrift für Armin Kaufmann, Köln u.a., 1989, S. 699 - 721 (zit.: Hirsch, GS Kaufmann)

- Zur Behandlung der Bagatellkriminalität in der Bundesrepublik Deutschland, ZStW 92 (1980), S. 218 - 254

Hoffmann, Thomas-Michael, Beurteilungsspielräume der Staatsanwaltschaft als prozessuales Prinzip - eine Schranke auch bei der Haftprüfung nach den §§ 121 ff StPO, NStZ 2002, S. 566 - 568

Janssen, Helmut, Opferfeindlich oder opferfreundlich? Widersprüche in Tendenzen aktueller Kriminalpolitik, BewHi 36 (1989), S. 340 - 353

Jehle, Jörg-Martin, Verschiedene Modelle der Staatsanwaltschaften und ihre Auswirkungen auf die Praxis der Strafverfolgung - Empirische Erkenntnisse aus dem Projekt des Europarates, in: *Geisler*, Claudius (Hrsg.), Das Ermittlungsverhalten der Polizei und die Einstellungspraxis der Staatsanwaltschaften, Bestandsaufnahme, Erfahrungen und Perspektiven, Wiesbaden, 1999, S. 229 - 241 (zit.: Jehle, Entscheidungsstrukturen der Staatsanwaltschaft in Europa)

Jescheck, Hans-Heinrich, Die Entschädigung des Verletzten nach deutschem Strafrecht, JZ 1958, S. 591 - 595

Jung, Heike, Zur Renaissance des Opfers - ein Lehrstück kriminalpolitischer Zeitgeschichte, ZRP 2000, S. 159 - 163

- Das Opferschutzgesetz, JuS 1987, S. 157 - 160

- Die Stellung des Verletzten im Strafprozess, ZStW 93 (1981), S. 1147 - 1176

- Entschädigung des Opfers, in: *Kirchhoff*, Gerd Ferdinand/*Sessar*, Klaus (Hrsg.), Das Verbrechensopfer, Ein Reader zur Viktimologie, Bochum, 1979, S. 379 - 395 (zit.: Jung, Entschädigung des Opfers)

Kaiser, Günther, Täter-Opfer-Ausgleich als moderne Konfliktlösungsstrategie strafrechtlicher Sozialkontrolle, in: Gedächtnisschrift für Heinz Zipf, Heidelberg, 1999, S. 105 - 121 (zit.: Kaiser, GS Zipf)

- Kriminologie, Ein Lehrbuch, 3. Auflage, Heidelberg, 1996 (zit.: Kaiser, Kriminologie)

Kaiser, Michael, Die Stellung des Verletzten im Strafverfahren. Implementation und Evaluation des „Opferschutzgesetzes“, Freiburg i. Br., 1992 (zit.: Die Stellung des Verletzten im Strafverfahren)

Karlsruher Kommentar zur Strafprozessordnung und zum Gerichtsverfassungsgesetz mit Einführungsgesetz, herausgegeben von *Gerd Pfeiffer*, 5. Auflage, München, 2003 (zit.: KK-Bearbeiter)

Kaspar, Johannes, Schadenswiedergutmachung und Täter-Opfer-Ausgleich bei Gesamtschuldnern, Zugleich Besprechung von BGH, NJW 2001, S. 2557, GA 2003, S. 146 - 156

Kasperek, Sebastian, Zur Auslegung und Anwendung des § 46a StGB, Frankfurt a.M. u.a., 2002 (zit.: Kasperek, Zur Auslegung und Anwendung des § 46a StGB)

Kempf, Eberhard, Opferschutzgesetz und Strafverfahrensänderungsgesetz 1987, Gegenreform durch Teilgesetze, StV 1987, S. 215 - 223

- Möglichkeiten der Öffnung der Verfahren (straf)rechtlicher Sozialkontrolle für präventive Maßnahmen. in: *Kury*, Helmut, Prävention abweichenden Verhaltens - Maßnahmen der Vorbeugung und Nachbetreuung, München u.a., 1982, S. 789 - 828 (zit.: Kerner, Verfahren strafrechtlicher Sozialkontrolle)

Kilchling, Michael, Opferschutz und der Strafanspruch des Staates - Ein Widerspruch?, NStZ 2002, S. 57 - 63

- Anmerkungen zur derzeitigen rechtlichen Ausgestaltung des Täter-Opfer-Ausgleichs im deutschen Erwachsenenstrafrecht, in: TOA-Infodienst Nr. 12 - Rundbrief zum Täter-Opfer-Ausgleich, Köln, 2000, S. 26 - 30 (zit.: Kilchling, TOA-Infodienst Nr. 12)

- Eine kritische Würdigung der bisherigen höchstrichterlichen Rechtsprechung zu § 46a StGB aus viktimologischer Sicht, NStZ 1996, S. 309 - 317

- Opferinteressen und Strafverfolgung, Freiburg i. Br., 1995 (zit.: Kilchling, Opferinteressen und Strafverfolgung)

Kleinknecht, Theodor/*Meyer-Goßner*, Lutz, Strafprozessordnung, Gerichtsverfassungsgesetz, Nebengesetze und ergänzende Bestimmungen, 45. Auflage, München, 2001 (zit.: K/MG, 45. Aufl.)

Kley-Struller, Anna, Wiedergutmachung im Strafrecht, Bern, 1993 (zit.: Kley-Struller, Wiedergutmachung im Strafrecht)

Klose, Peter, „Ius puniendi" und Grundgesetz, ZStW 86 (1974), S. 33 - 67

Klug, Oliver K.-F., Zum Strafverfahren als Parteiprozess, ZRP 1999, S. 288 – 291

KMR, Loseblattkommentar zur Strafprozessordnung, begründet von *Kleinknecht*, Theodor/*Müller*, Hermann/*Reitberger*, Leonhard, fortgeführt von *Müller*, Herrmann/ *Sachs*, Walter/*Paulus*, Rainer, neu bearbeitet ab der 6. Lieferung von *Fezer*, Gerhard, Stand: 35. Aktualisierungslieferung, März 2003 (zit.: KMR-Bearbeiter)

Köckerbauer, Hans Peter, Die Geltendmachung zivilrechtlicher Ansprüche im Strafverfahren - der Adhäsionsprozess, NStZ 1994, S. 305 - 311

- Das Adhäsionsverfahren nach der Neuregelung durch das Opferschutzgesetz 1987 und seine rechtliche Problematik, Frankfurt a.M. u.a., 1993 (zit.: Köckerbauer, Das Adhäsionsverfahren nach der Neuregelung durch das Opferschutzgesetz)

Köhler, August, Die Lehre vom Strafantrag, Breslau, 1899 (zit.: Köhler, Die Lehre vom Strafantrag)

König, Peter/*Seitz*, Helmut, Die straf- und strafverfahrensrechtlichen Regelungen des Verbrechensbekämpfungsgesetzes, NStZ 1995, S. 1 - 6

Koewius, Rüdiger, Die Rechtswirklichkeit der Privatklage, Berlin, 1974

Krauß, Detlef, Täter und Opfer im Rechtsstaat, in: Festschrift für Klaus Lüderssen zum 70. Geburtstag, Baden-Baden, 2002, S. 269 - 278 (zit.: Krauß, FS Lüderssen)

- Zur Funktion der Prozessdogmatik, in: Jung, Heike/Müller-Dietz, Heinz (Hrsg.), Dogmatik und Praxis des Strafverfahrens, Beiträge anlässlich des Colloquiums zum 65. Geburtstag von Gerhard Kielwein, Köln u.a., 1989, S. 1 - 14 (zit.: Krauß, Zur Funktion der Prozessdogmatik)

- Das Prinzip der materiellen Wahrheit im Strafprozess, in: Festschrift für Friedrich Schaffstein zum 70. Geburtstag, Göttingen, 1975, S. 411 - 431 (zit.: Krauß, FS Schaffstein)

- Der Grundsatz der Unschuldsvermutung im Strafverfahren, in: *Müller-Dietz*, Heinz (Hrsg.), Strafrechtsdogmatik und Kriminalpolitik, Köln u.a., 1971, S. 153 - 178 (zit.: Krauß, Der Grundsatz der Unschuldsvermutung im Strafverfahren)

Kreuzer, Arthur, Schülerbefragungen zur Delinquenz, RdJB 23, S. 229 - 244

Krey, Volker, Deutsches Strafrecht, Allgemeiner Teil, Studienbuch in systematisch-induktiver Darstellung, Band 1: Grundlagen, Tatbestandsmäßigkeit, Rechtswidrigkeit, Schuld, Stuttgart, 2001 (zit.: Krey, Strafrecht AT 1)

Kröpil, Karl, Zur Entstehung und zum Begriff des Ablehnungsgrundes der „Prozessverschleppung", AnwBl. 49 (1999), S. 15 - 20

- Zum Begriff des Missbrauchs in §§ 241 I, 138a I Nr. 2 StPO, JR 97, S. 315 - 317

Kube, Edwin, Täter-Opfer-Ausgleich, Wunschtraum oder Wirklichkeit, DRiZ 1986, S. 121 - 128

Kühl, Kristian, Unschuldsvermutung, Freispruch und Einstellung, Köln u.a., 1983 (zit.: Kühl, Unschuldsvermutung, Freispruch und Einstellung)

Kuhlen, Lothar, Diversion im Jugendstrafverfahren, rechtliche Probleme von Alternativen im Jugendstrafverfahren, Heidelberg, 1988 (zit.: Kuhlen, Diversion im Jugendstrafverfahren)

Kühler, Hans, Die Entschädigung des Verletzten in der Rechtspflege, ZStW 71 (1959), S. 617 - 634

Kühne, Hans-Heiner, Die Rechtsprechung des Europäischen Gerichtshofes für Menschenrechte (EGMR) zur Verfahrensdauer in Strafsachen, StV 2001, S. 529 - 536

- Strafprozessrecht. Eine systematische Darstellung des deutschen und europäischen Strafverfahrensrechts, 6. Auflage, Heidelberg, 2003 (zit.: Kühne, Strafprozessrecht)

Kumlehn, Rolf, Die gerichtliche Fürsorgepflicht im Strafverfahren: Darstellung der nicht normierten Prozesspflichten, insbesondere der Strafgerichte gegenüber dem Angeklagten, Göttingen, 1976 (zit.: Kumlehn, Die gerichtliche Fürsorgepflicht im Strafverfahren)

Kunert, Karl Heinz, Erweitertes Zeugnisverweigerungsrecht der Medienmitarbeiter - Gesetz zur Änderung der Strafprozessordnung vom 15.02.2002, NStZ 2002, S. 169 - 174

- Wie schützt die Strafprozessordnung die Grundrechte der Beteiligten? Zu den Belehrungspflichten nach § 115 III, 136 I, 163a III, IV StPO i.d.F. des StPÄG, MDR 1967, S. 539 - 542

Kunz, Karl-Ludwig, Der „labeling approach" - Ein Paradigmawechsel in der modernen Kriminalsoziologie, ARSP 1975, S. 413 - 428

Kunz, Stefanie, Probleme der Opferentschädigung im deutschen Recht, Einzelfragen im Lichte einer Konzeptanalyse, Baden-Baden, 1995 (zit.: Kunz, Probleme der Opferentschädigung)

Küpper, Georg, Tagebücher, Tonbänder, Telefonate - Zur Lehre von den selbständigen Beweisverwertungsverboten im Strafverfahren, JZ 1990, S. 416 – 424

Kurze, Martin, Täter-Opfer-Ausgleich und allgemeines Strafrecht - Eine Umfrage unter Strafrichtern und Staatsanwälten, Wiesbaden, 1997 (zit.: Kurze, TOA und allgemeines Strafrecht)

Lackner, Karl/*Kühl*, Kristian, Strafgesetzbuch mit Erläuterungen, 24. Auflage, München, 2001 (zit.: Lackner/Kühl)

Laue, Christian, Symbolische Wiedergutmachung, Berlin, 1999 (zit.: Laue, Symbolische Wiedergutmachung)

Leipziger Kommentar zum Strafgesetzbuch, herausgegeben von *Burkhard Jähnke, Heinrich Wilhelm Laufhütte, Walter Odersky*, 11. Auflage, Bd. 2, §§ 32 - 60, Berlin, 2003 (zit.: LK-Bearbeiter)

Lemke, Michael/Rothstein-Schubert, Ulrike, Effektivierung von Strafverfahren im Bereich der einfachen und mittleren Kriminalität nach geltendem Recht, ZRP 1997, S. 488 - 492

Lenckner, Theodor, Aussagepflicht, Schweigepflicht und Zeugnisverweigerungsrecht, NJW 1965, S. 321 - 327

Limbach, Benjamin, Der drohende Tod als Strafverfahrenshindernis, Berlin, 1998 (zit.: Limbach, Der drohende Tod als Strafverfahrenshindernis)

Liszt, Franz von, Strafrechtliche Aufsätze und Vorträge, Bd. I, Bern, 1905 (zit.: von Liszt, Strafrechtliche Aufsätze und Vorträge I)

Löbbecke, Bernfried von, Fürsorgepflichten im Strafprozess?, GA 1973, S. 200 - 206

Loos, Fritz, Bemerkungen zu § 46a StGB, in: Festschrift für Hans Joachim Hirsch zum 70. Geburtstag, Berlin u.a., 1999, S. 851 - 877 (zit.: Loos, FS Hirsch)

- Zur Kritik des „Alternativentwurfs Wiedergutmachung", ZRP 1993, S. 51 - 56

Loos, Fritz/*Radtke*, Henning, Das beschleunigte Verfahren (§§ 417 - 420 StPO) nach dem Verbrechensbekämpfungsgesetz, NStZ 1995, S. 569 - 574; NStZ 1996, S. 7 - 14

Löwe-Rosenberg, Die Strafprozessordnung und das Gerichtsverfassungsgesetz, Großkommentar, herausgegeben von Peter Rieß,

- 25. Auflage, 2. Lieferung, §§ 112 - 136a, Berlin u.a., 1997 (zit.: L/R-Bearbeiter)

- 25. Auflage, 21. Lieferung, §§ 137 - 157, Berlin u.a., 2002 (zit.: L/R-Bearbeiter)

- 25. Auflage, Teilband 6, §§ 374 - 495; EGStPO, Berlin u.a., 2001 (zit.: L/R-Bearbeiter)

- 25. Auflage, Teilband 4, §§ 213 - 295, Berlin u.a., 2001 (zit.: L/R-Bearbeiter)

- 24. Auflage, Teilband 1, Einleitung, §§ 1 - 111 n), Berlin u.a., 1988 (zit.: L/R-Bearbeiter, 24. Aufl.)

- 24. Auflage, Teilband 2, §§ 112 - 197, Berlin u.a., 1989 (zit.: L/R-Rieß)

Luden, Heinrich, Handbuch des teutschen gemeinen und partikularen Strafrechts, Jena, 1842 (zit.: Luden, Handbuch des teutschen Rechts)

Lüderssen, Klaus, Opfer im Zwielicht, in: Festschrift für Hans Joachim Hirsch zum 70. Geburtstag, Berlin u.a., 1999, S. 879 - 895 (zit.: Lüderssen, FS Hirsch)

Maeffert, Uwe, Plädoyer im zweiten Verfahren gegen Monika Böttcher (ehemalige Weimar), StV 1998, S. 461 - 466

Maunz, Theodor/*Dürig*, Günter, Kommentar zum Grundgesetz, Bd. V, Art. 89 - 146, München, Stand: Februar 2003 (zit.: M/D-Bearbeiter)

Maurach, Reinhart, Deutsches Strafrecht, allgemeiner Teil, ein Lehrbuch, 4. Auflage, Karlsruhe, 1971 (zit.: Maurach, Deutsches Strafrecht)

Maurach, Reinhart/*Zipf*, Heinz, Strafrecht, Allgemeiner Teil, Teilband 1, 8. Auflage, Heidelberg, 1992 (zit.: Maurach/Zipf, Strafrecht AT 1)

Meier, Bernd-Dieter, Strafrechtliche Sanktionen, Berlin u.a., 2001 (zit.: Meier, Strafrechtliche Sanktionen)

- Konstruktive Tatverarbeitung im Strafrecht - Bestandsaufnahme und Perspektiven - GA 1999, S. 1 - 20

- Täter-Opfer-Ausgleich und Wiedergutmachung im allgemeinen Strafrecht, JuS 1996, S. 436 - 442

Meyer, Jürgen, Zur Reform des strafrechtlichen Sanktionensystems unter besonderer Berücksichtigung des Täter-Opfer-Ausgleichs, in: Festschrift für Otto Triffterer zum 65. Geburtstag, Wien u.a., 1996, S. 629 - 647 (zit.: Meyer, FS Triffterer)

Meyer, Klaus, Anmerkung zu OLG München, Beschl. v. 4.12.1980 - 2 Ws 1199, 1200/80 K, JR 1981, S. 259 - 260

Meyer-Goßner, Lutz, Strafprozessordnung, Gerichtsverfassungsgesetz, Nebengesetze und ergänzende Bestimmungen, 46. Auflage, München, 2003 (zit.: Meyer-Goßner)

Michalowski, Sabine, Schutz der Vertraulichkeit strafrechtlich relevanter Patienteninformationen, ZStW 109 (1997), S. 519 - 544

Miehe, Olaf/*Schaffstein*, Friedrich, Literaturbericht Jugendstrafrecht, (Teil III), ZStW 103 (1991), S. 455 - 475

Mikaelson, Julia/*Wergens*, Anna, Repairing the irreparable - State compensation to crime victims in the European Union, The Crime Victim Compensation and Support Authority, Umea, Schweden, 2001 (zit.: Mikaelson/Wergens, State compensation to crime victims in the European Union)

Mischnick, Ruth, Der Täter-Opfer-Ausgleich und der außergerichtliche Tatausgleich in der Behördenwirklichkeit: eine kriminologische Studie zur Handhabung von Konfliktschlichtungsinstrumentarien durch die Staatsanwaltschaften Köln und Wien im Vergleich, Bielefeld, 1998 (zit.: Mischnick, Täter-Opfer-Ausgleich)

Mitteis, Heinrich /*Lieberich*, Heinz, Deutsche Rechtsgeschichte, ein Studienbuch, 19. Auflage, München, 1992 (zit.: Mitteis/Lieberich, Deutsche Rechtsgeschichte)

Müller-Dietz, Heinz, Schadenswiedergutmachung - ein kriminalrechtliches Konzept, in: *Kaiser*, Günther/*Kury*, Helmut /*Albrecht*, Hans-Jörg (Hrsg.), Kriminologische Forschung in den 80er Jahren, Projektberichte aus der Bundesrepublik Deutschland, Freiburg i.Br., 1988, S. 961 - 982 (zit.: Müller-Dietz, Schadenswiedergutmachung)

- Täter-Opfer-Ausgleich im Strafprozess aus der Sicht des Strafrichters, in: *Pies*, Eberhard (Hrsg.), Straffälligkeit und Wiedergutmachung, Probleme der Kriminalität und des Täter-Opfer-Ausgleichs, Beiträge und Materialien aus Fachtagungen 1977 bis 1979, Veröffentlichung der Katholischen Akademie Trier, Trier, 1981, S. 61 - 78 (zit.: Müller-Dietz, Täter-Opfer-Ausgleich aus der Sicht des Strafrichters)

Nack, Armin, Revisibilität der Beweiswürdigung - Teil 1, StV 2002, S. 510 - 518

Niemöller, Martin, Rechtsmissbrauch im Strafprozess, StV 1996, S. 501 - 506

Paulus, Rainer, Prozessuale Wahrheit und Revision, in: Festschrift für Günter Spendel zum 70. Geburtstag, Berlin u.a., 1992, S. 687 - 718 (zit.: Paulus, FS Spendel)

Peters, Karl, Strafprozeß. Ein Lehrbuch. 4. Auflage, Heidelberg, 1985 (zit.: Peters, Strafprozess)

- Der neue Strafprozess, Darstellung und Würdigung, Karlsruhe, 1975 (zit.: Peters, Der neue Strafprozess)

- Anmerkung zu BGH, Urteil v. 25.6.1968 - 4 StR 425/67, JR 1968, S. 429 - 430

Petry, Horst, Beweisverbote im Strafprozess, Darmstadt, 1971 (zit.: Petry, Beweisverbote im Strafprozess)

Pfäfflin, Friedemann, Schützen Videovernehmungen kindliche Zeugen vor sekundärer Traumatisierung?, StV 1997, S. 95 - 99

Pfeiffer, Christian, Täter-Opfer-Ausgleich - das Trojanische Pferd im Strafrecht? Kriminalpolitische Überlegungen und Vorschläge zur Integration des neuen Konzepts in das JGG und StGB, ZRP 1992, S. 338 - 345

- Kriminalprävention im Jugendstrafverfahren, Jugendgerichtliches Handeln vor dem Hintergrund des Brücke-Projekts, 2. unveränderte Auflage, Köln u.a., 1989 (zit.: Pfeiffer, Kriminalprävention im Jugendstrafverfahren)

Pfeiffer, Gerd, Strafprozessordnung und Gerichtsverfassungsgesetz, Kommentar, 4. Auflage, München, 2002 (zit.: Pfeiffer, StPO)

Pieroth, Bodo/*Schlink*, Bernhard, Grundrechte, Staatsrecht II, 18. Auflage, Heidelberg, 2002 (zit.: Pieroth/Schlink)

Prittwitz, Cornelius: Positive Generalprävention und „Recht des Opfers auf Bestrafung des Täters“?, in: Kritische Vierteljahresschrift für Gesetzgebung und Rechtswissenschaft. Sonderheft: Winfried Hassemer zum sechzigsten Geburtstag, Baden-Baden, 2000, S. 162 - 175 (zit.: Prittwitz, Positive Generalprävention)

- Opferlose Straftheorien?, in: *Schünemann*, Bernd/*Dubber*, Markus Dirk (Hrsg.), Die Stellung des Opfers im Strafrechtssystem. Neue Entwicklungen in Deutschland und in den USA, Köln u.a., 2000, S. 51 - 73

Ranft, Otfried, Grundzüge des Strafbefehlsverfahrens, JuS 2000, S. 633 - 640

Reemtsma, Jan Philipp, Das Recht des Opfers auf die Bestrafung des Täters - als Problem. Vortrag gehalten vor der Juristischen Studiengesellschaft Regensburg am 20.01.1998, München, 1999 (zit.: Reemtsma, Das Recht des Opfers auf die Bestrafung des Täters)

Rengier, Rudolf, Die Zeugnisverweigerungsrechte im geltenden und künftigen Strafverfahrensrecht, Grundlagen, Reformfragen und Stellung im System der Beweisverbote und im Revisionsrecht, Paderborn u.a., 1979 (zit.: Rengier, Zeugnisverweigerungsrechte)

Rieß, Peter, Zeugenschutz bei Vernehmungen im Strafverfahren - Das neue Zeugenschutzgesetz vom 30.04.1998, NJW 1998, S. 3240 - 3243

- Der Strafprozess und der Verletzte - eine Zwischenbilanz, Jura 1987, S. 281 - 291

- Anmerkung zu BGH, NStZ 1987, S. 134, NStZ 1987, S. 134 – 135

- Die Rechtsstellung des Verletzten im Strafverfahren, Gutachten C für den 55. Deutschen Juristentag (in Hamburg 1984), München, 1984 (zit.: Rieß, Gutachten C für den 55. DJT)

- Prolegomena zu einer Gesamtreform des Strafverfahrensrechts, in: Festschrift für Karl Schäfer zum 80. Geburtstag, Berlin, 1980, S. 155 - 221 (zit.: Rieß, FS Schäfer)

Rieß, Peter/*Hilger*, Hans, Das neue Strafverfahrensrecht - Opferschutzgesetz und Strafverfahrensänderungsgesetz 1987 - NStZ 1987, S. 145 - 157

Rogall, Klaus, Gegenwärtiger Stand und Entwicklungstendenzen der Lehre von den strafprozessualen Beweisverboten, ZStW 91 (1979), S. 1 - 44

Rössner, Dieter, Die besonderen Aufgaben des Strafrechts im System rechtsstaatlicher Verhaltenskontrolle, in: Festschrift für Claus Roxin zum 70. Geburtstag, Berlin u.a., 2001, S. 977 - 987 (zit.: Rössner, FS Roxin)

- Wiedergutmachen statt übelvergelten - (Straf-)theoretische Begründung und Eingrenzung der kriminalpolitischen Idee, in: *Marks*, Erich/*Rössner*, Dieter (Hrsg.), Täter-Opfer-Ausgleich. Vom zwischenmenschlichen Weg zur Wiederherstellung des Rechtsfriedens, 2., unveränderte Auflage, Bonn, 1990, S. 7 - 37 (zit.: Rössner, Wiedergutmachen statt Übelvergelten)

Rössner, Dieter/*Bannenberg*, Britta, Das System der Wiedergutmachung im StGB unter besonderer Berücksichtigung von Auslegung und Anwendung des § 46a StGB, in: Gedächtnisschrift für Dieter Meurer, Berlin, 2002, S. 157 - 177 (zit.: Rössner/ Bannenberg, GS Meurer)

- Die Wirklichkeit des Täter-Opfer-Ausgleichs (TOA) in Deutschland - Eine Zwischenbilanz, in: Festschrift für Klaus Rolinski zum 70. Geburtstag, Baden-Baden, 2002, S. 287 - 302 (zit.: Rössner/Bannenberg, FS Rolinski)

- Das Prinzip des Täter-Opfer-Ausgleichs im allgemeinen Strafrecht. Leitfäden für die Praxis, in: *Hering*, Rainer-Dieter/*Rössner*, Dieter (Hrsg.), Täter-Opfer-Ausgleich im allgemeinen Strafrecht, Theorie und Praxis konstruktiver Tatverarbeitung; Grundlagen, Modelle, Resultate und Perspektiven, Bonn, 1993, S. 25 - 38 (zit.: Rössner/Bannenberg, Täter-Opfer-Ausgleich im allgemeinen Strafrecht)

Rössner, Dieter/*Klaus*, Thomas, Rechtsgrundlagen und Rechtspraxis, in: *Dölling*, Dieter u.a, Täter-Opfer-Ausgleich in Deutschland, Bestandsaufnahme und Perspektiven, herausgegeben vom Bundesministerium der Justiz, 2., unveränderte Auflage, Bonn, 2000, S. 49 - 119 (zit.: Rössner/Klaus, Rechtsgrundlagen und Rechtspraxis des TOA)

Rössner, Dieter/*Wulf*, Rüdiger, Opferbezogene Strafrechtspflege, Leitgedanken und Handlungsvorschläge für Praxis u. Gesetzgebung, herausgegeben vom Arbeitskreis „Täter-Opfer-Ausgleich" im Auftrag der Deutschen Bewährungshilfe e. V., Beiheft 3 zum Rundbrief „Soziale Arbeit und Strafrecht", 3. Auflage, Bonn, Bad Godesberg, 1987 (zit.: Rössner/Wulf, Opferbezogene Strafrechtspflege)

Roxin, Claus, Wandlungen der Strafzwecklehre, in: Festschrift für Heinz Müller-Dietz zum 70. Geburtstag, München, 2001, S. 701 - 715 (zit.: Roxin, FS Müller-Dietz)

- Strafverfahrensrecht, 25. Auflage, München, 1998 (zit.: Roxin, Strafverfahrensrecht)

- Strafrecht, Allgemeiner Teil, Bd. 1, Grundlagen, Der Aufbau der Verbrechenslehre, 3. Auflage, München, 1997 (zit.: Roxin, Strafrecht AT 1)

- Die Wiedergutmachung im strafrechtlichen Sanktionensystem, in: Festschrift für Peter Lerche zum 65. Geburtstag, München, 1993, S. 301 - 313 (zit.: Roxin, FS Lerche)

- Zur Wiedergutmachung als einer „dritten Spur" im Sanktionensystem, in: Festschrift für Jürgen Baumann zum 70. Geburtstag, Bielefeld, 1992, S. 243 - 254 (zit.: Roxin, FS Baumann)

- Neue Wege der Wiedergutmachung im Strafrecht, Schlussbericht, in: *Eser*, Albin/*Kaiser*, Günther/*Madlener*, Kurt (Hrsg.), Neue Wege der Wiedergutmachung im Strafrecht, Internationales strafrechtlich-kriminologisches Kolloquium in Freiburg i. Br., Freiburg i. Br., 1990, S. 367 - 375 (zit.: Roxin, Neue Wege der Wiedergutmachung im Strafrecht)

- Die Wiedergutmachung im System der Strafzwecke, in: *Schöch*, Heinz (Hrsg.), Wiedergutmachung und Strafrecht, Symposion aus Anlass des 80. Geburtstages von Friedrich Schaffstein, München, 1987, S. 37 - 55 (zit.: Roxin, Die Wiedergutmachung im System der Strafzwecke)

Rudolphi, Hans-Joachim, Die Revisibilität von Verfahrensmängeln im Strafprozess, MDR 1970, S. 93 - 100

Rüping, Hinrich, Das Strafverfahren, 3. Auflage, München, 1997 (zit.: Rüping, Das Strafverfahren)

Rüth, Karl, Ist die Nebenklage noch zeitgemäß?, JR 1982, S. 265 - 269

Sacherer, Monique, Das Opferschutzgesetz von 1986 und die allgemeinen Verfahrensgrundsätze, Kiel, 1998 (zit.: Sacherer, Das Opferschutzgesetz)

Salditt, Franz, Die Entlastungsspirale. Über Theorie und Praxis eines schlanken Strafverfahrens, in: Festschrift für Günter Bemmann zum 70. Geburtstag, Baden-Baden, 1997, S. 614 - 625 (zit.: Salditt, FS Bemmann)

Sandermann, Almut: „Waffengleichheit" im Strafprozess: zu den rechtlichen Grundlagen dieses Rechtsinstituts, Köln, 1975 (zit.: Sandermann, Waffengleichheit im Strafprozess)

Sax, Walter, Über die Zulässigkeit der prozessualen Verwertung privater Tagebuchaufzeichnungen als Beweismittel, Ein Beitrag zur Bestimmung der „Verletzung" des Rechts auf freie Persönlichkeitsentfaltung nach Art. 2 I GG, JZ 1965, S. 1 - 7

Schacky, Susanne von, Das Privatklageverfahren und seine Berechtigung heute, München, 1975 (zit.: von Schacky, Das Privatklageverfahren)

Schadt, Michael, Täter-Opfer-Ausgleich mit Gruppen, eine Einführung, in: *Marks*, Erich/*Meyer*, Klaus/*Schreckling*, Jürgen/*Wandrey*, Michael (Hrsg.): Wiedergutmachung und Strafrechtspraxis, Erfahrungen, neue Ansätze, Gesetzesvorschläge, Bericht über das Forum 1992 für Täter-Opfer-Ausgleich und Konfliktschlichtung vom 10. bis 12. April 1992 in Bonn, Bonn, 1993, S. 262 - 267 (zit.: Schadt, Täter-Opfer-Ausgleich mit Gruppen)

Schäfer, Gerhard (unter Mitarbeit von *Sander*, Günther M.), Die Praxis des Strafverfahrens an Hand einer Akte, 6. Auflage, Stuttgart u.a., 2000 (zit.: Schäfer, Die Praxis des Strafverfahrens)

Schaffstein, Friedrich, Überlegungen zum Täter-Opfer-Ausgleich und zur Schadenswiedergutmachung, in: Festschrift für Claus Roxin zum 70. Geburtstag, Berlin u.a., 2001, S. 1065 - 1075 (zit.: Schaffstein, FS Roxin)

- Wiedergutmachung und Genugtuung im Strafprozeß vom 16. bis zum Ausgang des 18. Jahrhunderts, in: *Schöch*, Heinz (Hrsg.), Wiedergutmachung und Strafrecht, Symposion aus Anlass des 80. Geburtstages von Friedrich Schaffstein, München, 1987 (zit.: Schaffstein, Wiedergutmachung)

Schaffstein, Friedrich/*Beulke*, Werner, Jugendstrafrecht, Eine systematische Darstellung, 14. Auflage, Stuttgart, 2002 (zit.: Schaffstein/Beulke, Jugendstrafrecht)

Schätzler, Johann-Georg, Die Entschädigung des durch eine Straftat Verletzten, ZStW 86 (1974), S. 471 - 486

Schauf, Michael, Entkriminalisierungsdiskussion und Aussöhnungsgedanke - Eine Würdigung des Privatklageverfahrens unter dem Aspekt der Entkriminalisierung der Bagatelldelikte, Freiburg i.Br., 1983 (zit.: Schauf, Entkriminalisierungsdiskussion und Aussöhnungsgedanke)

Scheffler, Uwe, Kurzer Prozess mit rechtsstaatlichen Grundsätzen?, NJW 1994, S. 2191 - 2195

Scheurmann, Tilo, Gerichtshilfe im deutschen und schwedischen Strafprozess, BewHi 24 (1977), 334 - 341

Schimmel, Dominique, Täter-Opfer-Ausgleich als Alternative? Eine rechtstatsächliche Untersuchung über Möglichkeiten und Stellenwert des Täter-Opfer-Ausgleichs in der (jugend-)staatsanwaltschaftlichen Praxis, Frankfurt a.M., 2000 (zit.: Schimmel, Täter-Opfer-Ausgleich als Alternative?)

Schirmer, Helmut, Das Adhäsionsverfahren nach neuem Recht - die Stellung der Unfallbeteiligten und deren Versicherer, DAR, 1988, S. 121 - 128

Schmidhäuser, Eberhard, Zur Frage nach dem Ziel des Strafprozesses, in: Festschrift für Eberhard Schmidt zum 70. Geburtstag, Aalen, 1971, S. 511 - 524 (zit.: Schmidhäuser, FS Schmidt)

Schmidt, Eberhard, Lehrkommentar zur StPO und zum Gerichtsverfassungsgesetz, Bd. I, 2. Auflage, Göttingen, 1964 (zit.: Schmidt, Lehrkommentar I)

Schmidt, Gerhard, Großverfahren und Strafprozessrecht, JR 1974, S. 320 - 325

Schmidt-Hieber, Werner, Ausgleich statt Geldstrafe, NJW 1992, S. 2001 - 2004

Schmitt, Petra, Die Berücksichtigung der Zeugnisverweigerungsrechte nach §§ 52, 53 StPO bei den auf Beweisgewinnung gerichteten Zwangsmaßnahmen, Berlin, 1993 (zit.: Schmitt, Zeugnisverweigerungsrechte nach §§ 52, 53 StPO)

Schmitz, Cornelia, Anforderungen an Handeln und Qualifikation von VermittlerInnen, in: BMJ (Hrsg.), Täter-Opfer-Ausgleich, Zwischenbilanz und Perspektiven, Symposium vom 19. - 21. Juni 1989 im Wissenschaftszentrum Bonn, veranstaltet von der Deutschen Bewährungshilfe e.V. (DBH) und dem Bundesministerium der Justiz, Bonn, 1991, S. 178 - 187 (zit.: Schmitz, Anforderungen an Handeln und Qualifikation von VermittlerInnen)

Schneider, Bernd, Die „verteidigende" Nebenklage - eine Antwort auf die „angreifende" Verteidigung, StV 1998, S. 456 - 461

Schneider, Hans Joachim, Schrifttum - Jan Philipp Reemtsma, Das Recht des Opfers auf die Bestrafung des Täters - als Problem, GA 2001, S. 48 - 50

- Kriminologie 2000: Neue Theorieansätze und ihre empirische Bestätigung, JZ 2000, S. 387 - 394

- „Viktimologie", in *Sieverts*, Rudolf/*Schneider*, Hans Joachim (Hrsg.), Handwörterbuch der Kriminologie, Bd. 5, Berlin u.a., 1991 (zit.: Schneider, Viktimologie)
- Opferschaden, Wiedergutmachung und Opferbehandlung, in: *Kirchhoff*, Gerd Ferdinand/*Sessar*, Klaus (Hrsg.), Das Verbrechensopfer, Ein Reader zur Viktimologie, Bochum, 1979, S. 365 - 378 (zit.: Opferschaden, Wiedergutmachung und Opferbehandlung)

Schöch, Heinz, Wege und Irrwege der Wiedergutmachung im Strafrecht, in: Festschrift für Claus Roxin zum 70. Geburtstag, Berlin u.a., 2001, S. 1045 - 1064 (zit.: Schöch, FS Roxin)

- Täter-Opfer-Ausgleich und Schadenswiedergutmachung gem. § 46a StGB, in: 50 Jahre Bundesgerichtshof, Festgabe aus der Wissenschaft, München, 2000, S. 309 - 338 (zit.: Schöch, 50 Jahre BGH)

- Empfehlen sich Änderungen und Ergänzungen bei den strafrechtlichen Sanktionen ohne Freiheitsentzug?, Gutachten C für den 59. Deutschen Juristentag (in Hannover 1992), München, 1992 (zit.: Schöch, Gutachten C für den 59. DJT)

- Vorläufige Ergebnisse der Diskussion zu einem Alternativ-Entwurf Wiedergutmachung (AE-WGM) im Arbeitskreis deutscher, österreichischer und schweizerischer Strafrechtslehrer. in: *Eser*, Albin/*Kaiser*, Günther/*Madlener*, Kurt (Hrsg.), Neue Wege der Wiedergutmachung im Strafrecht, Internationales strafrechtlich-kriminologisches Kolloquium in Freiburg i. Br., Freiburg i. Br., 1990, S. 73 - 82 (zit.: Schöch, Vorläufige Ergebnisse zu einem AE-WGM)

- Strafrecht zwischen Freien und Gleichen im demokratischen Rechtsstaat, Zur konkreten Utopie der Wiedergutmachung im Strafverfahren, in: Festschrift für Werner Maihofer zum 70. Geburtstag, Frankfurt a.M., 1988, S. 461 - 479 (zit.: Schöch, FS Maihofer)

- Täter-Opfer-Ausgleich im Jugendstrafrecht, in: Schöch (Hrsg.), Wiedergutmachung und Strafrecht, Symposion aus Anlass des 80. Geburtstages von Friedrich Schaffstein, München, 1987, S. 143 - 158 (zit.: TOA im Jugendstrafrecht)

- (Hrsg.)Wiedergutmachung und Strafrecht, Symposion aus Anlass des 80. Geburtstages von Friedrich Schaffstein, München, 1987 (zit.: Schöch, Wiedergutmachung und Strafrecht)

- Die Rechtsstellung des Verletzten im Strafverfahren, NStZ 1984, S. 385 - 391

Scholz, Rupert, Erweiterung des Adhäsionsverfahrens - rechtliche Forderung oder rechtspolitischer Irrweg?, JZ 1972, S. 725 - 731

Schönke, Adolf/*Schröder*, Horst, Strafgesetzbuch, Kommentar, 26. Auflage, München, 2001 (zit.: Sch/Sch-Bearbeiter)

Schoreit, Armin, Entschädigung der Verbrechensopfer als öffentliche Aufgabe: einige kriminologische, soziologische und juristische Grundlagen, Berlin, 1973 (zit.: Entschädigung der Verbrechensopfer als öffentliche Aufgabe)

Schork, Stefanie, Die Stellung des Opfers im Strafverfahren, Motive der Opferberücksichtigung und deren Folgen für die Verfahrensstruktur, Jura 2003, S. 304 - 310

Schreckling, Jürgen, Der Täter-Opfer-Ausgleich im Jugendstrafrecht: Gehversuche und Stolpersteine auf dem Weg in den Justizalltag - Bericht über ein Treffen nordrhein-westfälischer Täter-Opfer-Ausgleichs-Einrichtungen am 8. August 1990 in Köln, ZfJ 1990, S. 626 - 629

Schröer, Eike, Das beschleunigte Strafverfahren gem. §§ 417 ff StPO, Berlin, 1998 (zit.: Schröer, Das beschleunigte Strafverfahren)

Schroth, Ulrich, Beweisverwertungsverbote im Strafverfahren - Überblick, Strukturen und Thesen zu einem umstrittenen Thema, JuS 1998, S. 969 - 980

Schüler-Springorum, Horst, Von Spuren keine Spur, in: Festschrift für Claus Roxin zum 70. Geburtstag, Berlin u.a., 2001, S. 1021 - 1043 (zit.: Schüler-Springorum, FS Roxin)

Schulz, Jan, Beiträge zur Nebenklage, Berlin, 1982 (zit.: Schulz, Beiträge zur Nebenklage)

Schumann, Karl F., Progressive Kriminalpolitik und Expansion des Strafrechtssystems, in: Festschrift anlässlich der Emeritierung von Lieselotte Pongratz, München, 1986, S. 371 - 385 (zit.: Schumann, FS Pongratz)

Schünemann, Bernd, Die strafrechtlichen Probleme des AIDS-Komplexes, in: *Busch*, Max/*Heckmann*, Wolfgang/*Marks*, Erich (Hrsg.), HIV/AIDS und Straffälligkeit, Eine Herausforderung für Strafrechtspflege und Straffälligenhilfe, Forum Verlag Godesberg, Bonn, 1991, S. 93 - 172 (zit.: Schünemann, Aids und Straffälligkeit)

- Riskanter Geschlechtsverkehr eines HIV-Infizierten als Tötung, Körperverletzung oder Vergiftung, JR 1989, S. 89 - 95

- Zur Stellung des Opfers im System der Strafrechtspflege, NStZ 1986, S. 193 - 200

Schwedhelm, Rolf/Spatschek, Rainer, Täter-Opfer-Ausgleich und Schadenswiedergutmachung im Steuerstrafrecht, DStR 1995, S. 1449 - 1451

Seelmann, Kurt, Paradoxien der Opferorientierung im Strafrecht, JZ 1989, 670 - 676

- Strafzwecke und Wiedergutmachung, ZEE 28 (1984), S. 44 - 54

Senge, Lothar, Missbräuchliche Inanspruchnahme verfahrensrechtlicher Gestaltungsmöglichkeiten - wesentliches Merkmal der Konfliktverteidigung? Abwehr der Konfliktverteidigung, NStZ 2002, S. 225 - 233

Sessar, Klaus, Wiedergutmachen oder strafen. Einstellungen in der Bevölkerung und der Justiz. Ein Forschungsbericht, Pfaffenweiler, 1992 (zit.: Sessar, Wiedergutmachen oder strafen)

- Schadenswiedergutmachung in einer künftigen Kriminalpolitik, in: Festschrift für Heinz Leferenz zum 70. Geburtstag, Heidelberg, 1983, S. 145 - 161 (zit.: Sessar, FS Leferenz)

Sessar, Klaus/*Beurskens*, Andreas/*Boers*, Klaus, Wiedergutmachung als Konfliktregelungsparadigma, KrimJ 1986, S. 86 – 104

- Das Verhältnis von Täter und Opfer in der Strafrechtspflege, ZEE 28 (1984), S. 167 - 186

Sieber, Ulrich, Zivilrechtliche Beweisinteressen im Strafprozess, in: Festschrift für Günter Spendel zum 70. Geburtstag, Berlin u.a., 1992, S. 757 - 776 (zit.: Sieber, FS Spendel)

Simitis, Spiros (Hrsg.), Kommentar zum Bundesdatenschutzgesetz 5. Auflage, Baden-Baden, 2003 (zit.: Simitis-Bearbeiter)

Spiekermann, Monika, Der Missbrauch des Beweisantragsrechts, Berlin, 2001 (zit.: Spiekermann, Der Missbrauch des Beweisantragsrechts)

Steffens, Wiedergutmachung und Täter-Opfer-Ausgleich im Jugend- und Erwachsenenstrafrecht in den neuen Bundesländern, Mönchengladbach, 1999 (zit.: Steffens, Wiedergutmachung und Täter-Opfer-Ausgleich)

Stegemann, Rahel Stefanie/Martens, Friederike, Zum Zeugnisverweigerungsrecht für Drogenberater, StV 1989, S. 325 - 328

Stein, Wolfgang, Täter-Opfer-Ausgleich und Schuldprinzip - Überlegungen zur geringen Akzeptanz des Täter-Opfer-Ausgleichs für Erwachsene in der Praxis -, NStZ 2000, S. 393 - 397

Stratenwerth, Günter, Strafrecht, Allgemeiner Teil, Die Straftat, 4. Auflage, Köln u.a., 2000 (zit.: Stratenwerth, Strafrecht AT)

Stuckenberg, Carl-Friedrich, Untersuchungen zur Unschuldsvermutung, Berlin, 1998 (zit.: Stuckenberg, Untersuchungen zur Unschuldsvermutung)

Systematischer Kommentar zum Strafgesetzbuch, von *Hans Joachim Rudolphi* (Gesamtredaktion), München, Stand: April 2003 (zit.: SK-StGB-Bearbeiter)

Systematischer Kommentar zur Strafprozessordnung und zum Gerichtsverfassungsgesetz, von *Hans Joachim Rudolphi* (Gesamtredaktion), München, Stand: September 2003 (zit.: SK-Bearbeiter)

Thomas, Sven, Verhandlungen des 55. Deutschen Juristentages (in Hamburg 1984), Teil L, Sitzungsbericht über die Verhandlungen der strafrechtlichen Abteilung am 26. und 27. September 1984 über das Thema: Die Rechtsstellung des Verletzten im Strafverfahren, München, 1984, L 83 - L 84 (zit.: Thomas, Verhandlungen des 55. DJT)

Tiedemann, Klaus, 13 Thesen zu einem modernen menschenrechtsorientierten Strafprozess, ZRP 92, S. 107 - 109

Tolmein, Oliver, Neue Hoffnung für der Täter-Opfer-Ausgleich?, ZRP 1999, S. 408 - 411

Trenczek, Thomas, Täter-Opfer-Ausgleich, Grundgedanken und Mindeststandards, ZRP 1992, S. 130 - 132

Tröndle, Herbert/*Fischer*, Thomas, Strafgesetzbuch und Nebengesetze,

51. Auflage, München, 2003 (zit.: Tröndle/Fischer)

50. Auflage, München, 2001 (zit.: Tröndle/Fischer, 50. Auflage)

49. Auflage, München, 1999 (zit.: Tröndle/Fischer, 49. Auflage)

Viehmann, Horst, Täter-Opfer-Ausgleich und Strafrecht, NJ 1992, S. 387 - 389

Viet, Friedemann, Möglichkeiten und Grenzen des Täter-Opfer-Ausgleichs bei besonderer Berücksichtigung von Taten schwerer Kriminalität und Wiederholungstätern, in: DVJJ (Hrsg.), Mehrfach Auffällige - Mehrfach Betroffene, Erlebnisweisen und Reaktionsformen, Dokumentation des 21. Deutschen Jugendgerichtstages vom 30. September bis 4. Oktober 1989 in Göttingen, Bonn, 1990, S. 528 - 533 (zit.: Viet, Möglichkeiten und Grenzen des Täter-Opfer-Ausgleichs)

Volk, Klaus, Strafprozessrecht, 3. Auflage, München, 2002 (zit.: Volk, Strafprozessrecht)

- Prozessvoraussetzungen im Strafrecht: zum Verhältnis von materiellem Recht und Prozessrecht, Ebelsbach, 1978 (zit.: Volk, Prozessvoraussetzungen)

Walter, Michael, Täter-Opfer-Ausgleich statt Strafe - zum Wandel im Kriminalitätsverständnis, in: *Marks*, Erich/*Meyer*, Klaus/*Schreckling*, Jürgen/*Wandrey*, Michael (Hrsg.): Wiedergutmachung und Strafrechtspraxis, Erfahrungen, neue Ansätze, Gesetzesvorschläge, Bericht über das Forum 1992 für Täter-Opfer-Ausgleich und Konfliktschlichtung vom 10. bis 12. April 1992 in Bonn, Bonn, 1993, S. 63 - 69 (zit.: Walter, TOA statt Strafe)

- Wandlungen in der Reaktion auf Kriminalität, Zur kriminologischen, kriminalpolitischen und insbesondere dogmatischen Bedeutung von Diversion, ZStW 95 (1983), S. 32 - 68

Walther, Susanne, Vom Rechtsbruch zum Realkonflikt, Grundlagen und Grundzüge einer Wiedergutmachung und Strafe verbindenden Neuordnung des kriminalrechtlichen Sanktionensystems, Berlin, 2000 (zit.: Walther, Vom Rechtsbruch zum Realkonflikt)

- Täter-Opfer-Ausgleich: Vermittler im Zeugenstand?, ZRP 97, S. 395 - 397

Weber, Ulrich, Der Missbrauch prozessualer Rechte im Strafverfahren, GA 1975, S. 289 - 305

Wegener, Hartmut, Der Täter-Opfer-Ausgleich in Sachsen-Anhalt, in: *Gutsche*, Günter/ *Rössner*, Dieter (Hrsg.), Täter-Opfer-Ausgleich, Beiträge zur Theorie, Empire und Praxis, Mönchengladbach, 2000, S. 183 - 198 (zit.: Wegener, Der Täter-Opfer-Ausgleich in Sachsen-Anhalt)

Weider, Hans-Joachim, Pflichtverteidigerbestellung im Ermittlungsverfahren und Opferschutzgesetz, StV 1987, S. 317 - 320

Weigend, Thomas, Unverzichtbares im Strafverfahrensrecht, ZStW 113 (2001), S. 271 - 304

- Empfehlen sich gesetzliche Änderungen, um Zeugen und andere nicht beschuldigte Personen im Strafprozess besser vor Nachteilen zu bewahren?, Gutachten C für den 62. Deutschen Juristentag (in Bremen 1998), München, 1998 (zit.: Weigend, Gutachten C für den 62. DJT)

- Das „Opportunitätsprinzip" zwischen Einzelfallgerechtigkeit und Systemeffizienz, ZStW 109 (1997), S. 103 - 121

- Zukunftsperspektiven der Opferforschung, in: *Kaiser*, Günther/*Jehle*, Jörg-Martin (Hrsg.), Kriminologische Opferforschung, Neue Perspektiven und Erkenntnisse, Teilband I: Grundlagen, Opfer und Strafrechtspflege, Kriminalität der Mächtigen und ihre Opfer, Heidelberg, 1994, S. 43 - 62 (zit.: Weigend, Zukunftsperspektiven der Opferforschung)

- Fragen der Rechtsstaatlichkeit beim Täter-Opfer-Ausgleich, in: *Marks*, Erich/ *Meyer*, Klaus/*Schreckling*, Jürgen/*Wandrey*, Michael (Hrsg.): Wiedergutmachung und Strafrechtspraxis, Erfahrungen, neue Ansätze, Gesetzesvorschläge, Bericht über das Forum 1992 für Täter-Opfer-Ausgleich und Konfliktschlichtung vom 10. bis 12. April 1992 in Bonn, Bonn, 1993, S. 37 - 62 (zit.: Weigend, Fragen der Rechtsstaatlichkeit beim TOA)

- Täter-Opfer-Ausgleich in den USA, MschrKrim 1992, S. 105 – 114

- „Restitution" in den USA, in: *Eser*, Albin/*Kaiser*, Günther/*Madlener*, Kurt (Hrsg.), Neue Wege der Wiedergutmachung im Strafrecht, Internationales strafrechtlich-kriminologisches Kolloquium in Freiburg i. Br., Freiburg i. Br., 1990, S. 111 - 128 (zit.: Weigend, „Restitution" in den USA)

- Freiwilligkeit als Funktionsvoraussetzung alternativer Konfliktregelung?, in: *Jung*, Heike (Hrsg.), Alternativen zur Strafjustiz und die Garantie individueller Rechte der Betroffenen, Bonn, 1989, S. 149 - 159 (zit.: Weigend, Alternative Konfliktregelung)

- Deliktsopfer und Strafverfahren, Berlin, 1989 (zit.: Weigend, Deliktsopfer und Strafverfahren)

- Das Opferschutzgesetz - kleine Schritte zu welchem Ziel?, NJW 1987, S. 1170 - 1177

- Viktimologische und kriminalpolitische Überlegungen zur Stellung des Verletzten im Strafverfahren, ZStW 96 (1984), S. 761 -793

Weimer, Joachim, Probleme mit der Handhabung des § 155a StPO in der strafgerichtlichen Praxis, NStZ 2002, S. 349 - 353

Weintraud, Ulrike, Staatliche Entschädigung für Opfer von Gewalttaten in Großbritannien und der Bundesrepublik Deutschland. Rechtsvergleichende Untersuchungen zur gesamten Strafrechtswissenschaft, Folge 3, Bd. 9, Baden-Baden, 1980 (zit.: Weintraud, Staatliche Entschädigung)

Wergens, Anna, Crime victims in the European Union, Umea, Schweden, 2000 (zit.: Wergens, Crime victims in the European Union)

Werner, Elke, Täter-Opfer-Ausgleich und Strafverteidigung, StraFo 1999, S. 190 - 192

Wessels, Johannes/*Beulke*, Werner, Strafrecht, Allgemeiner Teil, Die Straftat und ihr Aufbau, 33. Auflage, Heidelberg, 2003 (zit.: Wessels/Beulke, Strafrecht AT)

Weßlau, Edda, Der Missbrauch von Verfahrensrechten im Strafverfahren, in: Festschrift für Klaus Lüderssen zum 70. Geburtstag, Baden-Baden, 2002, S. 787 - 801 (zit.: Weßlau, FS Lüderssen)

Wohlers, Wolfgang, Anmerkung zu BGH, Urteil v. 22.11.2001 - 1 StR 220/01, JR 2002, S. 294 - 296

Zätzsch, Jörg, Die Beteiligungsrechte des Verletzten im Strafverfahren (status activus) - Eine kritische Betrachtung, ZRP 1992, S. 167 - 170

Zipf, Heinz: Kriminalpolitik, ein Lehrbuch, 2. Auflage, Heidelberg, 1980 (zit.: Zipf, Kriminalpolitik)

- Die Bedeutung der Viktimologie für die Strafrechtspflege, MschrKrim 1970, S. 1 - 13

Zwinger, Georg, Bedingungen erfolgreicher Konfliktschlichtung aus der Sicht der Praxis, in: BMJ (Hrsg.), Täter-Opfer-Ausgleich, Zwischenbilanz und Perspektiven, Symposium vom 19. - 21. Juni 1989 im Wissenschaftszentrum Bonn, veranstaltet von der Deutschen Bewährungshilfe e.V. (DBH) und dem Bundesministerium der Justiz, Bonn, 1991, S. 135 - 137 (zit.: Zwinger, Bedingungen erfolgreicher Konfliktschlichtung)

Printed by
CPI books GmbH, Leck

Kolibri 360 GmbH
Ferdinand-Jühlke-Straße 7
99095 Erfurt, Deutschland
produktsicherheit@kolibri360.de